# Der Freiwillige Wehrdiens
# in der Bundeswehr

Rabea Haß

# Der Freiwillige Wehrdienst in der Bundeswehr

Ein Beitrag zur kritischen
Militärsoziologie

 Springer VS

Rabea Haß
Frankfurt am Main, Deutschland

Dissertation zur Erlangung des Doktorgrades der Philosophie (Dr. phil.) vorgelegt am Fachbereich Gesellschaftswissenschaften (FB 03) der Goethe-Universität Frankfurt am Main, 2014

D30

ISBN 978-3-658-11297-4       ISBN 978-3-658-11298-1 (eBook)
DOI 10.1007/978-3-658-11298-1

Die Deutsche Nationalbibliothek verzeichnet diese Publikation in der Deutschen Nationalbibliografie; detaillierte bibliografische Daten sind im Internet über http://dnb.d-nb.de abrufbar.

Springer VS
© Springer Fachmedien Wiesbaden 2016

Gedruckt auf säurefreiem und chlorfrei gebleichtem Papier

Springer Fachmedien Wiesbaden ist Teil der Fachverlagsgruppe Springer Science+Business Media (www.springer.com)

# Danksagung

Mein herzlicher Dank gilt meinem Betreuer Professor Phil C. Langer, der mich während des gesamten Entstehungsprozesses der Arbeit fachlich und menschlich hervorragend begleitet hat. Professor Thorsten Bonacker danke ich für die angenehme Zweitbetreuung sowie die kontinuierliche Begleitung meiner wissenschaftlichen Laufbahn.

Meinen Kolleginnen und Kollegen an der Hertie School of Governance und am Center for Social Investment danke ich für die angenehme Arbeitsatmosphäre, den inspirierenden fachlichen Austausch und die Rücksichtnahme vor allem in den letzten Monaten meiner Promotionsphase. Mein besonderer Dank gilt Annelie für die konstruktive Kritik am ersten Entwurf dieser Arbeit und für alle Ermunterungen während des gesamten Schreibprozesses. Richard danke ich für die sorgfältige Transkription vieler Interviews sowie für die zuverlässige Endkorrektur der Arbeit.

Meine Familie und meine Freunde, allen voran Markus, haben mich all die Jahre großartig unterstützt und dafür gesorgt, dass ich immer frohen Mutes geblieben bin – danke dafür!

Ein besonderer Dank gebührt allen Soldatinnen und Soldaten, die mit ihrer Gesprächsbereitschaft und Offenheit den Grundstein für diese Arbeit gelegt haben. Auch möchte ich mich für die Unterstützung der Mitarbeiterinnen und Mitarbeiter des BMVg bedanken, die mein Forschungsvorhaben genehmigt und immer wieder unterstützt haben. Ebenso danke ich den Angehörigen der Bundeswehr, die während meiner Feldforschung nicht nur für den reibungslosen Ablauf der Interviews gesorgt haben, sondern mir darüber hinaus Einblicke in ihren Alltag gewährt haben und mir so geholfen haben, „ihre" Welt zu dechiffrieren.

Frankfurt im Juni 2015

Rabea Haß

# Inhaltsverzeichnis

Abbildungsverzeichnis ............................................................................ 9

Tabellenverzeichnis ............................................................................. 11

Abkürzungsverzeichnis ......................................................................... 13

Vorwort ................................................................................................. 15

1    Einleitend: Fragestellung und Aufbau der Arbeit ................................ 19

   1.1      Präzisierung der Fragestellung ...................................... 21

   1.2      Aufbau der Arbeit ......................................................... 23

2    Genese und Funktionen des Freiwilligen Wehrdienstes .................. 25

   2.1      Zur Bedeutung der Wehrpflicht seit Gründung der Bundeswehr .. 26

   2.2      Zwischen Kontinuität und Neuland: Das Konzept des Frei-
           willigen Wehrdienstes ................................................... 33

   2.3      Der Freiwillige Wehrdienst in Zahlen ........................... 40

3    Forschungsstand und Beitrag der Arbeit ........................................... 45

4    Methodische Überlegungen ................................................................. 53

   4.1      Anschlüsse an die *Grounded Theory* ............................ 54

   4.2      Das Interview als zentrales Erhebungsinstrument und die
           Perspektive der Forscherin ........................................... 56

   4.3      Die Auswahl der Interviewteilnehmenden ..................... 59

   4.4      Interviewsetting und Themen der Befragung ................. 64

   4.5      Ergänzende empirische Daten: Medien- und Dokumenten-
           analyse .......................................................................... 68

   4.6      Auswertung des Datenmaterials ................................... 71

5    Theoretische Konzepte für die Datenanalyse .................................... 75

   5.1      Organisationskulturelle Besonderheiten der Bundeswehr ........... 75

   5.2      Freiwilligkeit in anderen Politikfeldern ........................ 85

6    Von dichten Daten zu gehaltvollen Konzepten: Die Entstehung der
    Typologie ............................................................................................. 93

6.1        Kategorie I: Der Identifikationsgrad ............................................ 95

6.1.1    Motive für den Freiwilligen Wehrdienst ................................... 99

6.1.2    Empfundene Zugehörigkeit zur Organisation ........................ 103

6.1.3    Einstellung zu und Wahrnehmung von Auslandseinsätzen ....... 105

6.1.4    Empfundene Sinnhaftigkeit des Freiwilligen Wehrdienstes ...... 108

6.1.5    Fremdwahrnehmung: Interaktion mit Freunden, Familie und
           Gesellschaft .......................................................................... 109

6.1.6    Zusammenfassung der fünf Dimensionen ............................... 110

6.2        Kategorie II: Der Freiwillige Wehrdienst als biographischer
           Übergang .............................................................................. 113

7     Wer dient Deutschland? ................................................................ 117

7.1        Die soziodemographischen Eckdaten des Interviewsamples ...... 118

7.2        Die Egotaktiker: Der Selbstoptimierer und der Alternativlose ... 121

7.3        Die Angepassten: Der Pflichtbewusste und der Pragmatiker ...... 131

7.4        Die idealen Soldaten: Der dienende Staatsbürger und der
           überzeugte Soldat .................................................................. 141

7.5        Vergleich der Typen .............................................................. 151

7.6        Längsschnittbetrachtung: Die Typen im Zeitverlauf ................. 154

7.6.1    Vignette I: Ein Soldat mit Leib und Seele ............................. 156

7.6.2    Vignette II: Vom Alternativlosen zum Pragmatiker ................. 164

7.6.3    Vignette III: Vom überzeugten Soldaten zum Pflichtbewussten 170

7.7        Bewertung und Vergleich der Vignetten ................................. 179

8     Zentrale Ergebnisse und ihre Interpretation ................................ 185

9     Ausblick und Reflexion ................................................................ 189

10    Literaturverzeichnis .................................................................... 195

# Abbildungsverzeichnis

Abb. 1:   Dienstantritte aller FWDL nach Quartal und Geschlecht.. ................ 41

Abb. 2:   Bildungsabschluss der zwischen Juli 2011 und April 2014 ange-
          tretenen FWDL in Prozent. ............................................................... 44

Abb. 3:   Übersicht über die beiden Interviewpanels an den Standorten
          A und B ............................................................................................. 64

Abb. 4:   Anzahl der Medienberichte zum FWD pro Monat (Juni – Dezember
          2011). ................................................................................................ 70

Abb. 5:   Überblick über die empirische Datenerhebung. ............................... 71

Abb. 6:   Die horizontalen und vertikalen Vergleichsdimensionen. ............... 73

Abb. 7:   Die sechs Typen Freiwillig Wehrdienstleistender. ..................... 115

Abb. 8:   Alter der Interviewteilnehmenden bei Dienstantritt ................ 118

Abb. 9:   Tätigkeit vor dem Freiwilligen Wehrdienst nach Standorten. .......... 119

Abb. 10:  Vorzeitige oder planmäßige Beendigung bzw. Verlängerung des
          FWD. ............................................................................................... 120

Abb. 11:  Entwicklung des Identifikationsgrades der Soldaten zu den drei
          Interviewzeitpunkten. ..................................................................... 154

Abb. 12:  Typenveränderungen während des Freiwilligen Wehrdienstes der
          Soldaten L10, L13 und G7. ............................................................ 156

# Tabellenverzeichnis

Tabelle 1: Themenkomplexe der drei Befragungen. ........................................ 66

Tabelle 2: Übersicht der ausgewerteten Medien und ihre Reichweite. .............. 69

Tabelle 3: Übersicht über die kodierten Motive. ........................................ 102

Tabelle 4: Überblick über die fünf Dimensionen des Identifikationsgrades. .... 112

Tabelle 5: Zuordnung der Soldaten zum Typ der Egotaktiker. ....................... 121

Tabelle 6: Zuordnung der Soldaten zum Typ der Angepassten. ...................... 132

Tabelle 7: Zuordnung der Soldaten zum Typ der idealen Soldaten. ............... 141

# Abkürzungsverzeichnis

| | |
|---|---|
| AGA | Allgemeine Grundausbildung |
| ALLBUS | Allgemeine Bevölkerungsumfrage der Sozialwissenschaften |
| BAFzA | Bundesamt für Familie und zivilgesellschaftliche Aufgaben |
| BDS | Berufsverband Deutscher Soziologinnen und Soziologen |
| BFD | Bundesfreiwilligendienst |
| BMFSFJ | Bundesministerium für Familie, Senioren, Frauen und Jugend |
| BMVg | Bundesministerium der Verteidigung |
| CDU | Christlich Demokratische Union Deutschlands |
| CSU | Christlich-Soziale Union |
| DGB | Deutscher Gewerkschaftsbund |
| DGS | Deutsche Gesellschaft für Soziologie |
| FAZ | Frankfurter Allgemeine Zeitung |
| FDP | Freie Demokratische Partei |
| FSJ | Freiwilliges Soziales Jahr |
| FÖJ | Freiwilliges Ökologisches Jahr |
| FüSK | Führung Streitkräfte |
| FWD | Freiwilliger Wehrdienst |
| FWDL | Freiwillig Wehrdienst Leistende(r) / Freiwillig Wehrdienstleistende(r)[1] |
| HSFK | Leibniz-Institut Hessische Stiftung Friedens- und Konfliktforschung |
| ISAF | International Security Assistance Force |
| KFOR | Kosovo Force |
| KSK | Kommando Spezialkräfte |
| MGFA | Militärgeschichtliches Forschungsamt |
| NATO | North Atlantic Treaty Organization / Organisation des Nordatlantikvertrags |
| NEPS | National Educational Panel Study / Nationales Bildungspanel |
| NPO | Non-Profit-Organisation(en) |
| nSAK | neues Schießausbildungskonzept (der Bundeswehr) |
| OAE | Operation Active Endeavour |
| OPZ | Offizierbewerberprüfzentrale |
| RH | Rabea Haß |

---

[1] In Dokumenten der Bundeswehr sowie dem politischen und medialen Diskurs finden sich beide Schreibweisen wieder. Sie werden in der Arbeit gleichbedeutend verwendet.

| SaZ | Soldat(en) auf Zeit |
| SPD | Sozialdemokratische Partei Deutschlands |
| SOEP | Das Sozio-Ökonomische Panel |
| SOWI | Sozialwissenschaftliches Institut der Bundeswehr |
| UNAMID | United Nations African Union Hybrid Mission in Darfur |
| UNAMISS | United Nations Mission in the Republic of South Sudan |
| UNIFIL | United Nations Interim Force in Lebanon |
| ZMSBw | Zentrum für Militärgeschichte und Sozialwissenschaften der Bundeswehr |

# Vorwort

„Interessant. Aber warum ausgerechnet die Bundeswehr?!" Das waren häufige Reaktionen von Freunden und Bekannten, wenn ich vom Thema meiner Doktorarbeit erzählte. Eher befremdlich wirkte es auf die meisten, dass sich ausgerechnet eine Frau, aufgewachsen ohne jegliche Berührungspunkte mit der Bundeswehr, für diese Organisation interessiert. Keiner in meinem näheren Umfeld, das man vermutlich als anti-autoritär und pazifistisch beschreiben würden, hat gedient. Eltern und Freunde nahmen mich mit auf Anti-Atomkraft-Demos und zu Ostermärschen. Kasernenhöfe betrat ich dagegen in meiner Jugend erst nach deren Schließung, als der ehemalige Truppenstandort meiner Heimatstadt eine Umnutzung als Diskothek erfuhr.

Die erste Berührung mit den Individuen einer Armee und der Militärsoziologie fand daher eher zufällig statt und ergab sich nicht zwingend aus meiner bisherigen Forscherbiographie: Von 2007 bis 2008 unterstützte ich als studentische Hilfskraft das Projekt „Das Bild vom demokratischen Soldaten: Spannungen zwischen der Streitkräfteorganisation und den Grundsätzen der Demokratie im europäischen Vergleich" an der Hessischen Stiftung Friedens- und Konfliktforschung (HSFK) (HSFK 2010). Dort befragte ich während eines Feldforschungsaufenthalts mehrere Wochen lang Schweizer Soldaten unterschiedlicher Dienstgrade und beobachtete teilnehmend deren Ausbildungseinheiten. Mein Bild von Europäischen Armeen bröckelte; viele der Begegnungen und Interviews beeindruckten mich nachhaltig. Mein Interesse für die Militärsoziologie war geweckt, rückte jedoch in den folgenden Jahren wieder in den Hintergrund. Denn mein Forschungsschwerpunkt entwickelte sich in eine – vermeintlich – andere Richtung: Zivilgesellschaft und bürgerschaftliches Engagement sind seit einigen Jahren die zentralen Themen meiner Forschungsprojekte. Nach der überraschenden Aussetzung der Wehrpflicht 2011 untersuchte ich an der Hertie School of Governance intensiv den „Nebeneffekt" dieser Reform, nämlich das Ende des Zivildienstes und die Einführung des Bundesfreiwilligendienstes (BFD). Bereits bei den ersten Medienanalysen fiel mir auf, dass der Wegfall der Wehrpflicht eine deutlich untergeordnete Rolle in der öffentlichen Debatte spielte und spielt. Was der Paradigmenwechsel vom Pflichtdienst zur Freiwilligkeit für die Bundeswehr, einen der größten Arbeitgeber in Deutschland, bedeutet, wird vor allem unter den wenigen Militärsoziologen in Deutschland diskutiert, ohne jedoch über diesen kleinen Expertenkreis hinaus Beachtung zu finden. Diese Forschungslücke erkennend, beschloss ich, auf meine ersten militärsoziologischen Erfahrungen zurückzugreifen: So war es für mich ein logischer Schritt, die jungen Menschen, die sich für einen Freiwilligen Wehrdienst (FWD) entscheiden, zum Gegenstand meiner Dissertation zu machen und mich in diesen Experimentierraum zu begeben. Denn nicht nur war für mich die Bundeswehr als Institution Neuland, als ich im Herbst 2011 mit der Konzeption des Forschungsvorhabens begann, sondern ich näherte mich einem Forschungsgegenstand – dem Freiwilligen Wehrdienst – an, der selbst noch im Entstehungs- und Wandlungsprozess ist. Begonnen hat das Forschungsvorhaben mit der offenen Frage *Wer Dient Deutschland?*[2]. Nur wenige Monate nach der Implementierung des Freiwilligen Wehrdienstes, nämlich im Oktober 2011, entstand eine erste Skizze für das Forschungsvorhaben. Explorativ und der *Grounded Theory* folgend (dazu ausführlich in Kapitel 4), begann die Feldforschung nur ein Jahr nach Einführung des FWD. Erst im Laufe der Untersuchung kristallisierte sich heraus, welche Vergleichsdimensionen dem Forschungsgegenstand angemessen sind. Letztendlich war es das Prinzip der Freiwilligkeit, das sich im Gang der Untersuchung als *das* entscheidende und neue Element des FWD erwies. Denn gerade der Anspruch der Freiwillig Wehrdienstleistenden (FWDL) an ihren Dienst, an diese freiwillig aufgenommene Tätigkeit, die weder einer klassischen Erwerbsarbeit noch einer Pflicht entspricht, ist in einigen Aspekten durchaus mit zivilen Freiwilligendiensten vergleichbar, was ich zu Beginn der Forschung noch bezweifelte.

Ich wagte als Forscherin das Experiment, mich als *Outsider* in das Forschungsfeld Bundeswehr zu begeben und einen sich wandelnden, neuen Dienst, den Freiwilligen Wehrdienst, zu untersuchen. Dabei begriff ich mich als Vertreterin eines gesellschaftlichen Milieus, das der Organisation Bundeswehr distanziert begegnet, ohne Berührungspunkte im Alltag, ohne Identifikationsmomente über Freunde, Familie oder eigene Zugehörigkeit zu haben. Ein *Insider*-Blick beziehungsweise *Insider*-Wissen fehlten. Mein Bild der Streitkräfte speiste sich zunächst aus Medienberichten und Selbstdarstellungen der Armee, also aus einem öffentlich vermittelten Bild. Das Nicht-Dazugehören wurde insbesondere während der Feldforschung deutlich, etwa bei jedem Besuch einer Kaserne, zu denen ich nur durch ein offizielles Dokument des Bundesministeriums der Verteidigung (BMVg) Zutritt bekam; durch meine zivile Kleidung, mit der ich unter den Uniformierten deutlich herausstach; mein Unvermögen, Dienstgrade an ihren Abzeichen zu unterscheiden; die Unsicherheit, wie ich mich in dieser Welt bewegen dürfte oder sollte. Eine mir nicht geläufige *Insider*-Sprache aus Abkürzungen für Funktionen, Verwendungen und Ausbildungseinheiten galt es, zu dechiffrieren. Nicht nur die Sprache, sondern auch Rituale und Zeremonien, die

---

2    Diese Frage ist dem Leitmotiv „Wir. Dienen. Deutschland" entlehnt, das Kern der aktuellen
     Werbekampagne zum (neuen) Selbstverständnis der Bundeswehr ist. Mit dieser Kampagne wird
     seit 2011 über Plakate, in Print- und Onlinemedien ziviles und militärisches Personal für alle
     Laufbahnen der Streitkräfte angeworben (Projektteam WDD 2013).

mir nicht vertraut waren, musste ich erschließen und deuten. So zum Beispiel im Januar 2013 bei den Gebirgsjägern in Süddeutschland. Nach acht Gesprächen mit Freiwillig Wehrdienstleistenden eilte ich müde und den Kopf voller Eindrücke über den Kasernenhof zurück Richtung Parkplatz. Es war bereits dunkel und eisigkalt. Plötzlich stoppte mich ein „Halt. Stehenbleiben." Verwundert schaute ich auf: Vor mir wurde gerade die Flagge eingeholt, ein allabendliches Ritual in einer jeden Kaserne: Die Flaggenparade, bei der die Bundesdienstfahne morgens gehisst und zu Dienstschluss wieder eingeholt wird; die Gepflogenheit verlangt es – auch von mir als Besucherin – während dieser Zeremonie stehenzubleiben. Geregelt wird dies übrigens detailreich in der Zentralen Dienstvorschrift 10/8 (Militärische Formen und Feiern). Das Dokument ist allerdings nur für den internen Dienstgebrauch bestimmt, *Outsidern* also nicht zugänglich. Nach der Parade entschuldigte und erklärte ich mich bei den Wachsoldaten und erlebte das, was ich während meiner Feldforschung so oft erfahren durfte: Offenheit; Verständnis für mein Unwissen; Geduld, mir diese fremde Welt zu erklären; gepaart mit leichtem Erstaunen und einer gewissen Dankbarkeit für mein Interesse an der Organisation Bundeswehr.

Diese Konfrontation mit dem Fremden, auch Befremdlichen, zog sich durch die gesamte Feldforschung. Mit voller Wucht traf mich dieses Gefühl der Befremdung beim feierlichen Gelöbnis am 20. Juli 2012 vor dem Bendlerblock in Berlin. Zunächst war ich sehr erstaunt über die Interpretation des Begriffs der Öffentlichkeit. Zwar wurde das Gelöbnis im Fernsehen live übertragen, dafür war der Zugang ausschließlich geladenen Gästen möglich und Zaungäste nicht erwünscht. Das Areal rund um den Bendlerblock war weiträumig abgesperrt, auf den umliegenden Hausdächern wurden Scharfschützen positioniert. Damit hatte ich nicht gerechnet. Eine zweite Beobachtung während des Gelöbnisses traf mich noch unvorbereiteter und auf einer deutlich emotionaleren Ebene. Erwartungsgemäß fielen während der Zeremonie einige Soldaten in Ohnmacht. Die umgefallenen Soldaten wurden schnell und fast unbemerkt nach hinten weggetragen, die dahinterstehenden rückten auf, ohne merkliche Reaktion, so dass die Formation wieder tadellos erschien. Diese Ersetzbarkeit, das Umfallen der Soldaten – ausgerechnet in der Blickachse des Ehrenmals der gefallen Soldaten – führte mir mit einer Drastik vor Augen, was diesen Beruf ausmacht: Das Abstreifen der eigenen Identität und Individualität und das Fallen, das in letzter Konsequenz zum Job gehört.

Dieses Erlebnis steht sinnbildlich für viele meiner Wahrnehmungen während des gesamten Forschungsprozesses. Die ständige Konfrontation mit dem Unerwarteten und Fremden war zugleich maßgeblich Motivation für meine Dissertation: Warum interessiert sich eigentlich kaum jemand für die Bundeswehr? Warum wissen wir so wenig darüber, was die Mitglieder dieser Organisation antreibt, was sie denken, wie sie ihren Job wahrnehmen? Daher wollte ich nicht *über* die Bundeswehr schreiben, indem ich Politikprozesse, normative Leitlinien oder Experteninterviews analysierte, sondern direkt *mit* den Soldaten interagieren, die diese Organisation ausmachen und prägen, oft aber von Forschern, Experten oder in gesellschaftlichen Diskursen nicht mehr als Individuen wahrgenommen werden.

In diesem Sinne soll meine Arbeit nicht nur einen Beitrag zur militärsoziologischen Forschung liefern. Ich sehe sie zugleich als einen kleinen Baustein gelebter zivil-militärischer Beziehungen und als Versuch, *out of the box* zu denken, um im vermeintlich Unvereinbaren Parallelen aufzuweisen und so Grenzen zwischen Disziplinen sowie Politikfeldern zu überwinden. Nicht zuletzt bemühe ich mich in der Darstellung meiner Forschung darum, dass sie verständlich und greifbar bleibt. Sie soll nicht nur von einer eingeschworenen Gemeinde von Militärsoziologen rezipiert werden, sondern Anstöße für die Praxis, Impulse für eine gesellschaftliche Debatte und Ideen für veränderte Blickwinkel skizzieren.

Dies ist auch ein Grund, warum ich mich nach der Disputation der Doktorarbeit gegen eine umfängliche und zeitintensive Überarbeitung entschieden habe: Die Ergebnisse sollten möglichst zeitnah in den wissenschaftlichen, politischen und gesellschaftlichen Diskurs Eingang finden. Thematische Vertiefungen, weiterführende theoretische Rückbezüge sowie das Reflektieren aktueller Entwicklungen wie die kürzlich verabschiedete Attraktivitätsagenda der Bundeswehr werde ich in anderen Publikationsformaten zielgruppengerecht vornehmen.

Daher verstehe ich diese Publikation als Grundlage für einen noch lange nicht abgeschlossenen Diskurs und wünsche mir, dass dieses Buch in diesem Sinne gelesen und verstanden wird.

# 1 Einleitend: Fragestellung und Aufbau der Arbeit

Die Bundeswehr ist eine der bedeutendsten öffentlichen Organisationen der Bundesrepublik. Mit etwa 280.000[3] Mitarbeiterinnen und Mitarbeitern[4] zählt sie zu den größten Arbeitgebern des Landes. Seit einigen Jahren durchläuft diese Großorganisation die umfassendste Strukturreform ihrer Geschichte. Die Neuausrichtung, angestoßen im Koalitionsvertrag von CDU, CSU und FDP im Jahr 2009, mit dem Ziel einer „leistungsstarke[n] und moderne[n] Bundeswehr" (CDU, CSU, FDP 2009: 124) bekam im Herbst 2010 überraschend eine neue Dynamik. Abweichend vom Koalitionsvertrag der 17. Legislaturperiode[5] beschloss der damalige Verteidigungsminister Karl-Theodor zu Guttenberg, die Wehrpflicht zum 1. Juli 2011 auszusetzen. Damit folgte er den Empfehlungen der Strukturkommission um Frank-Jürgen Weise,[6] die die „Wehrpflicht in der heutigen Form (…) nicht mehr gerechtfertigt" (Weise et al. 2010: 28) sah. Begründet wurde diese Einschätzung vornehmlich sicherheitspolitisch: Die Bedrohungslage habe sich geändert; dies erfordere eine Umstrukturierung der einstigen Verteidigungsarmee zur Einsatzarmee mit einem völlig neuen und deutlich erweiterten Aufgabenspektrum. Denn Sicherheitsrisiken würden in der europäischen und deutschen Sicherheitspolitik nicht mehr ausschließlich geographisch definiert. Neue Bedrohungen, wie die Auswirkungen des internationalen Terrorismus, Ressourcenknappheit, Klima- und Naturkatastrophen, ergänzten seit einigen Jahren die Agenda;[7] diesen soll eine flexible, schlagkräftige und vielsei-

---

3     Davon waren Ende 2013 etwa 200.000 als Soldatinnen und Soldaten tätig, weitere 80.000 sind als zivile Mitarbeiterinnen und Mitarbeiter beschäftigt (BMVg 2013c).

4     Zu Gunsten einer guten Lesbarkeit sowie der Anonymisierung von Gesprächspartnerinnen und Gesprächspartnern werden an vielen Stellen Berufs-, Amts- und sonstige Personenbezeichnungen nur in der maskulinen Form verwendet. Wenn nicht ausdrücklich anders dargestellt, sind jedoch immer beide Geschlechter gleichermaßen gemeint.

5     Im Koalitionsvertrag einigten sich die Parteien ursprünglich darauf, „im Grundsatz an der allgemeinen Wehrpflicht" festzuhalten „mit dem Ziel, die Wehrdienstzeit bis zum 1. Januar 2011 auf sechs Monate zu reduzieren" (CDU, CSU, FDP 2009: 124).

6     Karl-Theodor zu Guttenberg setzte die sechsköpfige Kommission von Führungspersönlichkeiten aus Politik und Wirtschaft im April 2010 ein, um „sich [zur grundlegenden Erneuerung der Bundeswehr] ohne Vorgaben ein eigenes Urteil zu bilden und ihre Empfehlungen niederschreiben zu können" (Weise et al. 2010: 3). Als unabhängiges Gremium sollte sie „realistische, zugleich fordernde Veränderungsvorschläge und Reformziele" (Weise et al. 2010: 3) formulieren. Die Kommission legte ihren Bericht im Oktober 2010 vor und empfahl darin unter anderem die Aussetzung der Wehrpflicht.

7     In den Verteidigungspolitischen Richtlinien vom 18. Mai 2011 heißt es: „Eine unmittelbare territoriale Bedrohung Deutschlands mit konventionellen militärischen Mitteln ist unverändert unwahrscheinlich. Das strategische Sicherheitsumfeld hat sich in den letzten Jahren weiter verändert. Zu den Folgen der Globalisierung zählen Machtverschiebungen zwischen Staaten und

tig einsetzbare Berufsarmee begegnen (u.a. Weise et al. 2010; BMVg 2011c; Deutscher Bundestag 2011).

Damit reagierte die Bundesrepublik als einer der letzten europäischen Staaten auf die neue sicherheitspolitische Wirklichkeit und die sich seit Ende des Kalten Krieges wandelnden Rahmenbedingungen. Anders als die europäischen Nachbarn und NATO-Partner stellte Deutschland die Bundeswehr jedoch nicht auf eine reine Berufsarmee um, sondern führte mit dem Freiwilligen Wehrdienst (FWD) ein Instrument ein, das Kernideen der ehemaligen Wehrpflicht aufgreift. Denn die Wehrpflicht galt als Grundlage organisationskultureller Besonderheiten wie dem Grundsatz der Inneren Führung oder dem Konzept des Staatsbürgers in Uniform (u.a. Meyer 2010; Buch 2009).

Das Ende dieser Wehrform stellt eine tiefe Zäsur in die Tradition und das Selbstverständnis der deutschen Streitkräfte dar. Nun rekrutiert die Bundeswehr nach fast 55 Jahren Pflichtdienst ihren Nachwuchs erstmals vollständig aus Freiwilligen. Damit muss nicht nur ein Großteil der Personalgewinnung umgestellt werden. Auch der selbstverständliche Austausch zwischen (zumindest Teilen der männlichen) Staatsbürger und der Bundeswehr, den die Wehrpflicht jahrzehntelang gewährleistete, fällt ersatzlos weg, so dass Auswirkungen auf das zivil-militärische Verhältnis und die Rückbindung in die Gesellschaft zu erwarten sind. Darüber hinaus verändert sich insbesondere im FWD durch das Prinzip der Freiwilligkeit „nicht graduell, sondern prinzipiell die Vertragsbeziehung zwischen dem Arbeitgeber, dem Dienstherrn, und den Arbeitnehmern, den Dienstleistenden" (Hilmar Linnenkamp zitiert nach Dewitz 2011: 27). Die Subjekte erhalten in der Organisation eine völlig neue Deutungsmacht, mit Folgen für das Selbstverständnis der Soldaten und die gesamte Organisationskultur der Bundeswehr. Genau dieser Paradigmenwechsel von der Wehrpflicht zum Freiwilligen Wehrdienst steht im Fokus dieser Arbeit.

---

Staatengruppen sowie der Aufstieg neuer Regionalmächte. Risiken und Bedrohungen entstehen heute vor allem aus zerfallenden und zerfallenen Staaten, aus dem Wirken des internationalen Terrorismus, terroristischen und diktatorischen Regimen, Umbrüchen bei deren Zerfall, kriminellen Netzwerken, aus Klima- und Umweltkatastrophen, Migrationsentwicklungen, aus der Verknappung oder den Engpässen bei der Versorgung mit natürlichen Ressourcen und Rohstoffen, durch Seuchen und Epidemien ebenso wie durch mögliche Gefährdungen kritischer Infrastrukturen wie der Informationstechnik.
Sicherheit wird nicht ausschließlich geographisch definiert. Entwicklungen in Regionen an Europas Peripherie und außerhalb des europäischen Sicherheits- und Stabilitätsraumes können unmittelbaren Einfluss auf die Sicherheit Deutschlands entfalten. Krisen und Konflikte können jederzeit kurzfristig und unvorhergesehen auftreten und ein schnelles Handeln auch über große Distanzen erforderlich machen" (BMVg 2011c: 1f.).

## 1.1    Präzisierung der Fragestellung

Die Ausgangsfrage der Untersuchung war „Wer dient Deutschland?". Diese Fragestellung wurde im Laufe des Forschungsprozesses präzisiert und weiterentwickelt, mit folgendem Ergebnis: Aus einer subjektorientierten Perspektive, die den einzelnen Soldaten im Freiwilligen Wehrdienst ins Zentrum rückt, wird untersucht, welche Motive zu einem freiwilligen Eintritt in die Streitkräfte führen, welche Erwartungen die FWDL mit dem Dienst verbinden und wie sich diese im Laufe der Zeit verändern. Um diese Veränderungsprozesse nachvollziehbar zu machen, ist der Kern der Studie als qualitative Längsschnittbefragung angelegt (siehe dazu Kapitel 4.2 bis 4.4). Darauf aufbauend wird herausgearbeitet, welche Implikationen die subjektiven Wahrnehmungen auf die Organisationskultur haben. Vor allem das Konzept der Freiwilligkeit, wie es von den Individuen in ihrem Dienst empfunden und reflektiert wird, soll mit Formen der Freiwilligkeit in anderen organisationalen Kontexten verglichen werden, um so die organisationskulturellen Besonderheiten der Bundeswehr und die daraus resultierenden Herausforderung für die Integration der FWDL zu analysieren. Dass das Prinzip der Freiwilligkeit eine entscheidende Kategorie für die Deutung und Wahrnehmung des Dienstes durch die FWDL spielt, stellte sich erst im Laufe der Untersuchung heraus. Denn während der gesamten Phase der Feldforschung (Juli 2012 bis August 2013) entstanden im Wechselspiel zwischen den erhobenen Daten und (alltags-)theoretischen Konzepten konkrete Ideen und Ansätze, der *Grounded Theory* der „fluid, evolving and dynamic nature of this approach" (Corbin und Strauss 2008: 13) folgend, um die anfänglich aufgeworfene Frage „Wer dient Deutschland?" erkenntniserbringend zu operationalisieren. So kristallisierte sich im Laufe der Überlegungen das Element der Freiwilligkeit als *das* Entscheidende und Neue im FWD heraus. Denn Rahmenbedingungen und Ausbildungsinhalte des FWD knüpfen zwar in vielen Bereichen an die Wehrpflicht an, jedoch bildet nicht mehr eine gesetzliche Verpflichtung die Grundlage für den Dienst in der Bundeswehr, sondern eine individuelle, freiwillige Entscheidung. Daraus ergibt sich, dass diese Entscheidung aktiv getroffen werden muss, mit bestimmten Motiven verknüpft und an gewisse Erwartungen gekoppelt ist. Sie wird von den Individuen während der Dienstzeit immer wieder überprüft und in Frage gestellt. Schließlich muss die Entscheidung sich selbst und dem sozialen Umfeld gegenüber legitimiert werden.[8]

---

8    Für den Wegfall des Zivildienstes stellt Teresa Lempp fest: „Der Pflichtcharakter erleichterte es den jungen Männern, sich auch auf sozialisatorisch weitgehend unbekanntes Terrain (wie Pflegekontexte) zu begeben [...]. Während durch die Verpflichtung und die Festlegung des Zivildienstes auf das junge Erwachsenenalter für die jungen Männer in der unsicheren Zeit zwischen Schule, Ausbildung und Arbeitswelt ein Moratorium entstand, in dem sie sich biographisch orientieren, aber ihren Blick auch auf andere richten konnten, ist in der derzeitigen Übergangslogik

Mithilfe des Designs als Längsschnittstudie, in der die FWDL zu drei Zeitpunkten ihres Dienstes befragt werden, wird untersucht, wie sich unterschiedliche Wahrnehmungen und Deutungen auf den Verlauf des Dienstes auswirken und wie die Bundeswehr diesen individuellen Erwartungen und Ansprüchen begegnet.

Die Untersuchung zielt damit auf zwei Ebenen ab: erstens auf eine detaillierte Erfassung und Beschreibung der unterschiedlichen Soldatentypen, die sich im Freiwilligen Wehrdienst wiederfinden beziehungsweise wie diese Typen jeweils individuell den Verlauf ihres Dienstes wahrnehmen und deuten; zweitens, welche Implikationen diese Deutungsmuster für die Organisationskultur der Bundeswehr haben und wie sie die unterschiedlichen Funktionen, die dem FWD zugeschrieben werden, bedienen können. Daraus ergibt sich folgende Leitfrage für die Untersuchung:

*Welche Freiwilligen-Typen finden sich im FWD wieder und welche Implikationen haben sie jeweils für die Organisationskultur der Bundeswehr?*

Diese Frage soll anhand von Teilfragen, die aufeinander aufbauend in dieser Arbeit erschlossen werden, beantwortet werden:

- Welche Personen entscheiden sich mit welchen Motiven und Erwartungen für den FWD?
- Wie ändert sich die individuelle Deutung und Wahrnehmung des Dienstes bzw. die organisationale Identifikation der FWDL mit der Bundeswehr zu den drei Befragungszeitpunkten?
- Welche Momente können als Schlüsselkategorien für eine Hin- beziehungsweise Abwendung zur Organisation identifiziert werden?
- Welche Auswirkungen haben die unterschiedlichen Deutungsmuster und Identifikationsverläufe auf die Organisationskultur und auf die unterschiedlichen Funktionen des FWD, die die Bundeswehr sowie politische und gesellschaftliche Akteure dem Format zuschreiben?

---

die freiwillige Wahl eines solchen Moratoriums nur für junge Erwachsene mit einer sicheren Hintergrundstruktur und guten Perspektiven möglich, sodass bestimmte Gruppen potenzieller Teilnehmer ausgeschlossen bleiben" (Lempp 2013: 627).
Zwar bietet der FWD eine höhere finanzielle Sicherheit als die zivilen Freiwilligendienste und eröffnet prinzipiell eine Berufsperspektive in der Bundeswehr, doch dürfte der Begründungsdruck gegenüber dem sozialen Umfeld für FWDL im Vergleich zu den ehemals Wehrpflichtigen trotzdem steigen.

## 1.2 Aufbau der Arbeit

Das Vorwort legte bereits die Perspektive meines persönlichen Zugangs dar und machte meine Position als Forscherin transparent.

Nach der kurzen Hinführung zum Thema und der Präzisierung der Fragestellung zu Beginn dieses Abschnitts folgt im Anschluss ein Kapitel zu Hintergrund und Entstehung des Freiwilligen Wehrdienstes (Kapitel 2). Es soll die Relevanz des Themas nachvollziehbar machen und arbeitet zunächst die Bedeutung der Wehrpflicht in der Bundeswehr heraus, um im nächsten Schritt darzulegen, inwiefern sich der FWD in diese Tradition einfügt und wo er gänzlich neue Merkmale und Funktionen aufweist. Auf dieser Grundlage erfolgt eine Einordnung des neuen Dienstformates sowohl in den Kontext der organisationalen Besonderheiten der Bundeswehr als auch in eine gesamtgesellschaftliche Perspektive. Erste deskriptiv-quantitative Erkenntnisse zum FWD in seinen ersten Jahren beschließen das Kapitel.

Diese Vorüberlegungen lassen in Kapitel 3 eine Verortung des Forschungsvorhabens im aktuellen Forschungsstand zu und legen dar, welchen Beitrag die Arbeit in diesem Kontext leisten kann und will.

Die aufgeworfenen Fragen sollen anhand eines qualitativen, multimethodischen Zugangs beantwortet werden. Neben einer Medien- und Dokumentenanalyse bildet eine qualitative Längsschnittbefragung von FWDL die empirische Datengrundlage dieser Arbeit. Die Anlage der Befragungen will dem Anspruch einer subjektorientierten Perspektive gerecht werden. Das qualitative Design erscheint geeignet, da mit seiner Hilfe komplexe Zusammenhänge, mehrdimensionale Motivationslagen und, durch die Längsschnittmethode mit drei Befragungszeitpunkten, Veränderungsprozesse gerade in noch wenig erforschten Themengebieten analysiert werden können. Zudem eignet es sich, schwer erreichbare Settings, wie die Bundeswehr als „totale Institution" (Goffman 1972) eines darstellt, zu erschließen. Die methodische Herangehensweise orientiert sich am Forschungsstil der *Grounded Theory* (Corbin und Strauss 2008; Glaser und Strauss 2012)[9] und wird in Kapitel 4 ausführlich dargelegt. Gemäß dem Vorschlag von Corbin und Strauss (2008) werden die empirischen Daten zwar zunächst offen kodiert, jedoch sensibilisierende Konzepte und theoretisch gesättigte Vergleichsdimensionen eingeführt, um sich in der Datenflut nicht zu verlieren. Die sensibilisierenden theoretischen Konzepte werden in Kapitel 5 der empirischen Analyse vorangestellt, um diese verständlich und nachvollziehbar zu machen. In Kapitel 6 werden diese Konzepte mit dem theoretischen Ansatz der organisationalen Identifikation (van Dick 2004) verknüpft und für eine Typologie operationalisiert.

---

9 Die Arbeit bezieht sich auf verschiedene Spielarten der *Grounded Theory* und adaptiert sie für das Forschungsvorhaben. In Kapitel 4 ist dies ausführlich dargestellt.

Diese Typenbildung folgt zwei Kategorien: erstens der Identifikation mit der Bundeswehr und zweitens der subjektiven Bedeutung des FWD für den biographischen Übergang

Nach diesen konzeptionellen, methodischen und theoretischen Hinführungen widmet sich der Hauptteil (Kapitel 7) der Analyse des empirischen Materials. Entlang der Fragestellung „Wer dient Deutschland?" werden die 26 Einzelfälle zu sechs Typen (drei Haupttypen mit jeweils zwei Untertypen) verdichtet. Daraus leiten sich Überlegungen ab, welche Implikationen diese Freiwilligen-Typen jeweils für die Organisationskultur der Bundeswehr haben und welche Funktionen des FWD die Typen bedienen (können). Da sich zeigt, dass sich die Zuordnung der Freiwilligen zu den drei Befragungszeitpunkten verändert, skizzieren drei ausgewählte Fallvignetten (Kapitel 7.6) diese Verläufe exemplarisch. Die gewählte Darstellungsweise erlaubt es, subjektiv empfundene Identifikationsverläufe herauszuarbeiten und entscheidende Momente der Hinwendung zur bzw. Abwendung von der Organisation während des FWD zu extrahieren; gleichzeitig machen die Vignetten den Deutungs- und Interaktionsprozess zwischen Forscherin und den empirischen Daten bzw. Interviewten transparent.

Die Ergebnisse werden in Kapitel 8 noch einmal zusammengefasst und in Thesen verdichtet und zeigen, wie sich das Konzept der Freiwilligkeit in den spezifischen Organisationskontext der Bundeswehr einfügt und wie die Kultur der Bundeswehr mit diesem neuen Konzept umgeht. Abschließend fragt ein Ausblick nach der gesamtgesellschaftlichen Einordnung der Befunde, reflektiert das Vorgehen der Studie kritisch und zeigt Möglichkeiten zur Anschlussforschung auf (Kapitel 9).

# 2 Genese und Funktionen des Freiwilligen Wehrdienstes

Mit der Aussetzung der Wehrpflicht folgt Deutschland seinen europäischen Nachbarn und NATO-Verbündeten. Bis 2011 stellten bereits über 20 Länder in Europa ihre Wehrsysteme auf reine Freiwilligenarmeen um. So schafften die Niederlande die Wehrpflicht 1996 ab, Dänemark und Italien folgten 2005 und Schweden im Jahr 2012, um nur einige Beispiele zu nennen (Tresch und Leuprecht 2011b).[10]
In Deutschland wurde die Aussetzung der Wehrpflicht, maßgeblich forciert vom damaligen Verteidigungsminister, ohne Bürgerbeteiligung in rasantem Tempo beschlossen und umgesetzt, obwohl es auch hier zu Lande große Bedenken vor den möglicherweise weitreichenden Folgen dieser Zäsur gab und gibt. Bundesverteidigungsminister Thomas de Maizière, der inzwischen das Amt von Karl-Theodor zu Guttenberg übernommen hatte, fasste die Entscheidung am 24. März 2011, als der Deutsche Bundestag die Aussetzung der Wehrpflicht beschloss, vor den Abgeordneten zusammen:

> „Die Entscheidung, die Verpflichtung zum Grundwehrdienst auszusetzen, ist richtig, und sie ist nicht mehr infrage zu stellen. Eine Wehrpflichtarmee lässt sich erstens sicherheitspolitisch nicht mehr begründen, und sie ist zweitens militärisch auch nicht mehr erforderlich. Eine umfassende Wehrgerechtigkeit wäre auch drittens nicht mehr gewährleistet. Es gibt keinen Weg zurück. Ich sage das nicht mit Freude. Denn die Aussetzung der Wehrpflicht heute ist kein Freudenakt. Es ist eine notwendige, aber mich nicht fröhlich stimmende Entscheidung" (Deutscher Bundestag 2011: 11343).

In dem Zitat klingen Bedenken um die Konsequenzen dieses Schrittes an. Obwohl die sicherheitspolitischen Rahmenbedingungen als zwingend und gegeben dargestellt werden,[11] schwingt ein deutliches Unbehagen in de Maizières Aus-

---

10  Eine Ausnahme bildet Österreich, das allerdings kein NATO-Mitglied und kaum an Auslandseinsätze beteiligt ist: Hier sprach sich in einer Volksbefragung im Januar 2013 eine Mehrheit gegen die Abschaffung der Wehrpflicht aus. Umfragen belegen allerdings, dass die Gesellschaft die Folgen des damit verbundenen Wegfalls des Zivildienstes befürchtete (Perlot und Zandonella 2013: 16). Es wurde also nach Pelinka (2013) „nicht über die Folgen diskutiert, die aus den veränderten geopolitischen Rahmenbedingungen zu ziehen wären, sondern darüber, ob und wie schnell und unter welchen Voraussetzungen der Rettungswagen kommt."

11  An dieser Stelle sei angemerkt, dass der Begriff der Sicherheit beziehungsweise der Bedrohungen nach der Kopenhagener Schule mit Ole Wæver, Barry Buzan und Jaap de Wilde auf gesellschaftlich konstruierte Konzepte verweist. Gefahren entstünden durch einen diskursiven Akt (Buzan et al. 1998). Ein Bedrohungsszenario wird demnach durch einen diskursiven Akt zwischen Politik und Gesellschaft etabliert. Wæver führt diesen Entstehungsprozess weiter aus: „To register the act of something being securitised, the task is not to assess some objective threats that ,really' endanger some object, rather it is to understand the processes of constructing a shared understanding of what is to be considered and collectively responded to as a threat" (Wæver 2003: 10).

führungen mit. Um dieses zu verstehen, lohnt ein Exkurs in die Geschichte der
Wehrpflicht in Deutschland, die deren Bedeutung nachzeichnet und die unterschiedlichen Funktionen, die dieser Wehrform in den letzten Jahrzehnten zugeschrieben wurden, darlegt. Vor diesem Hintergrund ergeben sich Herausforderungen und Befürchtungen, die politische, gesellschaftliche und militärische
Akteure im Zuge der Abschaffung der Wehrpflicht identifizieren (Kapitel 2.1).
Darauf aufbauend stellt Kapitel 2.2 das Konzept des FWD vor und zeigt, wie
dieser sich zwischen der Tradition der Wehrpflicht und den neuen Anforderungen an die Bundeswehr verortet und welche Funktionen ihm somit zugeschrieben werden. Eine Darstellung der Entwicklung des FWD seit 2011 beschließt
das Kapitel.

## 2.1    Zur Bedeutung der Wehrpflicht seit Gründung der Bundeswehr

Die Wehrpflicht als Wehrform war zunächst eine Voraussetzung dafür, dass die
Bundesrepublik nach dem Zweiten Weltkrieg wieder Streitkräfte aufstellen durfte:

> „[Eine] Grundbedingung [für die Wiederbewaffnung Deutschlands] war die Einführung der
> allgemeinen Wehrpflicht: Sie wurde nicht nur als Ausdruck eines Gemeinschaftsgefühls,
> sondern als Grundlage gesellschaftlicher Verankerung und Zivilisierung der bewaffneten
> Macht im neuen Verfassungsstaat gedeutet. Sie galt als Symbol der Einsatzbereitschaft für
> den freiheitlichen Verfassungsstaat, als den sich die Bundesrepublik verstand. Und weil alle
> Männer eines bestimmten Jahrgangs damit rechnen mussten, ‚gezogen zu werden‘, galt die
> allgemeine Wehrpflicht als Ausdruck völliger Gleichheit. Dabei wurde sie nicht nur als Ver-
> pflichtung, sondern auch als Recht des – zunächst nur männlichen – Staatsbürgers gedeutet"
> (Steinbach 2011: 10).

Damit sollte die feste Verankerung der Bundeswehr in der zivilen Gesellschaft
gewährleistet und einem Staat im Staate vorgebeugt werden.[12] Zudem wurden so

---

Daraus wird ersichtlich, dass es sich bei einem Bedrohungsszenario um ein dynamisches Konzept handelt. Es hängt vom Standpunkt des Betrachters ab und neben einem Akteur, der die Bedrohung als solche bezeichnet, braucht es eine Öffentlichkeit, die den Diskurs mitträgt.
In Bezug auf die von de Maizière genannte sicherheitspolitische Begründung heißt das, dass die
Aussetzung der Wehrpflicht nicht auf eine objektive Bedrohungs- bzw. Nichtbedrohungslage
zurückgeführt werden kann, sondern sie muss, der Argumentation der Kopenhagener Schule
folgend, als Aushandlungsprozess zwischen politischen Akteuren und der Gesellschaft gesehen
werden. Auch wenn in Deutschland die Bürger nicht direkt und aktiv an der Entscheidung beteiligt wurden, so tragen sie den Diskurs um die derzeitige Bedrohungslage und die von der Politik
daraus abgeleiteten „extraordinary measures" (Wæver 2003: 9), nämlich die Strukturreform der
Bundeswehr, zumindest stillschweigend mit.
12   Gegner der Wehrpflicht weisen immer wieder darauf hin, dass auch Wehrpflichtigen-Armeen,
     beispielsweise unter Hitler, missbraucht und politisch instrumentalisiert werden können. Zudem
     vertreten sie die Auffassung, dass durch die Wehrpflicht nicht die Armee zivilisiert, sondern die

die Staatsbürger in die Verantwortung genommen, einen aktiven Beitrag zur Verteidigung der demokratischen Grundordnung zu leisten. Die Wehrpflicht war demnach elementarer Grundstein der Bundeswehr seit ihrer Gründung und prägte über Jahrzehnte ihre Organisationsform und ihr Selbstverständnis. In unzähligen Reformprozessen der Bundeswehr, aber auch durch changierende Beziehungen zwischen der Gesellschaft und ihren Streitkräften, unterlag die Wehrpflicht zwar ständigen Anpassungen,[13] die jedoch ihren Charakter als Wehrform der Wahl lange Zeit nicht grundsätzlich in Frage stellten. Zu eng war sie an das Leitbild des Staatsbürgers in Uniform gekoppelt, welches Wolf Graf von Baudissin in seinem Werk „Soldat für den Frieden", das maßgeblichen Einfluss auf die Ausgestaltung der Bundeswehr in den 1950er Jahren hatte, zeichnet:

> „Als ,Staatsbürger in Uniform' soll der Soldat, gleich welchen Status', grundsätzlich alle staatsbürgerlichen Rechte behalten, die nach außen zu schützen Aufgabe der Bundeswehr ist. Erst die Erfahrung von Freiheit, Recht und Menschenwürde bringt die Erkenntnis von Wert, Stärke und Bedrohtheit des Verteidigungswerten, fördert Überzeugungstreue, staatsbürgerliche Gesinnung, mitdenkenden Gehorsam, verläßliche Verantwortung, tragfähige Kameradschaft. In betontem Gegensatz zur bisherigen Auffassung (Moltke: ,Die Disziplin ist die ganze Seele der Armee') ist soldatischer Gehorsam nicht mehr letzter Wert, dem Menschenwürde und Rechtssicherheit fraglos nachgeordnet werden dürfen. Der unaufgebbare Gehorsam gründet sich auf der Verantwortung gegenüber der politischen Ordnung. Diese Rangverschiebung von Verantwortung und Gehorsam bedeutet Abkehr von einer Entwicklung, die mit den Söldnern begann; sie erinnert an das gegenseitige Treueverhältnis ritterlicher Zeiten. Für ein ,wertfreies' Deutschland oder ein autonomes Berufsideal läßt sich die Elbe auch nach Westen verteidigen. Freilich bringt die Forderung nach bewußter Entscheidung, nach Mitverantwortung im soldatischen und politischen Bereich, nach Initiative im ,kalten und heißen' Gefecht eine ungleich größere psychische und physische Belastung mit sich. Die äußere und innere Organisation zu schaffen, die diesen geistig-moralischen Postulaten entspricht und damit für den Ernstfall ein Höchstmaß an militärischer Verteidigungsbereitschaft und Kampffähigkeit einem potentiellen, auf militärische Schlagkraft dressierten und ideologisierten Gegner gegenüber gewährleistet, ist die Aufgabe der Bundeswehr" (Baudissin 1969: 195f.).

Baudissin kommt zu dem Schluss, dass die Bundeswehr ein ganz neues Soldatenbild etablieren und leben müsse, das sich von allen bisher gekannten (etwa vom patriarchalisch-feudalem; mechanisch-totalitärem bzw. autonomen) abgrenze. Der Staatsbürger in Uniform solle den „Wert der Gemeinschaft erkennen", die Armee solle ihn „handeln lassen, Raum geben für Verantwortung, keine

---

Gesellschaft militarisiert werde (u.a. Herz 2003).

13 So zum Beispiel die Dauer des Wehrdienstes, die 1956 noch 18 Monate betrug und sukzessive auf schließlich sechs Monate im Jahr 2010 verkürzt wurde (Bötel 2013). Auch der Stellenwert des Zivildienstes stieg im Laufe der Jahrzehnte kontinuierlich. Mit einer zunehmenden gesellschaftlichen Akzeptanz des Ersatzdienstes und geringeren Hürden bei der Verweigerung, nahm ein wachsender Anteil der jungen Männer diese Alternative wahr. Während 1961 bei Einführung des Zivildienstes nur gut 500 diese Option wählten, waren es zu Spitzenzeiten (1997-2002) rund 130.000 pro Jahr (Becker et al. 2011: 192), also etwa die Hälfte aller als dienstfähig gemusterten Männer dieser Jahrgänge.

Angst haben vor Neuem und vor Unbeliebtheit gerade bei denen, die dem Solda-
tentum am nächsten stehen" (Baudissin 1969: 200). Trotz der geforderten Verankerung in der Gesellschaft und dem Hochhalten aller staatsbürgerlichen Rech-
te und Pflichten für die Soldaten erkennt Baudissin die „Antinomie zwischen
dem Bürgersein und dem Soldatsein" (Baudissin 1969: 201). Er schlägt die folgende Interpretation des Dualismus vor:

> „Der ‚Staatsbürger' ist also der übergeordnete Begriff über Nichtsoldat und Soldat; viel-
> leicht können wir sagen: Soldat und Nichtsoldat sind zwei verschiedene Aggregationszu-
> stände desselben Staatsbürgers. Die so häufig aufgerissenen Grenzen zwischen Bürger und
> Soldaten sind fiktiv" (Baudissin 1969: 201).

Gerade die Wehrpflicht sollte mit einem temporären Wechsel vieler männlicher
Staatsbürger in diesen Aggregationszustand dazu beitragen, dass sich die Bundeswehr nicht von der Gesellschaft entfremde. Um diese tragende Funktion wis-
send, schrieb der damalige Verteidigungsminister Franz Josef Jung der Wehrpflicht noch 2008 eine unersetzliche Rolle zu:

> „Die allgemeine Wehrpflicht hat sich für Deutschland unter sich wechselnden sicherheitspo-
> litischen Rahmenbedingungen aus vielen Gründen uneingeschränkt bewährt. Wir brauchen
> sie auch in Zukunft. Es kommt deshalb darauf an, den Wehrdienst so auszugestalten, dass er
> auch künftig attraktiv bleibt" (BMVg 2008).

Dabei verwies er auf die Funktion der Wehrpflicht als „Klammer zwischen den
Streitkräften und der Gesellschaft": Sie schaffe Transparenz, indem sie das Ver-
ständnis sicherheitspolitischer Themen, welches durch den Pflichtdienst an der
Waffe an über acht Millionen jungen Männer seit 1957 vermittelt wurde, in die
Gesellschaft zurücktrage (BMVg 2008).

Weiter waren die ehemals Wehrpflichtigen gute Lückenfüller, gerade für einfa-
che Tätigkeiten in den Mannschaftsdienstgraden. In dieser Funktion unterstützten sie die Bundeswehr insbesondere im Ausbildungsbereich und hielten den
Soldatinnen und Soldaten im Einsatz „den Rücken frei" (BMVg 2008).[14] Sie
stellten zudem einen wichtigen Rekrutierungspool dar, denn der Nachwuchsbe-
darf von etwa 17.000 Soldaten pro Jahr wurde großenteils aus den Wehrpflichtigen ausgehoben.

Zudem galt die Wehrpflicht als Sozialisationsinstanz junger Männer in unserer
Gesellschaft. Gut 8,4 Millionen Staatsbürger leisteten von 1957 bis 2011 ihren

---

14  Interessanterweise wurden im Zusammenhang mit der Wehrpflicht bisher kaum Debatten um
    die Arbeitsmarktneutralität geführt. Während sich der Zivildienst trotz seiner gesetzlich veran-
    kerten Arbeitsmarktneutralität regelmäßig dem Vorwurf ausgesetzt sah, Arbeitsplätze zu ge-
    fährden beziehungsweise junge Männer zu Niedriglöhnen auszubeuten (zu dieser Debatte siehe
    u.a. Becker et al. 2011; BMFSFJ 2002), wurde diese Kritik an die Wehrpflicht nicht herangetra-
    gen.

Pflichtdienst in der Bundeswehr (Bötel 2013) und durchliefen die sogenannte „Schule der Nation",[15] die als Ort des Miteinanders aller sozialen Schichten sowie Herkunftsregionen aufgefasst wurde. Ihr wurde eine maßgebliche Rolle für den Zusammenhalt der Generationen zugeschrieben.[16] Gerade nach der Wiedervereinigung Deutschlands, als die Bundeswehr nach Ende des Kalten Krieges bereits große Strukturreformen durchlief, wurde der Wehrpflicht eine wichtige integrative Funktion beigemessen[17] und ein Festhalten an derselben damit begründet:

> „Die damalige Bundesregierung von CDU/CSU und FDP sah in Übereinstimmung mit der SPD hierin eine Chance, in großer Zahl Jugendliche aus den neuen und den alten Bundesländern über einen Lern- und Ausbildungszusammenhang miteinander in Kontakt zu bringen und so die gesellschaftliche Integration zu fördern. Außerdem wollte man ostdeutschen Jugendlichen, deren politische Sozialisation bis dahin gegen die Bundesrepublik und ihr demokratisches System gerichtet war, durch die an der ‚Inneren Führung' und ihrem Leitbild des ‚Staatsbürgers in Uniform' orientierte politische Bildung entgegenwirken" (Meyer 2010: 4).

Zusammenfassend zeigen die historische Entwicklung und die unterschiedlichen Zuschreibungen, die die Wehrpflicht von unterschiedlichen Akteuren erfuhr, dass sie weit war, als die kostengünstige Grundlage für eine personalstarke Verteidigungsarmee. Ihre Begründung erfolgte nicht nur über die sicherheitspolitischen Erfordernisse. Die Wehrpflicht galt als entscheidendes Bindeglied zwischen Gesellschaft und Militär, eine Verbindung, die in zwei Richtungen wirken sollte: Sie diente als Vehikel, sicherheitspolitische Belange in die Bevölkerung hineinzutragen und jedem (männlichen) Staatsbürger einen Beitrag zur Verteidigung des eigenen Landes abzuverlangen. Solange die Bedrohung im Ost-West-Konflikt als reale Gefahr in der Bevölkerung wahrgenommen wurde, nämlich bis Ende der 1980er Jahre, war die Bereitschaft dazu auch groß.[18] Andersherum

---

15   Auch Foucault argumentiert, eine Gesellschaft werde maßgeblich an ihren Rändern geformt, so beispielsweise in Einrichtungen wie Armee, Gefängnissen oder Psychiatrien. Dort manifestieren Aushandlungsprozesse, wie Individuen im Sinne der gesellschaftlichen Norm (re-)sozialisiert werden (Foucault 1976).

16   Hanne-Margret Birckenbach stellte in den 1980er Jahren fest, ein Grund für Jugendliche, den Wehrdienst nicht zu verweigern, sei die Überzeugung, „Kriegsdienstverweigerung bedroht den tradierten Zusammenhalt zwischen den eigenen und den vorausgegangenen Generationen" (1985: 232).

17   Das Militär ist von der organisationalen Anlage prädestiniert, Einheitlichkeit zu schaffen. So wird immer wieder die These vertreten, dass das Militär nicht nur aus Staatsbürgern Soldaten machen könne, sondern auch aus Soldaten Staatsbürger. In Frankreich hatte das Militär mit dieser Aufgabe beispielsweise einen entscheidenden Anteil am nation building, „turning peasants into Frenchmen" (zitiert nach Leuprecht 2010: 48). In Israel wird der Militärdienst heute noch zur „Einbürgerung" von Migranten genutzt, die über den Dienst an der Waffe die israelische Staatsbürgerschaft erwerben können (Apelt 2012a: 134).

18   Noch Mitte der 1980er Jahre ergab eine empirische Untersuchung zur Wehrdienstbereitschaft Jugendlicher Folgendes: „Die Jugendlichen halten einen atomaren Krieg, in dem sie keine Überlebenschance haben, für wahrscheinlich oder gar für gewiß. Sie haben Angst vor einem

sollten die Wehrpflichtigen von jeher dafür sorgen, dass sich die Bundeswehr nicht zu weit von der Gesellschaft entfernte. Durch die Pflicht über alle Schichten hinweg fand sich mit dieser Wehrform stets ein breiter Bevölkerungsquerschnitt in der Armee wieder. Damit wirkten die Wehrpflichtigen als Korrektiv in der Organisation und sorgten für einen steten Austausch zwischen der zivilen und militärischen Sphäre. Unter den Bürgern sollte die Wehrpflicht als Sozialisationsinstanz und gesellschaftlicher Kitt bzw. als schicht- und milieuübergreifendes Identifikationsmoment begriffen werden.[19]

Daher prognostizierte Klaus Naumann schon einige Jahre vor Aussetzung der Wehrpflicht, dass die Entscheidung für oder gegen diese Wehrform mehr sein würde als eine rein sicherheitspolitische Überlegung. Vielmehr würde das Konzept der Staatsbürgerlichkeit damit neu definiert: „Wie immer also die politische Entscheidung [zur Abschaffung der Wehrpflicht, Anm. RH] ausfallen wird, es handelt sich dabei nicht nur um eine bloße Transformation der Wehrform, sondern im Wesentlichen um eine Reformulierung von Staatsbürgerlichkeit" (Naumann 2010: 95). Denn mit der Diskussion um den Pflichtdienst stelle sich die grundsätzliche Frage, wie sich Grundpflichten und Grundrechte des Staatsbürgers zueinander verhielten und in unserer heutigen Gesellschaft zu bewerten seien.[20]

In Anbetracht dieser – auch normativen – Zuschreibungen, die die Wehrpflicht erfuhr, kann die Aussetzung durchaus als „historische[r] und gesellschaftliche[r] Bruch" (Kujat 2011: 3) gedeutet werden. Mit dieser Reform werden daher Herausforderungen von verschiedenen Akteuren identifiziert, die als Bedenken und Gefahren formuliert werden.

---

solchen Krieg" (Birckenbach 1985: 229).

19  Empirisch wurden diese Funktionen der Wehrpflicht (Sozialisationsinstanz, Förderung des gesellschaftlichen Zusammenhalts, Zivilisierung des Militärischen bzw. gesellschaftlicher Rückhalt für die Streitkräfte) bisher nicht umfassend nachgewiesen, vielmehr handelt es sich hierbei um normative Zuschreibungen.

20  Insbesondere im Zusammenhang mit der Wehrpflicht dominieren hier zwei theoretische Ansätze: Während Samuel P. Huntington als Vertreter des Liberalismus die Grundrechte des Bürgers in den Vordergrund stellt und – wie Jahre später Roman Herzog – den Wehrdienst als (zu) harten Einschnitt in die selbstbestimmte Lebensgestaltung sieht, betont Morris Janowitz, dass „Staatsbürgerschaft in erster Linie auf dem Prinzip der Partizipation des Bürgers an der Herrschaft und der Verteidigung des Landes" (Werkner 2012: 186) beruhe. Theodor Heuss' oft zitierte Worte zur Wehrpflicht als das „legitime Kind der Demokratie" schließen an Janowitz' Argumentationslinie an.

## *Herausforderungen und Bedenken*[21]

Im Zentrum steht die Herausforderung, wie die Bundeswehr ohne Wehrpflichtige nun ihren Nachwuchs rekrutieren kann. Dabei geht es vor allem darum, *wen* die Bundeswehr als Freiwilligenarmee anwerben kann und will – eine Frage, die in allen folgenden Bedenken mitschwingt.

Die größten Bedenken, die diese Reform hervorrief, betreffen das zivilmilitärische Verhältnis. Die Funktion, die der Wehrpflicht in der „‚Zivilisierung‘ des Militärischen" (Naumann 2010: 102) zugesprochen wurde, scheint mit ihrer Aussetzung gefährdet. Bundeswehrangehörige selbst äußerten die Sorge, dass die Streitkräfte ohne Wehrpflicht „nicht mehr das ganze Spektrum der Gesellschaft repräsentieren, sondern nur einen Ausschnitt davon" (Kujat 2011: 7). In der Folge würden nur noch wenige ihre in der Bundeswehr gesammelten Lebenserfahrungen in die zivile Gesellschaft mit zurücknehmen, und so würde womöglich „auch das Verständnis dessen schwinden, was den Beruf des Soldaten ausmacht: die vorbehaltlose Bereitschaft, Verantwortung und Risiken für die Gemeinschaft zu übernehmen und die damit verbundenen Härten und Gefahren zu ertragen" (Kujat 2011: 7). Die Bundeswehr könnte so an Ansehen und Rückhalt in der Gesellschaft verlieren.

Diese Befürchtungen werden vor allem in der medialen Debatte aufgegriffen: Medienberichten zufolge könnte der Wegfall der Wehrpflicht zu einer sozialen Schieflage in der Armee führen, da die Bundeswehr vor allem bei sozial Schwachen, in strukturschwachen Regionen (Lohse 2011; Handler 2011) oder bei Gewalt verherrlichenden Bürgern zum attraktiven Arbeitgeber avancieren könnte. Der Historiker Michael Wolffsohn verwendete in mehreren Stellungnahmen den Begriff der „Prekarier in Uniform" (2011), um dieses Szenario zu beschreiben.

Diese Annahmen werden von gesamtgesellschaftlichen Entwicklungen gespeist. Denn im Zuge eines allgemeinen Wertewandels hin zu einer postmaterialistischen Gesellschaft gewinnen Individualität, Selbstbestimmung und das persönliche Kosten-Nutzen-Kalkül an Bedeutung; allesamt Werte, welche schwer mit den Anforderungen von militärischen Organisationen vereinbar sind (u.a. Haltiner und Kümmel 2008: 47; Tresch und Leuprecht 2011b: 2). Gleichzeitig kann Deutschland als „postheroische" Gesellschaft[22] bezeichnet werden (u.a. Münkler

---

21    Die hier aufgeführten Bedenken haben spekulativen Charakter und sind bisher nicht empirisch nachgewiesen. Es gilt jedoch, diese Herausforderungen im Auge zu behalten, um nicht-intendierten Entwicklungen, welche die Aussetzung der Wehrpflicht möglicherweise begleiten, angemessen zu begegnen.

22    In einer „postheroischen" Gesellschaft ist die (militärische) Opferbereitschaft nicht mehr gegeben. Zwar zeichnet sich dies nicht notwendigerweise in einer pazifistischen Haltung ab, aber Kriegsopfer werden aus der öffentlichen Wahrnehmung ausgeblendet; damit geht häufig eine

2008; Geis und Mannitz 2011). In einem solchen Umfeld werden Soldaten nicht (mehr) als Helden und ihr Einsatz in fernen Ländern nur selten als Dienst an der Gesellschaft wahrgenommen. Werden sie verletzt oder gar getötet, wird ihr Tod nicht als Opfer für die Nation anerkannt, sie bzw. ihre Hinterbliebenen werden allenfalls materiell entschädigt; „die alternative Semiantik lautet, dass die Soldaten das Risiko, das sie eingingen, gekannt hätten und ihm bedauerlicherweise zum Opfer gefallen seien" (Münkler 2008: 27f.). Was in Deutschland oft als „freundliches Desinteresse"[23] (Köhler 2005) oder wohlwollende Indifferenz gegenüber der Bundeswehr bezeichnet wird, findet sich in der gesamtgesellschaftlichen Tendenz zu einer zunehmenden Individualisierung und einem Rückzug ins Private wieder. Freunde und Familie gewinnen an Bedeutung, zugleich sinkt die Bereitschaft „für soziales und politisches Engagement und einen Einsatz für übergreifende Ziele der Gesellschaftsreform" (Hurrelmann und Quenzel 2012: 207).[24]

Für die Bundeswehr könnte diese gesamtgesellschaftliche Entwicklung eine weitere Entfremdung von der Gesellschaft bedeuten und gleichzeitig die Herausforderung, ausreichend qualifiziertes Personal zu rekrutieren, verschärfen.

Zudem mahnen Kritiker, dass eine Freiwilligenarmee die Entsendebereitschaft erhöhen könne (Meyer 2010: 25).

Gerade, wenn die Öffentlichkeit das Interesse an sicherheitspolitischen Themen zunehmend verliere und es nicht mehr als Staatsbürgerpflicht gesehen würde, einen (persönlichen) Beitrag zu diesem Politikfeld zu leisten, könne die politische Elite quasi ungestört Einsätze beschließen und die Bundeswehr zur „Interventionsarmee" machen (Meyer 2010: 5), so die These der Kritiker.

Der Freiwillige Wehrdienst soll nicht zuletzt einigen dieser Herausforderungen begegnen und versteht sich als Format, das sich zwischen Kontinuität zur Wehrpflicht und den wandelnden Anforderungen der neuen Bundeswehr verortet, wie der nächste Abschnitt zeigen wird.

---

Entmilitarisierung der Gesellschaft einher.

23  Der damalige Bundespräsident Horst Köhler beschrieb mit diesen Worten 2005 auf einer Kommandeurstagung in Bonn den paradoxen Befund einer Meinungsumfragen zur „Bundeswehr im Einsatz", wonach sich die Deutschen nicht für „deutsche Interessen" interessieren würden (siehe dazu auch Meyer 2007).

24  Zwar weist die Jugend- und Sozialisationsforschung seit Beginn des neuen Jahrtausends eine Rückbesinnung auf materielle Werte, berufliche Sicherheit und den Wunsch nach traditionellen Lebensformen in der neuen Jugendgeneration nach, doch werden diese „alten" Werte stets mit dem Wunsch nach Individualisierung und persönlichem Erfolg kombiniert (Gensicke 2010; Hurrelmann und Quenzel 2012).

## 2.2 Zwischen Kontinuität und Neuland: Das Konzept des Freiwilligen Wehrdienstes

Mit dem Modell des FWD greift die Bundesregierung auf ein Instrument zurück, das derzeit in unterschiedlichen Politikfeldern eingesetzt wird, um der zunehmenden Individualisierung der Gesellschaft und leeren Staatskassen zu begegnen: das Prinzip der Freiwilligkeit. Freiwilliges Engagement in diversen gesellschaftlichen Bereichen wird als sozialer Kitt betrachtet, der den gesellschaftlichen Zusammenhalt stärkt (siehe zum Beispiel Anheier und Salamon 2001: 4) und die angespannten Haushalte entlasten soll. Dieser Rückbezug auf Tocqueville, der freiwilliges Engagement in den 1830er Jahren in den USA als notwendiges Mittel ansah, um die noch jungen Vereinigten Staaten von Amerika zusammenzuhalten (Tocqueville 1999), ist nicht nur in Deutschland hoch aktuell (u.a. Anheier und Salamon 2001; Bartels et al. 2013; Putnam 2002; Roose 2010). In Großbritannien ist es der „Big Society Plan" der Regierung (Conservative Party 2010; Bartels et al. 2013), der die Bürger über freiwilliges Engagement verstärkt in die Pflicht nimmt. In den USA stieß Robert Putnam mit seinem Bestseller „Bowling Alone: The Collapse and Revival of American Community" eine Debatte über abnehmenden sozialen Zusammenhalt an (Putnam 2001). Gemeinsam ist all diesen Bemühungen, Freiwilligkeit aufzuwerten und auszubauen, um einem Auseinanderdriften der Gesellschaft zu begegnen. Im Fall der Bundeswehr betrifft dies die Schnittmenge zwischen der militärischen und der zivilen Sphäre, in anderen Bereichen zwischen Generationen, zwischen gesellschaftlichen Klassen, zwischen Religionen oder sozialen Milieus.

Der FWD ordnet sich in diesen Trend ein und greift diese Überlegungen auf. Gleichzeitig schließt er unmittelbar an die Tradition der Wehrpflicht an.

*Elemente und Rahmenbedingungen des Freiwilligen Wehrdienstes*

Um Kernelemente des Wehrpflichtkonzepts beizubehalten, beschloss der Deutsche Bundestag am 24. März 2011 mit dem Wehrrechtsänderungsgesetz die Einführung eines Freiwilligen Wehrdienstes (Deutscher Bundestag 2011). Nach dem Soldatengesetz fallen die Freiwillig Wehrdienstleistenden – wie einst die Wehrpflichtigen – unter eine eigene Kategorie. Sie sind mit einer vertraglichen Vereinbarung anstatt eines Arbeitsvertrages, wie die Zeit- und Berufssoldaten, an ihren Arbeitgeber gebunden, geloben statt schwören ihre Loyalität gegenüber Deutschland und beziehen einen Wehrsold anstelle eines Gehalts. Erklärtes Ziel ist, dass ständig 5.000 bis 15.000 FWDL die Bundeswehr unterstützen.[25]

---

25  Die Strukturkommission empfahl einen Dienstpostenumfang von 15.000 Freiwilligen (Weise 2010: 28). Der ehemalige Verteidigungsminister de Maizière reduzierte die Zahl in der Umset-

Das heißt, bei Aussetzung der Wehrpflicht setzte die Bundeswehr nicht nur auf Berufs- und Zeitsoldaten, wie die meisten Nachbarstaaten, sondern führte mit dem FWD ein im internationalen Vergleich ungewöhnliches Dienstformat ein. Damit folgte die Bundeswehr dem Vorschlag der Reformkommission um Frank-Jürgen Weise, die Freiwilligendienste als ein Instrument beschreibt,

> „das persönliche, berufliche, gesellschaftliche und sicherheitspolitische Interessen in Einklang bringt. Die Möglichkeiten können von der Pflege, Betreuung und Wohlfahrt über den Bereich der Bildung und Erziehung, den Umwelt- und Katastrophenschutz über die Entwicklungshilfe bis eben hin zum Dienst bei der Bundeswehr reichen. Unsere Gesellschaft braucht eine **Kultur der Freiwilligkeit** [Hervorhebung im Original]" (Weise 2010: 12).

Die Kommission sieht das neue Format als Dienst an der Gesellschaft und stellt es mit freiwilligem Engagement im sozialen und zivilgesellschaftlichen Bereich gleich.

Damit sind FWDL in der Form, wie sie ab 1. Juli 2011 aktiv sind, eine gänzlich neue Gruppe[26] innerhalb der Bundeswehr. Hier können junge Männer und Frauen die Einrichtung Bundeswehr erstmals als Soldat kennenlernen ohne dass dies auf Zwang (allgemeine Wehrpflicht) oder einem längerfristigen Arbeitsverhältnis (Zeit- oder Berufssoldat) beruht.

Der neue Dienst steht Männern und Frauen gleichermaßen offen. Er kann von allen deutschen Staatsangehörigen geleistet werden, die das 17. Lebensjahr erreicht[27] und ihre Vollzeitschulpflicht erfüllt haben. Die Interessenten werden weiterhin gemustert und können nur bei physischer und psychischer Eignung in die Bundeswehr eintreten. Die Bezahlung beträgt monatlich knapp 800 Euro „Einstiegsgehalt" (Bundesamt für das Personalmanagement der Bundeswehr 2014). Dies übersteigt den monatlichen Sold der ehemals Wehrpflichtigen um 500,00 Euro.[28]

---

zung der Reform auf mindestens 5.000 und bis zu 15.000 FWDL je nach Bewerberlage.

26  Zwar gab es vor dem 1. Juli 2011 schon einen Freiwilligen Wehrdienst. Doch waren hierfür die Voraussetzungen ganz andere: Er stand Wehrpflichtigen offen, die ihre Bundeswehrzugehörigkeit nach ihrem Pflichtdienst freiwillig um bis zu 23 Monate verlängerten. Das heißt, der „alte" FWD richtete sich an Soldaten, welche die Institution Bundeswehr bereits kannten und zunächst über die Dienstpflicht in die Organisation eintraten. Auch gab es einige strukturelle Abweichungen zum „neuen" FWD, beispielsweise sah das alte Modell keine Probezeit vor.

27  In den Informationsmaterialien wird die Altersgrenze mit 18 Jahren angegeben. In der Praxis werden Rekruten schon mit 17 Jahren aufgenommen, dürfen allerdings bis zur Vollendung des 18. Lebensjahres nicht an Auslandseinsätzen teilnehmen. Zivilgesellschaftliche Gruppen wie das *Deutsche Bündnis Kindersoldaten* kritisieren diese Praxis. Sie werfen der Bundeswehr in vor, damit gegen die UN-Kinderrechtskonvention zu verstoßen (Cremer 2013: 8f.). Auch die Partei Die Linke entfacht dazu regelmäßig Debatten im Bundestag (u.a. Deutscher Bundestag 2014).

28  In Kombination mit den Sachleistungen (kostenlose Verpflegung, Unterkunft und Heimfahrten) können FWDL ihr Leben in der Regel finanziell unabhängig gestalten. Dies ist bei den zivilge-

Die jungen Menschen verpflichten sich zwischen sieben und 23 Monaten. Das bedeutet, die Dienstzeit ist mitunter ähnlich kurz wie zuletzt beim Wehrdienst. Dort wurde vermehrt argumentiert, solch kurze Verpflichtungszeiten brächten der Bundeswehr keinen Nutzen, weil die Zeit zu knapp sei, um Soldaten solide für die immer komplexer werdenden Aufgaben und an hochtechnisierten Systemen auszubilden.[29]

Die ersten sechs Monate des FWD sind eine Probezeit, in denen beidseitig eine sofortige Kündigung möglich ist. Das soll die Hemmschwelle für einen Militärdienst senken und auch diejenigen in der Gesellschaft ansprechen, die sich unter anderen Umständen nicht für einen Dienst bei den Streitkräften entscheiden würden. Der FWD soll damit attraktiv für alle gesellschaftlichen Schichten sein. Die Erfahrungen in den Vereinigten Staaten von Amerika, wo die Wehrpflicht in den 1970er abgeschafft wurde, bestätigen zwar nicht die Befürchtungen einer Unterschichtenarmee. Dennoch sehen sich die US-amerikanischen Streitkräfte damit konfrontiert, dass nicht alle gesellschaftlichen Schichten erreicht werden:

> „It is not that there are too many people from the lower class, but that there are too few from the upper class. (...) The disconnect between the American elites and the military is even greater. For example, the percentage of congressional members with military service has already declined sharply in the last 30 years dropping from 75 percent in 1971 to less than 34 percent today" (Magee und Nider 2002: 5).

Aus diesem Grund debattierten die USA 2002 unter Präsident George W. Bush über einen kurzzeitigen Militärdienst von bis zu 18 Monaten,[30] in der Hoffnung damit vor allem College-Absolventen zumindest für einige Monate für die Armee zu gewinnen. Der sogenannte „citizen soldier track" sollte einen bedeutenden Wandel in der Personalgewinnung der amerikanischen Armee darstellen und „the nation's most fortunate sons and daughters a voluntary equivalent of the old draft – a way to contribute to America's defense without choosing a military career" ermöglichen (Magee und Nider 2002: 1).

Anders als die Wehrpflichtigen müssen die FWDL schon bei Vertragsabschluss eine sehr ernste Entscheidung treffen (BMVg 2011a: 11ff.), denn jeder FWDL muss bereit sein, an Auslandseinsätzen der Bundeswehr teilzunehmen.[31] Zusammen mit dem Dienstvereinabrung wird eine entsprechende Erklärung unter-

---

sellschaftlichen Freiwilligendiensten mit einer deutlich geringeren Vergütung nicht gewährleistet und markiert einen wesentlichen Unterschied, der beim Vergleich der Formate unbedingt mitgedacht werden muss.

29  Dies zeigt bereits, dass an den FWD offensichtlich unterschiedliche, auch implizite und latente Funktionen herangetragen werden, die weit über die rein personelle Unterstützung durch die maximal 15.000 anvisierten Mannschaftssoldaten hinausgehen.

30  Das Konzept für diesen Dienst liegt vor. Eine Einführung des Formats fand meiner Recherche nach bisher nicht statt. Nähere Informationen zu den Hintergründen sind nicht bekannt.

31  Das gilt für eine Dienstdauer ab 12 Monaten.

zeichnet. Dies unterscheidet die heutigen FWDL maßgeblich von den ehemaligen Wehrpflichtigen, welche grundsätzlich von Auslandseinsätzen ausgenommen waren und sich erst im Falle einer freiwilligen Dienstverlängerung für die Verwendung im Ausland bereiterklären mussten. Damit versucht das Format FWD – zumindest der Konzeption nach – ein Dilemma aufzulösen, das die Wehrpflicht mit sich brachte: Obwohl die Wehrpflicht galt, fußte die Teilnahme an Auslandseinsätzen bisher strikt auf Freiwilligkeit. Die „staatsbürgerliche Obligation" (Naumann 2010: 110) galt nur für die Ausbildung an der Waffen, nicht aber für den Einsatz. Der FWD passt sich damit an die neuen Herausforderungen der Bundeswehr als Einsatzarmee an.

*Die Funktionen des Freiwilligen Wehrdienstes*

Dem Freiwilligen Wehrdienst werden folglich Funktionen zuteil, die ihm implizit oder explizit von verschiedenen Akteuren zugeschrieben werden. Unterschieden wird hier zwischen den Funktionen bzw. Charakteristika, die sich aus der Wehrpflicht ableiten und jenen, die erst durch das neue Dienstformat entstehen. Fasst man all die Diskussions- und Argumentationsstränge, die in diesem Kapitel aufgezeigt wurden, zusammen, leiten sich folgende *Kontinuitäten zur Wehrpflicht* ab:

- *Beibehaltung der Staatsbürgerpflicht:*
  Der FWD soll die Staatsbürger (und nun auch Staatsbürgerinnen) nicht gänzlich von der Pflicht befreien, einen Beitrag zum deutschen Sicherheitskonzept zu leisten. Dies wird unter anderem in der Kampagne „Wir. Dienen. Deutschland."[32] erkennbar. Der Slogan bringt Leitmotiv und zugleich Selbstverständnis der Bundeswehr zum Ausdruck. Damit wird deutlich an das Pflichtbewusstsein der Bürger appelliert. Selbstloses Dienen für ein höheres Gut wird ins Zentrum der Selbstdarstellung gerückt.

- *Sozialisationsinstanz:*
  Da gerade in dieser neuen Werbekampagne soldatische Werte wie Kameradschaft, Tapferkeit und Zuverlässigkeit in den Vordergrund gestellt werden, sieht sich die Bundeswehr wohl immer noch als Sozialisationsinstanz, zumindest für einen kleinen Anteil junger Menschen in Deutschland.

- *Rekrutierungsinstrument:*

---

32   Mit dieser Kampagne wird über Plakate, in Print- und Onlinemedien ziviles und militärisches Personal für alle Laufbahnen der Streitkräfte angeworben. Siehe: www.wirdienendeutschland.de (eingesehen am 17.02.2012).

Analog zur Wehrpflicht ist der FWD zukünftig ein wichtiges Rekrutie-rungsinstrument und wird als solches von der Bundeswehr beworben. Auch wenn der Pool potentieller Interessenten angesichts der niedrigen Gesamtzahl an FWDL im Vergleich zu den ehemals Wehrdienstleisten-den deutlich kleiner ausfällt, ist es ein Ziel, FWDL im Anschluss an ih-ren Dienst als Zeit- oder Berufssoldaten zu übernehmen. Insbesondere die Bundeswehr betont die für sie manifeste Funktion (u.a. Bundesamt für das Personalmanagement der Bundeswehr 2014).

■ *Zivil-militärische Interaktion:*
Der FWD soll die Rückbindung der Gesellschaft an die Bundeswehr verstetigen. Bisher maßgeblich durch die Wehrpflichtigen getragen, kann der FWD eine ähnliche Rolle übernehmen. So sollen die FWDL zukünftig eine wichtige Schnittstelle zwischen der Bundeswehr und der Gesellschaft darstellen (u.a. Deutscher Bundestag 2011). Denn die jun-gen Männer und Frauen integrieren sich aus einem zivilen Leben für ei-ne beschränkte Zeit in die Streitkräfte. Sie können dadurch als die per-sonifizierten Staatsbürger in Uniform gelten, gesellschaftliche Entwick-lungen spiegeln und in die Organisation hineintragen sowie durch ihre Zugehörigkeit zu beiden „Aggregationszuständen" (Baudissin 1969: 201) für Austausch und Transparenz zwischen der zivilen und militäri-schen Sphäre sorgen. So könnten die FWDL als Korrektiv und *watch-dog* innerhalb der Bundeswehr fungieren. Sie werden zugleich zu „Tes-timonials" (Bauer 2011: 122f.) und würden besonders in ihrem gleich-altrigen sozialen Umfeld zu Multiplikatoren für die Institution Bundes-wehr und für sicherheitspolitische Themen.

■ *Integrative Kraft:*
Der FWD ist so konzipiert, dass er prinzipiell alle Staatsbürger errei-chen könnte. So soll er einen Querschnitt der Bevölkerung abbilden und dafür sorgen, dass die Bundeswehr gleichermaßen von allen Schichten getragen wird. Vorausgesetzt die FWDL sind heterogen in ihrer Zu-sammensetzung, kann der Dienst eine integrative Kraft entfalten und helfen, Vorurteile gegenüber anderen gesellschaftlichen Schichten ab-zubauen sowie Randgruppen zu integrieren.[33]

■ *Kostengünstiges Personal im Mannschaftsbereich:*
Schließlich dürfte ein wirtschaftlicher Faktor eine Rolle spielen, auch wenn dieser in der politischen und gesellschaftlichen Debatte kaum auf-gegriffen wird.[34] Die FWDL sind verhältnismäßig kostengünstige Sol-

---

33 Diese Wirkung wird zivilgesellschaftlichen Freiwilligendiensten gerne zugesprochen, auch wenn sie bisher empirisch kaum nachgewiesen wurde (siehe zum Beispiel Fischer 2011).
34 Die Partie DIE LINKE weist in der Parlamentsdebatte zur Einführung des FWD auf diese

daten, die im Mannschaftsbereich zur Unterstützung herangezogen werden können. Die Bundeswehr geht keine langen Verpflichtungen für deren (Weiter-)Beschäftigung und Versorgung ein. Zudem kann sie die Soldaten flexibel dort einsetzen, wo sie gerade gebraucht werden, da die FWDL zwar Verwendungswünsche angeben können, diese aber nicht bindend sind.

Darüber hinaus werden dem FWD einige *neue Funktionen* zugeschrieben, die es so in der Wehrpflicht nicht gab:

- *Beitrag zu einer „Kultur der Freiwilligkeit"* (Weise et al. 2010: 12): Diese Funktion kann als moderne Interpretation der Staatsbürgerpflicht verstanden werden, da das Pflichtmodell im Zuge der kontinuierlichen Liberalisierung und Individualisierung unserer Gesellschaft zunehmend unter Druck gerät. Diese Funktionszuschreibung passt zu den Entwicklungen in anderen Politikfeldern, in denen dem Wertewandel sowie dem zunehmenden Sparzwang der öffentlichen Hand mit dem Prinzip der Freiwilligkeit begegnet wird. Die Bundesregierung sprach 2012 in ihrer Engagementstrategie in diesem Zusammenhang bereits von einer „freiwilligen Bürgerpflicht" (Enste et al. 2012: 9).

- *Erschließung neuer Zielgruppen:*
Schließlich ist die Öffnung des FWD für Frauen, junge Menschen ab 17 Jahren sowie ein Verzicht auf eine Altersbeschränkung nach oben ein deutliches Zeichen, dass die Bundeswehr mit diesem Format möglichst viele, auch gegenüber der Wehrpflicht neue, Zielgruppen erschließen will.
Da nicht zuletzt die demographische Entwicklung erahnen lässt, dass die Bundeswehr zukünftig in einen harten Wettbewerb um Nachwuchs treten wird (Bulmahn und Kramer 2013), könnte der FWD auch dazu verwendet werden, Bevölkerungsgruppen stärker einzubinden, die bisher in den Streitkräften unterrepräsentiert sind, zum Beispiel Bürgerinnen und Bürger mit Migrationshintergrund, Frauen oder militärferne Milieus.
Durch seine Unverbindlichkeit (sechsmonatige Probezeit) und Flexibili-

---

Gefahr hin (Deutscher Bundestag 2011: 11347). Auch der Deutsche Gewerkschaftsbund (DGB) kritisiert den FWD als ein Instrument, das den Grundsatz „gleiche Arbeit – gleiches Geld" unterlaufe: „Mit dieser neuen Rechtskonstruktion wird ein Dienstverhältnis unterhalb des ‚normalen' durch Soldatengesetz geregelten Dienstes geschaffen. Die Gefahr der jetzigen Regelung besteht in dem Unterlaufen der geregelten Besoldungsnormen durch einen neuen Dienst" (Beck 2011).

tät (Einsatzdauer zwischen sieben und 23 Monaten), sowie eine vergleichsweise gute Bezahlung könnte er durchaus andere Gruppen ansprechen, als dies die Wehrpflicht bisher tat.[35]

- *Beitrag zur Einsatzorientierung:*
  Grundsätzlich sollen die FWDL vollumfänglich in die Bundeswehr integriert werden und in der Lage sein, die Auslandseinsätze der Armee
  mitzutragen. Wer 12 Monate oder länger Dienst leistet, unterschreibt
  daher bei Antritt eine Verpflichtungserklärung, mit der er einer Auslandsverwendung zustimmt. Damit ist der FWD ein Baustein in der
  Neuausrichtung der Bundeswehr hin zu mehr Einsatzorientierung.[36]

Während sich einige Funktionen gegenseitig bedingen (z.B. die Ausgestaltung
als „flexibler Schnupperkurs" unterstützt gleichzeitig die Rekrutierung und das
Ziel, unterschiedliche Personengruppen anzusprechen), stehen andere Funktionen im Widerspruch zueinander (so die Einsatzorientierung und das Anliegen,
mit dem FWD einen „flexiblen Schnupperkurs" zu schaffen).

Die Aufzählung umfasst zunächst manifeste Funktionen,[37] nämlich die von unterschiedlichen Akteuren beabsichtigten Folgen der Reform. Denn die hier zu-
sammengefassten Charakteristika des FWD geben die Argumentationslinien
wieder, die aus der politischen Debatte, den Positionierungen der Bundeswehr,
aus dem medialen Diskurs beziehungsweise aus der (schwach ausgeprägten)
gesellschaftlichen Debatte kondensiert wurden.

Doch könnte die Aufzählung mit latenten Funktionen ergänzt bzw. kontrastiert

---

35  Im Gegensatz zu anderen Ländern, die ihre Armeen bei der Umstellung auf Freiwilligkeit für
Ausländer öffneten (zum Beispiel Spanien), ist die deutsche Staatsangehörigkeit allerdings im-
mer noch Voraussetzung für die Ableistung eines solchen Dienstes.
Der Wehrbeauftragte Königshaus sprach sich 2011 für eine Öffnung des Wehrdienstes für in
Deutschland lebende Ausländer aus (siehe z.B. ZEIT online, o. A. 2011). Dieser Vorschlag war
jedoch nicht konsensfähig. Während in zivilen Freiwilligendiensten internationale Freiwillige
explizit erwünscht sind, zeigt die Debatte im Kontext der Bundeswehr, dass der militärische
Dienst eine Sonderrolle einnimmt und die geringste Annäherung an ein Söldnerheer auf großes
Unbehagen stößt.

36  „Die Neuausrichtung der Bundeswehr ist auch und insbesondere auf verschiedene und ver-
schiedenartige Einsätze auszurichten. Durch die Befähigung zum Einsatz von Streitkräften im
gesamten Intensitätsspektrum ist Deutschland in der Lage, einen seiner Größe entsprechenden,
politisch und militärisch angemessenen Beitrag zu leisten und dadurch seinen Einfluss, insbesondere seine Mitsprache bei Planungen und Entscheidungen sicherzustellen" (BMVg 2011c:
10).

37  Die Begriffe werden im Sinne von Robert K. Merton verwendet: „Funktionen sind diejenigen
beobachteten Folgen, die zur Anpassung oder Angleichung eines gegebenen Systems beitragen;
(…) [Kursivsetzung im Original]" (Merton 1995: 48). Manifeste Funktionen sind die beabsichtigten und erkannten Folgen; latente Funktionen bezeichnen die Folgen, die nicht intendiert oder
nicht erkannt werden (Merton 1995: 49).

werden.[38] Insbesondere die Herausforderungen und Befürchtungen, die in diesem Kapitel bereits thematisiert wurden, könnten als latente Funktionen gedeutet werden. So kann die Einsatzorientierung des FWD möglicherweise die Entwicklung der Bundeswehr zu einer Interventionsarmee fördern. Das Ziel, mit dem FWD Nachwuchs zu rekrutieren, könnte die latente Funktionen mit sich bringen, in den Werbekampagnen den Soldatenberuf nicht transparent und ehrlich zu bewerben, um ihn möglichst attraktiv erscheinen zu lassen oder mittelfristig im Vergleich zur Wehrpflicht die körperlichen und kognitiven Einstellungsvoraussetzungen zu senken, um ausreichend Interessenten zu finden. Ob der FWD die ihm zugeschriebenen manifesten Funktionen erfüllen kann und inwiefern latente Funktionen mit der Reform einhergehen, ist bisher noch nicht abzusehen und empirisch zu überprüfen. Dazu will diese Arbeit einen Beitrag leisten und die subjektive Wahrnehmung dieser Funktionen analysieren, indem sie untersucht, ob die Freiwilligen, die den Dienst antreten, diese Funktionszuschreibungen[39] teilen. Das wird die empirische Analyse (Kapitel 7) zeigen.

## 2.3    Der Freiwillige Wehrdienst in Zahlen

Über die soziodemographische Zusammensetzung der FWDL und der Bundeswehrsoldaten allgemein werden kaum Daten erhoben. Nur einige wenige Eckdaten zu den FWDL werden bisher vom BMVg und vom Zentrum für Militärgeschichte und Sozialwissenschaften der Bundeswehr (ZMSBw) systematisch erfasst und aufbereitet (Bulmahn et al. 2013; Mangold 2013; Feltl 2014).[40] Daher ist über die Gesamtheit der FWDL bis auf Alter, Geschlecht, und Schul- bzw. Berufsabschluss noch wenig bekannt.[41] Einige weitere Anhaltspunkte lie-

---

38  Denkbar wäre beispielsweise die latente Funktion, die Gesellschaft (weiter) zu militarisieren, indem Jugendliche im FWD eine bestimmte Sozialisation erfahren. Diese Funktion wurde der Wehrpflicht von Kritikern zugeschrieben (Herz 2003).

39  Nicht alle aufgeführten Funktionen lassen sich aus einer subjektorientierten Perspektive beantworten. Manche Funktionen sind mit dem Design dieser Untersuchung kaum zu analysieren, da sie eine gesamtgesellschaftliche Wirkungsstudie zugrunde legen müssten (z.B. FWD als Sozialisationsinstanz).

40  Teile dieses Kapitels wurden bereits 2013 in der Zeitschrift „Aus Politik und Zeitgeschichte" veröffentlicht (Haß 2013).

41  Diese Daten werden zentral für alle Standorte im BMVg gesammelt und aufbereitet; auf Anfrage werden sie zur Verfügung gestellt. Weiter ist ersichtlich, in welcher Truppengattung und in welchem Bundesland die Soldaten eingesetzt sind, wie lange sie den FWD leisten und ob eine Übernahme in eine SaZ-Laufbahn stattgefunden hat. Zudem werden die Abbrecherquoten ermittelt. Der Wohnort oder die Tätigkeit vor dem FWD werden nicht ermittelt; ebenso wenig der genaue Zeitpunkt des Abbruchs (Feltl 2014; Mangold 2013).

fert eine repräsentative Umfrage des ZMSBw,[42] die zeigt, dass ein Großteil, nämlich 58 Prozent, vor dem FWD zur Schule gegangen sind bzw. auf einen Studien- oder Ausbildungsplatz gewartet haben (Bulmahn et al. 2013: 17). Abbildung 1 fasst die Anzahl der Dienstantritte pro Quartal von Juli 2011 bis April 2014 zusammen.

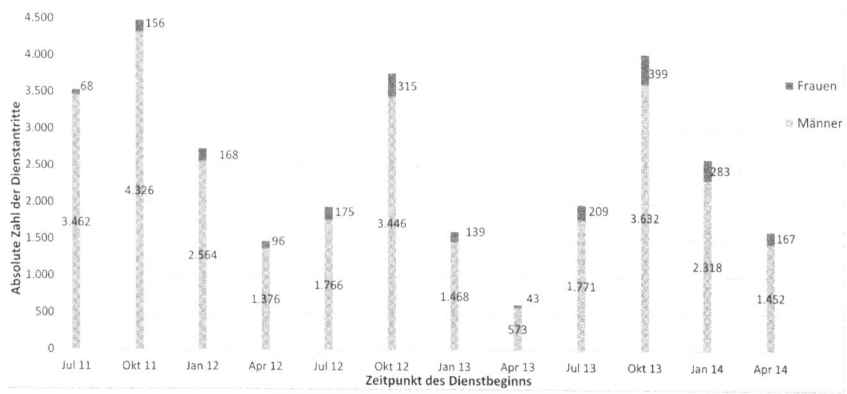

*Abb. 1: Dienstantritte aller FWDL nach Quartal und Geschlecht. Quelle: Feltl 2014; eigene Darstellung.*

Knapp drei Jahre nach Einführung des FWD zeichnet sich folgendes Bild ab: Während im ersten Jahr (Juli 2011 bis Juni 2012) noch gut 12.000 FWDL ihren Dienst antraten, sanken die Dienstantritte im zweiten Jahr (Juli 2012 bis Juni 2013) um etwa ein Drittel auf knapp 8.000 Freiwillige. Im dritten Jahr (Juli 2013 bis Juni 2014) stieg die Anzahl der FWDL wieder auf etwa 10.000 (Feltl 2014). Dass die Bewerber- bzw. Eintrittszahlen in den ersten Jahren nach Umstellung von einer Wehrpflicht- auf eine Freiwilligenarmee zunächst zurückgehen, ist allerdings keine Besonderheit, die nur in Deutschland zu beobachten ist. Viele europäische Staaten, die ihre Armeen in den letzten Jahren umstrukturierten, sammelten ähnliche Erfahrungen. So nahm beispielsweise in Schweden die Bewerberzahl vom ersten zum zweiten Jahr nach Einführung der Freiwilligenarmee um etwa zehn Prozent ab (Jonsson 2013).

---

42   In der Untersuchung wurden alle FWDL, die ihren Dienst zwischen Juli 2011 und April 2012 antraten, schriftlich mit Hilfe eines strukturierten Fragebogens sechs Wochen nach Dienstbeginn befragt. Mit einem Rücklauf von 71 Prozent antworteten insgesamt 6.389 FWDL (Bulmahn et al. 2013: 5f.). Eine zweite Befragung zu Ende der jeweiligen Dienstzeit komplettiert die Studie. Allerdings sind bisher lediglich die Ergebnisse der ersten Befragungswelle veröffentlicht.

Im Sommer 2013, dem Ende meiner empirischen Erhebungsphase, leisten 8.463 Freiwillige ihren Dienst. Davon waren knapp 89 Prozent zwischen 17 und 23 Jahren alt, weitere 10 Prozent waren zwischen 24 und 27 Jahren und nur etwas mehr als ein Prozent über 27 Jahre alt (Mangold 2013). Dies zeigt, dass die Bundeswehr bezüglich der Merkmale Geschlecht und Alter immer noch eine sehr ähnliche Klientel anspricht wie zu Zeiten der Wehrpflicht. Die Öffnung – insbesondere die Einbindung von Frauen – gestaltet sich schwierig. Unter den von Juli 2011 bis April 2014 30.449 FWDL waren im Durchschnitt 7,3 Prozent Frauen. In Schweden gelang es beispielsweise bereits im ersten Jahr der Freiwilligenarmee, 13 Prozent Frauen zu rekrutieren (Jonsson 2013).[43]

Zum Vergleich: Im Bundesfreiwilligendienst sind seit Frühling 2012 durchgehend alle 35.000 Plätze besetzt[44] und seit Beginn des Jahres 2013 gut 50 Prozent der Aktiven weiblich sowie etwa 40 Prozent älter als 27 Jahre (Beller und Haß 2013: 54f). Das heißt, die prinzipielle Bereitschaft dieser Zielgruppen (insbesondere Lebensälterer und Frauen), sich aktiv in die Gesellschaft einzubringen, ist durchaus vorhanden.[45]

Allerdings war absehbar, dass sich Frauen nicht im gleichen Maße wie Männer von einem Dienst bei den Streitkräften angesprochen fühlen. Noch immer werden die Tugenden und Fertigkeiten, die mit der Bundeswehr assoziiert werden, als typisch männliche wahrgenommen. Die Armee ist bei jungen Frauen auch als Arbeitgeber weitaus weniger präsent und für sie in geringerem Maße attraktiv (Hentschel 2011). Es sei an dieser Stelle darauf hingewiesen, dass der niedrige Frauenanteil unmittelbar mit der Organisationskultur und der Einstellung bzw. den Assoziationen der Gesellschaft mit der Bundeswehr zusammenhängt und nicht etwa mit einer geringeren Bereitschaft von Frauen, einen Freiwilligendienst zu leisten.

Bezüglich des Alters ist es für Personen mit (erster) Berufserfahrung sicherlich wenig attraktiv, im untersten Mannschaftsdienstgrad einzusteigen – und dies ist die einzige Option im FWD. Zudem ist der Dienst auf Grund seiner physischen Voraussetzungen und dem prinzipiellen Ziel, Nachwuchs für die Bundeswehr zu rekrutieren, nicht auf Menschen ausgelegt, die sich am Ende ihrer beruflichen Laufbahn befinden. Dies dürfte die Konzentration auf die kleine Alterskohorte

---

43  In Schweden öffnete sich die Armee schon 1995 umfänglich für Frauen; in der Bundeswehr erfolgte dies erst 2001, zuvor war ihnen der Dienst nur in bestimmten Einheiten (ohne Waffen) erlaubt.

44  Die finanziellen Mittel wurden inzwischen aufgestockt, so dass im Juni 2014 sogar etwa 42.000 Plätze (darunter auch Teilzeitplätze) besetzt waren (BAFzA 2014b).

45  Während der Zivildienst Frauen nicht zugänglich war, sind die Freiwilligendienste FSJ und FÖJ traditionell weiblich geprägt, mit einem Frauenanteil von 76 beziehungsweise 68 Prozent (Engels et al. 2008).

erklären.

Was das Bildungsniveau betrifft, werden die Befürchtungen einer „Armee von Perspektivlosen" (Wolffsohn 2011) – zumindest für die Dienstform des FWD – nicht bestätigt. Die Mehrheit der FWDL, nämlich 72,4 Prozent, verfügt mindestens über einen Realschulabschluss (siehe Abbildung 2).[46] Das Bildungsniveau der FWDL liegt damit ungefähr im Bundesdurchschnitt,[47] was aber im Umkehrschluss nicht bedeutet, dass alle Gesellschaftsschichten bzw. Milieus[48] erreicht werden. So ist trotzdem denkbar, dass beispielsweise die obersten zehn Prozent der Gesellschaft nicht erreicht werden – eine Schieflage, die sich auch in den USA dreißig Jahre nach Aussetzung der Wehrpflicht abzeichnet (Magee und Nider 2002: 4).

Es bleibt also festzuhalten: Die FWDL in der Bundeswehr werden zwar nicht in dem Maße vielfältiger wie im BFD; die Klientel ähnelt zumindest was die Alterskohorte und das Geschlecht angeht stark den ehemaligen Wehrdienstleistenden.

In den folgenden Kapiteln, basierend auf der qualitativen Datenerhebung, wird sich aber zeigen, dass die Freiwilligen trotzdem heterogen sind vor allem bezüglich ihrer Motive und Erwartungen an den FWD. Zudem sind unter den FWDL interessante Einzelfälle - Gerring würde von „extreme cases" sprechen (Gerring 2010: 653f.) –, die es in dieser Form unter Wehrpflichtigen nicht gab, beispielsweise Personen, die bereits vor mehreren Jahren einen Wehrdienst geleistet haben oder einst ausgemustert wurden.

---

46  In den Freiwilligendiensten FSJ, FÖJ und BFD ist das Bildungsniveau deutlich höher. Bei den jüngeren Freiwilligen unter 27 Jahren verfügen 63 bis 72 Prozent (je nach Dienstformat) über (Fach-)Abitur (BMFSFJ 2013b: 17). Während in diesen Formaten viel unternommen wird, etwa durch staatlich geförderte Pilotprojekte, den Anteil an Hauptschulabgängern und Migranten zu fördern, erlebt der FWD einen gegenläufigen Diskurs: Hier herrscht – vor allem in der medialen Öffentlichkeit und der politischen Opposition – geradezu Angst, „ein Unterschichtenmilitär aufzubauen" wie Omid Nouripour, sicherheitspolitischer Sprecher der Grünen, im Herbst 2011 zitiert wird (Focus Magazin, o. A. 2011). Daher wird es in diesem Feld ausschließlich positiv konnotiert, dass die Zahl der Abiturienten und Realschüler unter dem FWDL konstant hoch liegt (Bulmahn u. a. 2013: 14).

47  Zum Vergleich: Laut der Allgemeinen Bevölkerungsumfrage der Sozialwissenschaften (ALLBUS) 2010 verfügen im Durchschnitt 44 Prozent der 18- bis 29-järigen in Deutschland über eine (Fach-)Hochschulreife und 31 Prozent über einen Realschulabschluss. 18 Prozent haben den Hauptschulabschluss und sieben Prozent verfügen über keinen Schulabschluss (zitiert nach Bulmahn et al. 2013: 16).

48  Die vorhandenen Daten lassen bedingt eine Schichtzuordnung zu, die Milieuzugehörigkeit können sie jedoch nicht abbilden. Die Interviewaussagen der FWDL lassen erste Rückschlüsse auf das Milieu zu, dem die Befragten zugeordnet werden können, da sie punktuell Einblicke in ihre persönlichen Wertvorstellungen geben. Dies wird in Kapitel 7 weiter ausgeführt.

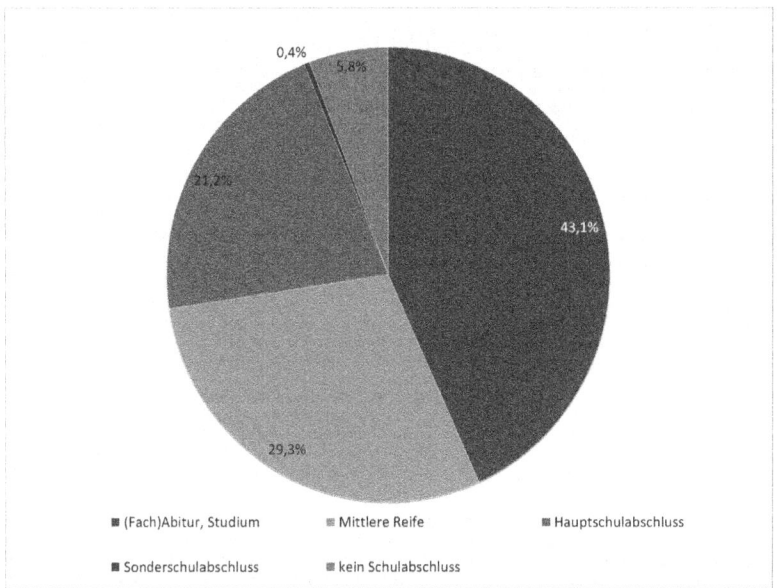

0,4%
5,8%
21,2%
43,1%
29,3%

■ (Fach)Abitur, Studium        ■ Mittlere Reife              ■ Hauptschulabschluss

■ Sonderschulabschluss        ■ kein Schulabschluss

*Abb. 2: Bildungsabschluss der zwischen Juli 2011 und April 2014 an-*
*getretenen FWDL in Prozent. Quelle: Feltl 2014; eigene Darstellung.*

Rekurrierend auf die in Kapitel 2.2 dargestellten Funktionen lassen sich auf
Grundlage dieser von BMVg und ZMSBw erhobenen Daten noch kaum Antworten gewinnen. Es zeichnet sich ab, dass sich bestimmte gesellschaftliche Gruppen (z.B. Frauen und Menschen jenseits des klassischen Wehrdienst-Alters)
kaum für den FWD interessieren, somit kein echter Querschnitt der Gesellschaft
abgebildet werden kann.

Die Frage ist, wie sich die FWDL selbst verorten und inwiefern die weiteren
Funktionen, die an den Dienst herangetragen werden, von den Soldaten verkörpert und gelebt werden und welche eigenen Funktionszuschreibungen sie dem
Dienst für ihre individuelle Biographie geben. Denn sie werden es letztendlich
sein, die dem FWD ein Gesicht geben und die politische Konzeption mit Bedeutung füllen.

# 3 Forschungsstand und Beitrag der Arbeit

Die Militärsoziologie ist in Deutschland ein Stiefkind. Kaum eine öffentliche Universität weist Experten in diesem Bereich auf. Ein Großteil der Forschung wird an Einrichtungen der Bundeswehr geleistet. Insbesondere die Führungsakademie der Bundeswehr in Hamburg sowie die beiden Bundeswehruniversitäten in Hamburg und München sind hier zu nennen. Einen militärsoziologischen Lehrstuhl gibt es in Deutschland bislang nicht, auch nicht an den genannten Bundeswehrstandorten (Naumann 2012: 127).[49] Weitere Forschungsnetzwerke wie das ZMSBw[50] sind als Ressortforschungseinrichtungen des Bundes konstituiert; ein Großteil ihrer Arbeit wird im Auftrag des BMVg durchgeführt; die Untersuchungen sind also nicht immer wissenschaftlich unabhängig und häufig werden sie nur in Teilen veröffentlicht.[51] Seit einigen Jahren widmen sich interdisziplinäre Fachbereiche wie die Friedens- und Konfliktforschung dem Thema Bundeswehr bzw. Militär. Jedoch bleibt es auch hier ein Nischenthema und wird häufiger aus politologischer als aus soziologischer Perspektive betrachtet (u.a. Werkner 2012: 177; Naumann 2012: 128). Gerade die Politikwissenschaft, meist an der Schnittstelle zu den Internationalen Beziehungen, „wendet sich mit Ausführungen beispielsweise zu Konflikten und Konflikttransformationen, zur Kriegsführung oder auch zur nationalen Sicherheits- und Verteidigungspolitik eher militärsoziologischen Themen im weiteren Sinne zu" (Rowley et al. 2012: 508), als dies Soziologen selbst tun. So unterhält die Deutsche Gesellschaft für Soziologie (DGS) derzeit 36 fachspezifische Sektionen, jedoch keine zur Militärsoziologie (DGS 2014).[52]

---

49  An der Universität Potsdam wird seit einigen Jahren der Masterstudiengang „Military Studies" angeboten. Das Programm vereint soziologische, historische und politikwissenschaftliche Perspektiven auf das Forschungsfeld Militär (Pietsch 2014). Auch dieser Studiengang ist jedoch nicht an einem spezifischen Lehrstuhl für Militärsoziologie verortet, sondern wird von der Professur für Allgemeine Soziologie, der Professur für Militärgeschichte/Kulturgeschichte der Gewalt und vom ZMSBw getragen.

50  Gerade dieses Forschungsinstitut musste im Bereich der soziologischen Forschung einen Bedeutungsverlust hinnehmen. Zu Beginn des Jahres 2013 wurde das ehemalige Sozialwissenschaftliche Institut der Bundeswehr (SOWI) in Strausberg mit dem Militärgeschichtlichen Forschungsamt (MGFA) in Potsdam zusammengelegt. Mit dieser Fusion ging eine erhebliche Kürzung der Finanzierung einher.

51  Zu den Grenzen und Chancen von Auftragsforschung in staatlichen Forschungsinstituten siehe zum Beispiel den Beitrag von Phil C. Langer und Carsten Pietsch (2013) im Sammelband „Qualitative Methods in the Military Studies".

52  Ob eine eigene Sektion dem Forschungsgegenstand zuträglich wäre, oder das Feld mehr profitieren würde, wenn militärische Organisationen häufiger und selbstverständlicher Untersu-

Die Liste der Forschungsarbeiten, die keinen Bezug zur Bundeswehr beziehungsweise zum Freiwilligen Wehrdienst (oder früher zur Wehrpflicht) herstellen, obwohl dort entsprechende Fokussierungen passend erscheinen, ist dagegen
bedeutend länger. Exemplarisch greife ich einige nationale Studien und Stan-
dardwerke auf, die durchaus auf dieses Thema Bezug nehmen könnten. So das
„Handbuch Übergänge" (Schröer et al. 2013), das zwar ein Kapitel zu „Freiwilligendiensten und Zivildienst als Übergänge" (Lempp 2013) enthält, jedoch die
Wehrpflicht beziehungsweise den Freiwilligen Wehrdienst völlig unbeachtet
lässt, obwohl seit Einführung der Wehrpflicht über acht Millionen Männer diese
Form des Übergangs durchlebt haben (Bötel 2013); dem stehen weniger als drei
Millionen Zivildienstleistende gegenüber. Ebenso blendet der Freiwilligensurvey
(Gensicke und Geiss 2013) das freiwillige Engagement in den Streitkräften aus;
auch Beiträge zu Freiwilligendiensten in Deutschland (Jakob 2011) behandeln
dieses spezifische Format der Freiwilligkeit nicht.[53] Ebensowenig der aktuelle
Jugendbericht der Bundesregierung (BMFSFJ 2013a): Hier wird zwar auf die
Möglichkeiten eines Freiwilligendienstes in den Formaten FSJ, FÖJ und BFD
hingewiesen – der Dienst in der Bundeswehr bleibt dagegen unerwähnt. Auch
der Erste Engagementbericht der Bundesregierung (Hüther und Braun 2012)
rekurriert nicht auf den Freiwilligen Wehrdienst, obwohl er den sozialen und
ökologischen Freiwilligendienstformaten ein eigenes Kapitel widmet.
Ähnliche Defizite werden mit Blick auf die Fachbereiche der Verwaltungswis-
senschaften oder die vergleichsweise jungen Lehr- und Forschungseinrichtungen
zu Public Policy, Public Management und (Good) Governance deutlich. Sie
untersuchen die Bundeswehr, den „größten Verwaltungsapparat auf Bundesebe-
ne" (Portugall 2008: 4), faktisch nicht in ihrem Lehr- und Forschungscurricu-
lum.[54]
Militärsoziologische Fachzeitschriften existieren in Deutschland nicht, in „beste-
henden sozialwissenschaftlichen Zeitschriften zeigt sich hierzulande auch nur ein
relativ geringes Interesse an genuin militärsoziologischen Themen" (Rowley et

---

chungsgegenstand verschiedener Teilsoziologien (z.B. der Organisationssoziologie oder Bil-
dungssoziologie) würden, müsste kritisch diskutiert werden. Um das Thema Militär im wissenschaftlichen Diskurs aus seinem Nischendasein und seiner Nähe zur Auftragsforschung zu rücken, wäre letzterer Ansatz sicher hilfreicher.

53  Gerade Vertreterinnen und Vertreter der Wohlfahrtsverbände wehren sich dagegen, Parallelen
    zwischen dem Freiwilligen Wehrdienst und den BFD, FSJ und FÖJ zu ziehen. Die Forderung
    nach einer gemeinsamen Anerkennungskultur für diese Formate aus dem aktuellen Koalitions-
    vertrag (CDU, CSU, SDP 2013: 112) stieß umgehend auf große Kritik aus diesen Kreisen
    (Klein et al. 2014). Mehr zum Verhältnis zwischen dem militärischen und den zivilen Freiwilli-
    gendiensten findet sich in Kapitel 5.2.

54  Dies ergibt eine eigene Analyse der Lehrangebote aus den letzten fünf Jahren an der Hertie
    School of Governance (Berlin), der Willy Brandt School of Public Policy (Erfurt) sowie der Ja-
    cobs University (Bremen).

al. 2012: 512). Einzelne militärsoziologische Beiträge zur Bundeswehr werden in internationalen Fachzeitschriften veröffentlicht, insbesondere in der Zeitschrift *Armed Forces & Society*,[55] die auf diesem Gebiet als führend gilt. Allerdings zeigt eine Analyse der Beiträge, dass in den letzten Jahrzehnten ein Großteil der Forschung (aus allen Ländern) einem deskriptiven Ansatz verhaftet bleibt; theoriebezogene Arbeiten sind auch international in der militärsoziologischen Forschung selten (Rowley et al. 2012: 505).

Damit erlangt (nicht nur in Deutschland) die staatlich geförderte und gesteuerte militärsoziologische Forschung eine exponierte Deutungsmacht (Kümmel und Biehl 2015: 16). Die Ergebnisse der Auftragsforschung, beziehungsweise deren Interpretationen und Deutungen, beeinflussen die politischen Weichenstellungen in der Regel unmittelbar.

> „Understanding the military as a ‚total institution', it is obvious that research on behalf of the armed forces always implies the possibility of a direct impact of the research results on the field. The results can be implemented in the education and training of soldiers, therefore influencing their professional identity and self-perception" (Langer und Pietsch 2013: 39).

Zu oft werden die Resultate dieser Auftragsforschung, die mitunter gewichtigen Einfluss auf die Ausgestaltung der Streitkräfte haben, nicht oder nur in Auszügen veröffentlicht, so dass eine informierte Debatte und Deutung der Ergebnisse dieser Untersuchungen in vielen Fällen kaum möglich ist.[56]

Ein Gegengewicht durch unabhängige Forschung existiert in Deutschland kaum. Das liegt nicht zuletzt daran, dass von der Bundeswehr intern erhobene Daten in der Regel nicht für externe Forscher zugänglich sind, um eine (Zweit-)Auswertung zu ermöglichen, wie dies beispielsweise in anderen Bereichen üblich ist (z.B. Freiwilligensurvey; Daten des Sozio-Ökonomischem Panels (SOEP) oder des Nationalen Bildungspanels (NEPS)). Der eigene Feldzugang zur Bundeswehr ist für unabhängige empirische Forschungsvorhaben (bisher) schwer zu realisieren. Forschungsgenehmigungen werden kaum oder nur mit strengen Auflagen erteilt. Doch hier scheint – im Zuge des Reformprozesses und womöglich verbunden einer persönlichen Führungsauffassung des amtierenden Verteidigungsministers – eine Öffnung stattzufinden. So wurde mein Forschungsvorhaben ohne Einschränkungen und Auflagen im März 2012 nach etwa

---

55  Die Zeitschrift Armed Forces & Society wurde 1974 unter anderem von dem US-amerikanischen Militärsoziologen Morris Janowitz gegründet und gehört zu den international wichtigsten Journals in den Military Studies (Rowley et al. 2012: 495).

56  Etwa zeitgleich zur Konzeption meiner Studie begann das SOWI (inzwischen ZMSBw) die *Sozialwissenschaftliche Begleitstudie zur Evaluation des Freiwilligen Wehrdienstes*, in der FWDL in einer repräsentativen Befragung sechs Wochen nach Dienstbeginn und erneut zu Dienstende befragt wurden (zum Design der Studie siehe Bulmahn et al. 2013: 5–7). Jedoch wurden bis dato lediglich die Ergebnisse der Erstbefragung veröffentlicht. Auf Nachfrage erfuhr ich, dass die Zweitbefragung zunächst nicht weiter ausgewertet und publiziert werden soll.

dreimonatiger Bearbeitungszeit genehmigt.[57] Wie sich die Genehmigungspraxis
in den nächsten Jahren und gerade unter der Führung der derzeitigen Verteidigungsministerin Ursula von der Leyen entwickelt, bleibt abzuwarten.

Unter den militärsoziologischen Analysen, auf die man im deutschen Kontext
zurückgreifen kann, sind zwei Paradigmen beziehungsweise Untersuchungs-
gruppen besonders selten: Erstens nehmen die wenigsten Forschungsvorhaben in
diesem Bereich eine subjektorientierte Perspektive ein, bei der „die Lebensper-
spektiven, die lebensgeschichtlichen Erfahrungen und Sinnbezüge der Individu-
en als relativ autonome und aktive Leistung" (Seifert 1992: 3) Gegenstand der
Untersuchung wären. Zwar geht die zunehmende Bedeutung der subjektorientierten Forschung, welche in vielen Soziologien ab den 1980ern einsetzt (u.a.
Bolte und Treutner 1983), an der Militärsoziologie nicht spurlos vorüber, doch
erst in den letzten Jahren sind fundierte, empirische Studien mit einem solchen
Ansatz erschienen (u.a. Leonhard 2010; Bake und Meyer 2012; Seiffert et al.
2012). Als Konsequenz der erwähnten Hinwendung auf die Subjekte dienen
diese nicht mehr bloß dazu, Theoreme zu illustrieren. Vielmehr werden die individuellen Geschichten tatsächlich als Grundlage der Analyse begriffen. Ein
Grund für die seltene Wahl dieses Ansatzes mag die Annahme sein, „daß Soldaten Momente einer übergeordneten militärischen Disziplin sind und daß im Militär letztlich nicht Staatsbürger in Uniform handeln, sondern funktionalisierte
Individuen, die beliebig austauschbar sind und nichts weiter als eine Nummer
darstellen (so Ganser 1988: 257)" (zitiert nach Seifert 1992: 9).

Das hat jedoch zur Folge, dass militärsoziologische Studien mitunter ihren Wirk-
lichkeitsbezug verlieren; „[d]enn bei diesem Vorgehen können bestimmte zentrale Fragestellungen nicht mehr eingebracht werden. Dazu gehören beispielsweise
die Fragen, wie die Mitglieder der Organisation die vorausgesetzten Organisati-
onszwecke interpretieren und beurteilen, ob vorausgesetzte Abläufe in der Realität tatsächlich so stattfinden, und wenn nicht, welche Gründe dafür angeführt
werden können, oder auch die Frage, welche Deutungsmuster sich in der Organisation hinsichtlich vorausgesetzter Zwecke und Prämissen entwickelt haben"
(Seifert 1992: 10).

Eine subjektorientierte Perspektive dürfte daher durchaus gewinnbringend sein.
Denn trotz der Formalisierung der Beziehungen zwischen den Individuen durch
die hierarchische Grundordnung der Streitkräfte „darf hierbei nicht übersehen
werden, dass Organisationen auch immer Interdependenzsysteme, d.h. ungeplan-
te Beziehungsgeflechte ohne Rollenbezug beinhalten" (Abraham und Büschges
2009: 158). Gerade weil ein FWDL über das Soldat-Sein hinaus in der Rolle des

---

57   Die Genehmigung erteilte das Referat Führung Streitkräfte (FüSK) II 4 im Bundesministerium
     der Verteidigung. Es ist unter der Nummer 1/780/12 registriert.

Staatsbürgers in Uniform, des Botschafters und letztlich als Teil der zivil-militärischen Beziehungen agiert, sind die individuellen Deutungsmuster dieser Rollen bedeutend. Denn dies lässt eine Analyse zu, inwiefern der FWD seinem Konzept entspricht bzw. Rollenerwartungen unterschiedlicher Akteure erfüllt. Zweitens stehen Mannschaftssoldaten inklusive der ehemals Wehrpflichtigen selten im Fokus wissenschaftlicher Untersuchungen.[58] Vielmehr widmet sich ein Großteil der Forschung den Soldaten in höheren Laufbahnen, insbesondere den Offizieren (Leonhard und Biehl 2012: 410). Dabei stellen Mannschaftsdienstgra-de mit 30 Prozent eine der größten Gruppen innerhalb der Organisation dar. Zwar beschäftigen sich in den 1970er und 1980er Jahren einige empirische Stu-dien mit den Wehrpflichtigen selbst (u.a. Birckenbach 1985; Treiber 1973); die Autoren können selbst überwiegend der pazifistischen Bewegung zugeordnet werden, das heißt, die Untersuchungen erfolgen aus einem sehr speziellen Blickwinkel und verfolgen mitunter das Ziel, der Verweigerung des Wehrdiens-tes in der Gesellschaft mehr Akzeptanz zu verschaffen.

Zusammenfassend lässt sich erkennen, dass die Forschung zur Bundeswehr vor-wiegend an zwei Polen stattfindet, nämlich entweder als Auftragsforschung oder (in deutlich geringerem Ausmaß) aus einem kritisch-pazifistischen Blickwinkel. Festzuhalten bleibt, dass die beschriebenen Arbeiten aus beiden Spektren durch-aus relevant und hilfreich für die vorliegende Arbeit sind (und auch genutzt wer-den), solange bei ihrer Interpretation und Deutung die jeweilige Genese der Stu-dien im Blick behalten wird.

Zudem bietet sich vergleichende Literatur aus anderen Länderkontexten an, die die Umstellung einer Wehrpflicht- zur Freiwilligenarmee schon vor Jahren oder gar Jahrzehnten durchlaufen haben und deren Erfahrungen aus dem Reformpro-zess wissenschaftlich gut aufgearbeitet sind. Zu nennen sind hier insbesondere die USA sowie vielzählige europäische Nachbarstaaten, die die Wehrpflicht in den letzten Jahren bzw. Jahrzehnten ausgesetzt haben. So werden beispielsweise Erkenntnisse aus Schweden herangezogen, wo die Wehrpflicht 2010, also nur wenige Monate vor Beginn des deutschen Reformprozesses, abgeschafft wurde (u.a. Jonsson 2013). Auch der Fall Polen, seit 2009 ohne Wehrpflicht, findet Eingang in die vorliegende Arbeit (u.a Sinczuch 2010; Wagriwska 2012); ebenso werden Forschungsbeiträge aus Belgien und den Niederlanden, die ihre Streit-kräfte 1994 beziehungsweise 1996 zu reinen Freiwilligenarmeen umstrukturier-ten (u.a. Meulen und Manigart 1998), berücksichtigt. Allerdings finden sich zu

---

58 Das SOWI veröffentlichte seit der Gründung im Jahr 1974 bis 2012 gut 300 Arbeitspapiere, Sammelbände, Forschungsberichte, Newsletter und sonstige Publikationen. Lediglich acht der Studien widmen sich Mannschaftsdienstgraden (meist Wehrpflichtigen); dem gegenüber stehen 22 Publikationen, die sich explizit mit dem (Unter-)Offizierskorps der Bundeswehr befassen (Sozialwissenschaftliches Institut der Bundeswehr 2012).

diesen Länderstudien, wohl auch wegen der Aktualität der Reform und weil die Militärsoziologie dort oft kaum besser aufgestellt ist als in Deutschland, nur punktuell Forschungsergebnisse; keine Studie ist vom methodischen Ansatz her oder hinsichtlich der Art der Fragestellung direkt mit dem hier vorliegenden Forschungsvorhaben vergleichbar.

Mit Abstand am besten ist die Datenlage im Falle der USA. Schon 1973 wurde hier die Wehrpflicht abgeschafft, als Reaktion auf die heftigen Bürgerproteste gegen den Vietnamkrieg und die drastisch sinkende Bereitschaft der Bevölkerung, junge Wehrpflichtige im Krieg fallen zu sehen.[59] Sowohl die politische und gesellschaftliche Debatte um die Abschaffung der Wehrpflicht als auch die Erfahrungen mit einer reinen Freiwilligenarmee sind hier im Vergleich zu anderen Ländern gut erforscht (u.a. U.S. President's Commission on an all-volunteer armed force 1970; Bachman und Blair 1975; Janowitz und Moskos 1979; Fredland et al. 1996; Moskos 2010) und – ein zweiter entscheidender Punkt – für eine internationale Leserschaft zugänglich.[60]

Zwar kann man aus den Fällen durchaus Erkenntnisse für die Reform in der Bundeswehr ziehen, beispielsweise, welche Herausforderungen sich in anderen Länderkontexten bei der Rekrutierung des freiwilligen Personals ergeben; wie sich die Organisation an die neuen Rahmenbedingungen anzupassen versucht; oder wie sich die Motivlage bei den freiwilligen Soldaten darstellt. Allerdings ist jeder dieser Fälle nur sehr begrenzt vergleichbar, denn die deutsche Situation ist in vielerlei Hinsicht besonders und einzigartig:

Zum einen ist die Bundeswehr unter besonderen Umständen und mit klaren Vorgaben und Auflagen entstanden; die Wiederbewaffnung nach dem Zweiten Weltkrieg durfte nur in Form einer Wehrpflichtigen-Armee geschehen, um das Konzepts eines Staatsbürgers in Uniform sowie die Leitidee der Inneren Führung nachhaltig in der Organisation verankern zu können. Daraus ergibt sich ein besonderer Stellenwert der Wehrpflicht, der bei deren Aussetzung ganz andere Überlegungen als rein ökonomische Kriterien oder Maßstäbe der Einsatztauglichkeit nahelegt (siehe dazu Kapitel 2).

Sicherlich auch der Entstehungsgeschichte der Bundeswehr und der verheeren-

---

59  Das Trauma des Vietnam-Kriegs kann wohl als Auslöser für die Wehrreform in den USA gesehen werden. Strukturelle Gründe und eine veränderte Sicherheitslage bzw. neue Kriegsführungsmethoden hatten diesen Schritt aber schon eingeleitet (u.a. Janowitz und Moskos 1979: 171–174).

60  Insbesondere zwei Gründe erleichtern den Zugang: Die Regierungsdokumente sind meist nur in der Landessprache erhältlich. Was für die USA keine Hürde darstellt, gestaltet sich in Schweden, Dänemark oder Belgien für mich als Problem, da ich die Landessprachen nicht rezipieren kann. Dazu kommt, dass die amerikanische Militärsoziologie in der Wissenschaftslandschaft gut verankert ist und Ergebnisse (auch aus Auftragsstudien) häufig in internationalen Fachzeitschriften veröffentlicht werden.

den Rolle der Wehrmacht im Zweiten Weltkrieg geschuldet, ist das Verhältnis der Gesellschaft in Deutschland zu ihrer Armee sehr ambivalent; insbesondere Auslandseinsätze mit Kampfeinsatzcharakter finden hierzulande deutlich weniger Unterstützung bei der Bevölkerung als bei unseren europäischen NATO-Verbündeten (Biehl 2012: 177). Damit einhergehend ist das Ansehen des Soldatenberufes durchaus belastet. Dies schafft ein gesellschaftliches Klima für die Wehrreform, das besondere Beachtung verlangt. Im direkten Vergleich mit anderen Ländern würden die dort gesammelten Erkenntnisse aus dem Kontext gerissen. Auch die starke Zivildiensttradition, so ausgeprägt wie in keinem anderen europäischen Land,[61] deutet darauf hin, dass Deutschland in Bezug auf das gesellschaftliche Verhältnis zum Soldat-Sein eine Sonderrolle einnimmt.

Und zuletzt sei darauf verwiesen, dass nur in Deutschland ein Rekrutierungsformat wie der Freiwillige Wehrdienst existiert. Er ist Gegenstand dieser Untersuchung und nur bedingt vergleichbar mit der Karriereoption eines Zeit- oder Berufssoldaten, die in anderen Berufsarmeen die gängige und oft alleinige Einstiegsmöglichkeit darstellt.

Wenngleich der internationale Forschungstand zeigt, dass es in anderen Ländern, insbesondere in Großbritannien und den USA etwas besser um die Militärsoziologie bestellt ist, ist die Disziplin auch dort einem gewissen Dilemma ausgesetzt. Der Soziologie als

> „durch und durch zivile[r] Wissenschaft war und ist das militärische Milieu in hohem Maße fremd; umgekehrt waren und sind in Kreisen der Armee Vorbehalte gegen eine sozialwissenschaftliche Durchleuchtung der eigenen Praktiken kaum geringer. Gilt für die Mehrzahl der Soziologen, daß ihre Distanz zum Militär zu groß ist, um das wissenschaftliche Interesse an diesem Forschungsobjekt zu wecken, so ist sie für die kleine Zahl der Militärsoziologen eher zu gering" (Bröckling 1997: 11f.).

Das heißt, auch in anderen Ländern entsteht ein Großteil empirischer Studien als Auftragsforschung mit einem ganz spezifischen Erkenntnisinteresse der Auftraggeber, meist politischer Entscheidungsträger. Noch viel zu selten werden militärische Organisationen als Beispiele oder Orte der Feldforschung soziologischer Untersuchungen ausgewählt. Dies liegt wohl zum einen an den Zugangsbeschränkungen; zum anderen gilt es, Barrieren im Kopf zu überwinden. Soziologen mögen dazu tendieren, das Militärische als außerhalb der Gesellschaft zu denken. Daher ziehen sie diese Großorganisation in den seltensten Fällen als empirischen Gegenstand zur (Weiter-)Entwicklung und zum Testen sozialwissenschaftlicher Theorien heran.[62]

---

61  Gemessen an dem Anteil der jungen Männer, die sich für einen Wehrersatzdienst entscheiden.
62  Aus forschungskritischer Perspektive wäre eine systematische Einbettung der Bundeswehr bzw. militärischer Phänomene in spezielle Soziologien (z.B. Organisations-, Arbeits- oder Geschlechtersoziologie) aufschlussreicher und vielfältiger als ein Ausbau spezifisch militärsoziologischer Forschungseinrichtungen.

Da die Möglichkeit der wissenschaftlich fundierten Vergleichsstudien im Bereich der Militärsoziologie also sehr einschränkt ist, ist es sinnvoll, über Disziplin- und Politikfeldgrenzen hinweg nach anschlussfähigen theoretischen Konzepten und empirischen Daten zu suchen.

Aus diesem Grund greift die vorliegende Arbeit unter anderem auf Erkenntnisse der Freiwilligkeit in anderen Politikfeldern zurück, beispielsweise aus dem Bereich der Engagementpolitik, insbesondere der Freiwilligendienste. Es sei hier noch einmal explizit darauf hingewiesen, dass ein unmittelbarer Vergleich zwischen diesen beiden Dienstformaten nicht sinnvoll erscheint und auch nicht Ziel bzw. Gegenstand dieser Arbeit ist. Zu unterschiedlich sind die Tätigkeitsbereiche und Rahmenbedingungen.[63] Dennoch können Erfahrungen und theoretische Erkenntnisse aus dem Engagementbereich die Datenanalyse bereichern und beispielsweise Aufschluss darüber geben, welche spezifischen Anforderungen freiwillige im Vergleich zu hauptamtlichen Mitgliedern an eine Organisation stellen. Darüber hinaus bezieht die Studie allgemeine organisationssoziologische Ansätze ein, die an anderen Beispielinstitutionen entwickelt wurden. Die Einführung beziehungsweise Operationalisierung dieser Konzepte findet sich im theoretischen Rahmen dieser Arbeit (Kapitel 5 und 6).

Zusammenfassend ergibt sich aus dem aktuellen Forschungsstand der Schluss, auf unterschiedliche Forschungsbereiche und -ansätze zurückzugreifen, Vergleiche nur dort zu suchen, wo sie angebracht sind und der Kontext einen vergleichenden Ansatz tatsächlich zulässt. Dabei muss stets die Genese derjenigen Arbeiten mitgedacht werden, die als Grundstein, Vergleich oder Erklärung herangezogen werden. Nur so können in diesem neuen und sehr spezifischen Feld wohl eine saubere Einordnung der eigenen Ergebnisse gelingen und vorschnelle Schlussfolgerungen beziehungsweise schiefe Vergleiche vermieden werden. Resümierend bleibt festzuhalten, dass die Vorkenntnisse zum Freiwilligen Wehrdienst gering sind und dass die Forschung an ähnlich gelagerte Militärreformen in anderen Ländern nur bedingt anknüpfen kann. Daher bietet sich ein explorativ-qualitatives Vorgehen für diese Studie an. Die methodischen Überlegungen und deren Umsetzung werden im folgenden Kapitel im Detail dargestellt.

---

63  Zum Beispiel ist die Vergütung in der Bundeswehr mit 777,30 bis 1.146,30 Euro (Bundesamt für das Personalmanagement der Bundeswehr 2014) nicht vergleichbar mit einem Taschengeld von derzeit maximal 357,00 Euro (Stand Juli 2014) in den zivilgesellschaftlichen Freiwilligendiensten (BAFzA 2014a).
Zudem sind die Aufgaben und der Anspruch an den Dienst völlig unterschiedlich. Bei den zivilgesellschaftlichen Diensten handelt es sich um arbeitsmarktneutrale Hilfstätigkeiten; die Freiwilligen in der Bundeswehr sollen aber fester Bestandteil der Streitkräfte sein und gleichermaßen wie Zeit- oder Berufssoldaten zur Auftragserfüllung im In- und Ausland beitragen, was in letzter Konsequenz ein erhebliches Risiko für Leib und Leben beinhalten kann.

# 4 Methodische Überlegungen

Zu Beginn meiner Feldforschung, im Juli 2012, ist der Freiwillige Wehrdienst genau ein Jahr alt. Es gibt also noch kaum Erfahrungswerte mit dem FWD und die Datenlage zu diesem Thema ist dünn. Bis auf einige wenige Statistiken, die über das BMVg erhältlich sind, und vereinzelte Medienberichte kann auf keine empirischen Daten zurückgegriffen werden. Daher erscheint ein qualitatives Vorgehen als das Mittel der Wahl; denn eine wesentliche Stärke qualitativ verfahrender Sozialforschung besteht darin, explorative Fragestellungen zu beantworten, bei denen bislang wenig oder kaum Wissensbestände zu Handlungsregeln, Überzeugungen, Akteurseigenschaften und Interpretationsmustern vorhanden sind (Kelle 2008: 22).

Unter der Vielfalt qualitativer Ansätze und Methoden in der empirischen Sozialforschung schließt das Vorhaben an die *Grounded Theory* an. Es werden Elemente unterschiedlicher Auslegungen dieses Forschungsstils kombiniert, also sowohl auf die ursprüngliche Ausarbeitung von Barney Glaser und Anselm Strauss (2005) als auch auf die Weiterentwicklung durch Juliet Corbin und Strauss (2008) zurückgegriffen.[64] Denn Kern aller Varianten der *Grounded Theory* ist, dass Datenerhebung, Datenanalyse und Theoriebildung im Wechselspiel iterativ während des gesamten Forschungsprozesses erfolgen und nicht als lineare Vorgänge in drei voneinander getrennten Phasen zu verstehen sind. Ziel des Forschungsstils sowohl bei Glaser als auch bei Strauss ist die „praktische Brauchbarkeit der Untersuchungsergebnisse", die nur durch „eine enge und systematische Verbindung zwischen empirischen Daten und Theorie zu erreichen ist" (Strübing 2008: 76). Die systematische und enge Verzahnung empirischen und theoretischen Wissens wird durch das *theoretical sampling* und ein mehrstufiges Kodierverfahren gesichert. Dies sind zwei Kernkonzepte der *Grounded Theory*, die von den unterschiedlichen Vertretern sehr verschieden ausgelegt werden. Wie die unterschiedlichen Auslegungen der *Grounded Theory* in dieser Arbeit aufgegriffen und teilweise auch adaptiert werden, wird im Folgenden dargelegt.

---

64 Es gibt eine Reihe von Lesarten, Auslegungen und Weiterentwicklungen der *Grounded Theory* wie sie ursprünglich von Barney Glaser und Anselm Strauss 1967 entwickelt wurde. Insbesondere vier Positionen setzen sich durch: (1) Die von Glaser vertretene positivistische Position; (2) die pragmatische von Juliet Corbin und Strauss; (3) die Annäherung an die Situationsanalyse durch Adele Clarke und (4) die konstruktivistische Position, die maßgeblich von Kathy Charmaz getragen wird. Eine Gegenüberstellung dieser Positionen mit Beiträgen der jeweiligen Vertreter der vier Lesarten bieten beispielsweise Mey und Mruck (2011).

## 4.1 Anschlüsse an die *Grounded Theory*

Die Entscheidung, das Forschungsprojekt an der *Grounded Theory* zu orientieren, ohne sie strikt zu befolgen, hat mehrere Gründe. Das Hauptargument ist die Offenheit und Flexibilität, die dieser Forschungsstil zulässt. So kann sich der Gang der Forschung der Entwicklung des Forschungsgegenstands – eines Dienstformates, das sich noch in der Implementierungs- und Etablierungsphase befindet – anpassen; unwägbare, strukturelle Hürden (beispielsweise die Unsicherheit des Feldzugangs) sowie überraschende Befunde im Laufe der Untersuchung sprengen das Design nicht, sondern können als neue Impulse aufgenommen werden.

Darüber hinaus fordert dieser Ansatz explizit, unterschiedliche Datenquellen zu betrachten, auch solche Daten, die bereits existieren und auf die der Forscher per Zufall stößt:

> „While some materials (data) may be generated by the researcher – as through interviews, field observations, or videotapes – a great deal of it already exists, either in the public domain or in private hands, and can be used by an informed researcher provided that he or she can locate and gain access to the material – or is lucky enough to stumble on it (Strauss 1987: 3)."

Dies scheint insbesondere bei der dünnen Datenlage zum FWD und in Anbetracht der Forschungsansätze, die in der Militärsoziologie vorwiegend an zwei Polen stattfindet, gewinnbringend, weil so durch Triangulation[65] und Heranziehung unterschiedlichster Quellen Erkenntnislücken geschlossen werden können. Zudem öffnet dies den Forschungsprozess und ermöglicht es, jederzeit nach weiteren und ergänzenden Quellen beziehungsweise Erhebungsinstrumenten Ausschau zu halten; das ist einem schwer zugänglichen Forschungsfeld und einem so aktuellen Forschungsgegenstand wie dem FWD von großer Bedeutung. Weiter gründet eine Stärke qualitativer Forschung und insbesondere der *Grounded Theory* darin, aus empirischen Daten induktiv und nachvollziehbar Hypothesen und Theorien zur sozialen Wirklichkeit abzuleiten. Lediglich eine positivistische Realitätsprüfung vorzunehmen, würde zu kurz greifen und dem Gegenstand nicht gerecht werden. Allerdings will die Arbeit nicht vortäuschen, tatsächlich induktiv im strengen Sinne vorzugehen; methodisch angelehnt an Kelle und Kluge ist der Autorin die Gefahr des „induktivistischen Selbstmissverständnisses" (Kelle und Kluge 2010b: 18ff) bewusst[66] und sie erkennt an, dass theoreti-

---

65  In der Arbeit werden sowohl Daten als auch Methoden trianguliert. So werden die Interviews methodisch mit Beobachtungen und einer systematischen Medien- und Dokumentenanalyse ergänzt. Diese Methodentriangulation (Flick 2011: 27ff.) führt gleichzeitig zu einer Vielzahl unterschiedlicher Datenquellen.

66  Charles Peirce führt Ende des 19. Jahrhunderts die Abduktion als eine dritte Form des logischen Schließens ein. Er beschreibt damit ein Verfahren, das zu einer gegebenen Beobachtung eine

sches Vorwissen sowie sensibilisierende und strukturierende Konzepte die Datenerhebung und -auswertung maßgeblich prägen:

> „Die Entwicklung neuer Konzepte anhand empirischen Datenmaterials ist also eine Art ‚Zangengriff', bei dem der Forscher oder die Forscherin sowohl von dem vorhanden theoretischen Vorwissen als auch von empirischem Datenmaterial ausgeht" (Kelle und Kluge 2010b: 23).[67]

Trotzdem bildet der theoretische Rahmen in dieser Untersuchung zu keinem Zeitpunkt das unverrückbare Fundament, sondern wird flexibel und im Wechselspiel mit und aus den empirischen Daten entwickelt. Mehrere Theorien können, durch empirische Befunde informiert, zusammengeführt und weiterentwickelt werden, so dass am Ende neues oder mindestens angereichertes theoretisches Wissen entsteht. Im Forschungsprozess liegt die Priorität klar darauf, „dass bestehende Theorien nur Antworten auf Probleme geben sollen, die von aktuellen Beobachtungen aufgeworfen werden. Denn die *Grounded Theory* beansprucht, Theorien aus Daten zu entwickeln und nicht, Daten als Belege für Theorien anzusehen" (Brüsemeister 2008: 155).

Um dieses Wechselspiel zwischen Daten und theoretischem Vorwissen zu beleben, sind Vergleiche das zentrale Instrument. Sie werden auf unterschiedlichen Ebenen durchgeführt: im Falle dieser Untersuchung werden im empirischen Material unterschiedliche Aussagen einer Person zu verschiedenen Fragen oder zu unterschiedlichen Interviewzeitpunkten verglichen; dazu werden die Antwortmuster der Interviewten untereinander, also horizontal, verglichen. Corbin und Strauss sprechen hier von *constant comparisons*, weil diese Art des Vergleichs ständig, ob bewusst oder unbewusst, den gesamten Forschungsprozess begleitet:

> „As the researcher moves along with analysis, each incident in the data is compared with other incidents for similarities and differences. Incidents found to be conceptually similar are grouped together under a higher-level descriptive concept (…). This type of comparison is essential to all analysis because it allows the researcher to differentiate one category/theme from another and to identify properties and dimensions specific to that category/theme" (Corbin und Strauss 2008: 73).

Zudem können externe, oftmals theoretisch informierte, Vergleiche Denkblockaden lösen, Perspektivwechsel ermöglichen und den Blick auf neue Erkenntnisse und Schlussfolgerungen öffnen sowie dabei helfen, das dichte Datenmaterial zu

---

mögliche Regel sucht, die eine Gesetzmäßigkeit oder Erklärung für den Untersuchungsgegenstand anbietet. Dadurch entsteht nicht unbedingt neues (theoretisches) Wissen aus den analysierten Daten, sondern der Forscher kann ebenso neue Einsichten auf der Basis empirischen Materials unter Rückgriff auf theoretisches Vorwissen generieren und es damit erweitern.
Zu den Möglichkeiten und Grenzen der Abduktion in der qualitativen Sozialforschung siehe zum Beispiel Reichertz 2003.

67  Dieses methodologische Vorgehen ist der Position von Corbin und Strauss deutlich näher als der von Glaser.

strukturieren:

> „The making of theoretical comparisons requires further explanation. People are constantly thinking comparatively and make use of metaphors and similes (which is a kind of comparison making by allowing one object stand for another) when they speak. We use these techniques to clarify and to increase understanding. (…) We take an experience from our own life or the literature that might be similar to a phenomenon that we are studying and start thinking about it in terms of its properties and dimensions. We can do this because it is not the specifics of an experience that are relevant but the concepts and understanding that we derive from them. (…) The making of theoretical comparisons has a function of moving the researcher more quickly away from describing the specifics of a case" (Corbin und Strauss 2008: 74–77).

Diese theoretischen Vergleiche sind zunächst wichtig, um erste theoretische Konzepte zu testen und in der Folge zu verifizieren beziehungsweise zu modifizieren, um sie im Sinne einer Abduktion zu erweitern oder auf neue Forschungsgegenstände anzuwenden und – und das ist zentral – im Anschluss neue theoretische Ansätze zu generieren:

> „Selbstverständlich gehören sowohl eine möglichst weitgehende Verifizierung als auch möglichst genaue empirische Belege notwendig zur Entdeckung und Generierung von Theorie; nur darf die Verifizierung das Verfahren nicht derart dominieren, dass sie die Generierung abwürgt. Das heißt also, dass die Theoriegenerierung mittels komparativer Analyse ihre Aussagen sehr wohl verifiziert und mit empirischen Belegen arbeitet, aber eben *nur* insoweit [sic!] es der Generierung dient" (Glaser und Strauss 2005: 38).

Aus diesem Zitat werden zwei Dinge deutlich: die Theoriegewinnung aus empirischen Daten steht bei der *Grounded Theory* im Vordergrund. Trotzdem ist dieser Forschungsstil nicht losgelöst von bekannten Theorien, so wie es im Ursprungswerk von Glaser und Strauss immer wieder suggeriert wird. Auch bei einem *Grounded-Theory*-Ansatz greift der Forscher auf bestehendes Wissen und theoretische Konzepte zurück.[68] Er testet und modifiziert sie in einem ersten Schritt, bleibt aber dann nicht stehen, sondern geht einen bedeutenden Schritt weiter, in welchem er aus diesen Erkenntnissen neue theoretische Ansätze generiert.

Wie die hier beschriebene Vorgehensweise konkret in meinem Forschungsvorhaben angewandt wird, zeigt das folgende Kapitel.

## 4.2   Das Interview als zentrales Erhebungsinstrument und die Perspektive der Forscherin

Den Kern des empirischen Materials bilden die Ergebnisse eines qualitativen

---

68   Dies explizieren Corbin und Strauss in ihrer Lesart der *Grounded Theory*. Sie rechnen – anders als Glaser – der theoretischen Sensibilität auch Literaturkenntnisse und abstraktes Theoriewissen zu (Strübing 2008: 52ff.).

.

Interviewpanels. An zwei unterschiedlichen Standorten in verschiedenen Truppengattungen werden FWDL jeweils zu drei Zeitpunkten ihres Dienstes befragt. Dabei kommt eine narrative, leitfadengestützte Interviewtechnik zur Anwendung. Das leitfadengestützte Interview wird als geeignete Form angesehen, die genug Struktur bietet, um die Interviews untereinander vergleichbar zu machen und zugleich lässt sie ausreichend Spielraum, um Gespräche der jeweiligen Situation anzupassen beziehungsweise im Sinne der *Grounded Theory* die Fragen im Laufe der Feldforschung zu modifizieren, wenn das schon erhobene empirische Material dies nahe legt.

Das Interview ist *das* Erhebungsinstrument in der qualitativen Sozialforschung. Das alleine kann jedoch nicht als Entscheidungsgrundlage für diese Methode dienen. Das Interview ermöglicht in diesem spezifischen Kontext Interaktion zwischen den Soldaten und der Forscherin, die beispielsweise bei einer schriftlichen Befragung, einem Brief- oder Emailwechsel oder einer teilnehmenden Beobachtung nicht gewährleistet wäre. Indem die Freiwilligen selbst zu Gesprächspartnern werden und nicht etwa ihre Vorgesetzten, steht deren Wirklichkeit, beziehungsweise ihre jeweilige Wahrnehmung und Deutung der Wirklichkeit, im Fokus. Da die FWDL in einer hierarchisch geprägten Organisation in der Regel nicht nach ihren Einstellungen und Wahrnehmungen gefragt werden, wird mit diesem Vorgehen den sonst oft Ungehörten eine Stimme verliehen; es wird nicht nur *über* sie, sondern auch *mit* ihnen gesprochen. Gleichzeitig ermöglicht diese Form der Befragung der Forscherin, als *Outsider* Einblicke in eine Lebenswelt zu bekommen, die ihr bisher fremd ist. Sie kann unmittelbar Nachfragen stellen, wenn Zusammenhänge auf Grund der Verschiedenheit der Lebenswelten unklar sind und während der Gespräche Beobachtungen im Umfeld sammeln. Damit kann die subjektive und authentische Wahrnehmung der einzelnen FWDL zumindest punktuell nachvollzogen werden.[69]
Trotzdem bleibt zu bedenken, dass die Aussagen in den Interviews nicht als faktisch richtig angenommen werden können; sie sind nicht automatisch eine Abbildung der Realität: „They [the researchers; Anm. RH] are in danger of taking what people say in interviews at face value as revealing *what is behind the face*, and thus are in danger of being taken in" (Sandelowski 2011: 95). Vielmehr sind es Aussagen, die in einem Verhandlungsprozess zwischen Forscherin und Beforschten zu Stande kommen. Meine Haltung, meine Art zu fragen, mein Geschlecht und viele weitere Merkmale mögen einen Einfluss auf die Antworten haben, die dann im nächsten Schritt in der Auswertung von mir gedeutet werden.

---

69    Zwar kann ich nicht mit letzter Sicherheit sagen, welche Aussagen wirklich „echt" und „authentisch" sind, die Heterogenität und Differenziertheit der Antworten legen jedoch nahe, dass ihnen zumindest keine Folie zu Grunde lag, die möglicherweise von Vorgesetzten vorgegeben wurde.

Diese subjektive Deutung ist in der qualitativen Sozialforschung jedoch unumgänglich und darin liegen durchaus Stärken, solange dieser Zusammenhang reflektiert und offengelegt wird.

Daher sei an dieser Stelle noch einmal auf meine Perspektive auf den Forschungsgegenstand verwiesen: Im sozialwissenschaftlichen Methodenverständnis nehme ich eine externe Beobachterrolle ein. Die Forscherin ist nicht Teil des Forschungsgegenstandes. Vorteil dieser Position ist, dass sich der Forscher unbefangen seinem Gegenstand nähern kann und – im Falle des militärischen Kontextes – für die Wahrnehmung der Unterschiede zur zivilen Gesellschaft sensibilisiert ist. Für die Mitglieder der Organisation vermeintliche Selbstverständlichkeiten werden hinterfragt. Dies vermeidet *In-Group*-Diskurse, bei denen eine „vermeintliche Kenntnis der Lebenswelt des jeweils Anderen (…) zu unbewussten Missverständnissen und unthematisierten Annahmen und Schlussfolgerungen führen" (Langer 2009: 63) kann. Die Vermischung von eigenen Erfahrungen mit den gemachten Beobachtungen wird unwahrscheinlich, ebenso eine Konfusion des Rollenverständnisses zwischen Forscher und Freund, Betroffener, Gleichgesinnter (Corbin Dwyer und Buckle 2009: 57f.). Im Sinne der *Grounded Theory*, die bei der Interpretation der empirischen Daten fortlaufend nach Vergleichsdimensionen sucht, stelle ich selbst in meiner *Outsider*-Position die erste Kontrastierung dar, indem ich den „zivilen" Blick in die Forschung einbringe und darin die Erkenntnisse aus dem Feld spiegele.

Nachteilig könnte diese Position sein, wenn sie zu einer Verwehrung des Zugangs oder einer mangelnden Akzeptanz im Forschungsumfeld führt. Ein selbstverständliches Bewegen in der Organisation könnte erschwert werden, ebenso ein unauffälliges Beobachten aus der zweiten Reihe. Zu Beginn meiner Feldforschung gelang es, durch eine offizielle Genehmigung des Forschungsvorhabens durch das BMVg[70] und den gezielten Aufbau von Kontakten, diese Hürden weitgehend abzubauen. So erlangte ich über die Interviews mit den Soldaten hinaus punktuell Einblicke in den militärischen Alltag.[71] Diese Eindrücke ließ ich über

---

70  Für die gesicherte Durchführung dieses spezifischen Forschungsdesigns war eine offizielle Genehmigung für das Vorhaben unabdingbar. Zu Beginn des Projekts war unklar, ob ich diese bekommen würde. Der Erfahrungsaustausch mit Forschern ähnlicher Projekte in den letzten Jahren zeigte einen sehr unterschiedlichen Umgang mit solchen Anfragen durch das BMVg. Meine Forschungsgenehmigung wurde ohne Hürden und uneingeschränkt im März 2012 vom Referat FüSK II 4 erteilt.

71  So beobachtete ich neben Routineabläufen während der Interviewführung beispielsweise die Rekrutenbesichtigung, also die Abschlussprüfung zum Ende der Allgemeinen Grundausbildung (AGA) am Standort A. Auch das öffentliche Gelöbnis der FWDL im Bendlerblock am 20. Juli 2012 sowie ein Rückkehrappell im April 2013 für Soldatinnen und Soldaten des Logistikunterstützungsbataillons MAZAR-E-SHARIF im 30. Deutschen Einsatzkontingent der International Security Assistance Force (ISAF) erlebte ich mit und zog daraus wertvolle Beobachtungen für die Forschungsarbeit.

ein Feldtagebuch in die Forschung einfließen und sie unterstützten den Deutungsprozess maßgeblich, da sie mir ein tieferes Verständnis für die mir ansonsten fremde Sphäre des Militärischen eröffneten.

Hinter diesem Vorgehen steht die Absicht, eine Perspektive einzunehmen, die sich einordnet zwischen „produktive[r] Nähe, die gleichzeitig eine produktive Distanz ist". Dies zielt darauf, einen „optimalen Abstand" (Schweder et al. 2013: 206) zum Forschungsgegenstand zu finden. Trotz der Rolle als *Outsider* bin ich mir bewusst, dass diese Tatsache keine „immunity to the influence of personal perspective" (Corbin Dwyer und Buckle 2009: 59) bedeutet. Während des gesamten Forschungsprozesses versuchte ich, meine Position kritisch zu reflektieren. Entsprechende Beobachtungen, persönliche Perspektiven und Vorerfahrungen werden in dieser Darstellung nach besten Wissen und Gewissen transparent dargelegt (siehe u.a. Vorwort).[72]

## 4.3    Die Auswahl der Interviewteilnehmenden

Zurück zum konkreten methodischen Vorgehen bei der Fallauswahl: Die Selektion der FWDL und die Erhebung der Daten werden im Folgenden so dargestellt, dass sie für den Leser nachvollziehbar sind. Dabei bietet sich eine lineare Aneinanderreihung an, auch wenn diese nicht der Wirklichkeit des Forschungsprozesses entspricht, bei dem Datengewinnung und -analyse bedingt durch das *theoretical sampling* (Corbin und Strauss 2008: 143ff.) parallel verliefen.

Da zu Beginn der Forschung auf Grund der spezifischen Fragestellung und aus Mangel an wissenschaftlichen Untersuchungen zum FWD (siehe Kapitel 3) keine empirisch gesättigten Hypothesen vorhanden waren, erschien ein im Vorfeld genau festgelegter Stichprobenplan wenig zielführend (Kelle und Kluge 2010b: 41–55).[73]

---

72  Der Hinweis auf die eigene Rolle bei der Datenerhebung und -auswertung sowie eine ständige Reflexion dieser Position im Forschungsprozess ist ein wichtiger Beitrag von Charmaz' konstruktivistischer Lesart der *Grounded Theory*. Sie betont den konstruktivistischen Charakter der Forschungswirklichkeit: „Eine reale Welt existiert, sie ist aber nie unabhängig von den Betrachter/innen, die sie von multiplen Standpunkten aus sehen können und deren Sichtweisen sich von den Standpunkten und Wirklichkeiten der Forschungsteilnehmer/innen unterscheiden können. (…) Wissen beruht auf sozialen Konstruktionen. Wir konstruieren Forschungsprozesse und die Produkte der Forschung, aber diese Konstruktionen finden unter existierenden strukturellen Bedingungen statt, ergeben sich in emergenten Situationen und werden von den Perspektiven, Privilegien, Positionen, Interaktionen und geographischen Standorten der Forscher/innen beeinflusst. (…) Welche Beobachtungen wir machen, wie wir sie machen, und die Meinungen, die wir uns über sie bilden, spiegeln diese Bedingungen wider, ebenso wie unsere darauf folgenden *grounded theories* [Kursivsetzung im Original]" (Charmaz 2011: 184). Diese konstruierte Forschungswirklichkeit, die in der Darstellung der Ergebnisse oft zu kurz kommt, soll in dieser Arbeit ausreichend berücksichtigt werden.

73  Zudem standen einem festgelegten Stichprobenplan strukturelle Besonderheiten entgegen: Es

Daher kam bei der Auswahl der Gesprächspartner und -zeitpunkte bzw. der ersten Kodierung eine Kombination dreier Verfahren zur Anwendung, die Kelle und Kluge für eine kriteriengestützte Fallselektion empfehlen (Kelle und Kluge 2010b: 43):[74]

1. Das *theoretical sampling*, wobei die Kriterien für die Auswahl der nächsten Fälle auf der Auswertung der ersten empirischen Erkenntnisse basieren. Das Ziel des *theoretical sampling* ist es,

   „die Erhebung und Analyse von Daten noch und gerade während der Theoriegenerierung anzuleiten. Sie werden permanent modifiziert und wohl überlegt am richtigen Ort und zur rechten Zeit der Analyse in Anschlage gebracht. Auf diese Weise hat der Forscher den Prozess der Datenerhebung ständig unter Kontrolle; die Relevanz der Daten wird gesichert, indem die Kriterien dafür, was überhaupt erhoben werden soll, aus der entstehenden Theorie selbst abgeleitet werden" (Glaser und Strauss 2005: 56).

   In dieser Arbeit wurden die Soldaten am zweiten Standort theoretisch gesampelt. Die Auswertung der ersten Daten ergab, dass es einen Unterschied macht, ob ein Soldat den FWD als Moratorium oder möglichen Berufseinstieg begreift; daher wurden in der zweiten Stichprobe gezielt Freiwillige ausgewählt, die vor dem Dienst arbeitssuchend waren.

2. Ein qualitativer Stichprobenplan, der zu Beginn der Datensammlung eine bestimmte Fallauswahl festlegt. Die Auswahl der Befragungszeitpunkte und -orte leitete sich von theoretischem Vorwissen ab. Das heißt, das Sampling bezieht sich im Falle dieser Arbeit nicht nur auf die einzelnen Soldaten, sondern auch auf den Rahmen der Untersuchung. Für diese Bezugsgrößen konnte vorab ein grober Stichprobenplan festgelegt werden. So wurde anfangs bestimmt, dass das erste Interview so früh wie möglich stattfinden sollte, nämlich noch bevor die militärische Sozialisation spürbar auf die Soldaten eingewirkt hat; weiter wurde das Ende der Grundausbildung als wichtige Zäsur zwischen zwei unterschiedlichen Dienstabschnitten identifiziert und daher als zweiter Befragungszeitraum gewählt. Der dritte Zeitpunkt wurde dergestalt gewählt, dass die Soldaten schon umfängliche Erfahrungen in der Stammeinheit gesammelt hatten. Auch die ungefähre Größe des Samp-

---

war immer erst einige wenige Tage vor dem jeweiligen Interviewtermin bekannt, wie die Freiwillig Wehrdienstleistenden, die zu einem bestimmten Zeitpunkt ihren Dienst in einer bestimmten Kaserne antraten, bezüglich soziodemographischer Merkmale zusammengesetzt sein würden.

74   Wie an mehreren Stellen bereits angedeutet, orientiert sich das Vorgehen dieser Arbeit an der *Grounded Theory*, ohne dieser strikt zu folgen. Das wird an dieser Stelle noch einmal deutlich, denn es werden bewusst mehrere Samplemethoden kombiniert. Die Arbeit folgt also nur teilweise den Vorschlägen des *theoretical sampling* von Glaser oder Strauss/Corbin.

les wurde von Beginn an in die Konzeption einbezogen. Es wurde im Vorfeld festgelegt, dass die Befragungen an mindestens zwei Standorten durchgeführt werden sollten, um unterschiedliche Regionen und Truppengattungen zu erreichen; es war zugleich abzusehen, dass mehr als zwei Standorte die Kapazitäten dieses Vorhabens übersteigen würden.

3. Die Kontrastierung anhand von Gegenbeispielen: Bei diesem Verfahren handelt es sich um die systematische Suche nach empirischen Gegenbeispielen, um so Hypothesen zu entwickeln. Diese Vorgehensweise fand insbesondere Anwendung bei der Verknüpfung des Themas mit einer theoretischen Rahmenkonzeption, deren zentrale Kategorie (Freiwilligkeit) einem anderen Politikfeld entlehnt ist. Auch die Gegenüberstellung der subjektiven Erfahrungen der FWDL mit dem öffentlichen Bild dieses Dienstformats, das aus der Medienanalyse entstand, kann als empirische Gegenevidenz angesehen werden.

Bei der Kombination dieser Sample-Methoden ging es nicht darum, „ob die vorab ausgewählten Personengruppen in einem statistischen Sinne repräsentativ sind, sondern ob deren Handlungsmuster und die theoretischen Bausteine, die man aus ihnen entwickelt, breit genug streuen, so dass sich das untersuchte Phänomen ausreichend erklären lässt" (Brüsemeister 2008: 173). Die Auswahl zielte also darauf ab, möglichst unterschiedliche Personen zu befragen, um eine große Varianz an Wahrnehmungs- und Verhaltensmustern abbilden zu können. Am Standort A, einem Logistikbataillon im Nordosten Deutschlands, nahmen 18 FWDL an der Befragung teil; sie alle absolvierten vom 01. Juli 2012 bis 30. September 2012 die gemeinsame AGA[75] für die ganze Region. Die Teilnehmenden wurden am zweiten Tag ihres FWD unmittelbar vor der Interviewführung ausgewählt, nachdem sie sich freiwillig zu einem Gespräch bereit erklärt hatten.[76]
Im Zuge der Interviews wurden einige soziodemographische Eckdaten der FWDL erfasst und es ergab sich folgendes Bild: Wie im Ausbildungsquartal III zu erwarten, kamen die meisten Freiwilligen am Standort A unmittelbar nach dem Lebens- und Ausbildungsabschnitt Schule zur Bundeswehr. Es zeichnete sich eine relativ hohe Homogenität bezüglich Alter und Schulabschluss ab. Ein

---

75  Mit dem Standort A wurde bewusst eine gemeinsame AGA unterschiedlicher Truppengattungen ausgesucht, deren Rekruten im Anschluss in unterschiedlichen Stammeinheiten im gesamten nordöstlichen Bundesgebiet eingesetzt würden. Dies sollte zu einer maximalen Heterogenität bezüglich Verwendung, regionaler Herkunft und Einsatzwunsch der befragten Rekruten beitragen.

76  Mit einem Soldaten wurde bereits wenige Tage vor Beginn seines FWD ein Pre-Test-Interview geführt, um die Leitfragen zu testen.

Großteil der Teilnehmenden war zwischen 19 und 20 Jahren alt und beendete unmittelbar vor dem FWD die Schule mit der Allgemeinen Hochschulreife. Auf dieser Grundlage wurde am zweiten Standort – einem Gebirgsjägerbataillon in Süddeutschland – ein theoriegeleitetes Sampling vorgenommen. Das zweite Sample zeigt einen minimalen Kontrast bezüglich des Befragungszeitpunktes und des Status als FWDL, aber einen maximalen Kontrast bezüglich mehrerer Dimensionen, die bei Durchsicht der ersten Interviews einen entscheidenden Einfluss auf die Wahrnehmungs- und Verhaltensmuster der Individuen zu haben scheinen sowie aus der Medien- und Dokumentenanalyse abgeleitet wurden. Hier spielen die Region,[77] die Truppengattung, das Alter, die Schulbildung sowie die Tätigkeit vor dem Dienst eine Rolle.[78] Diese Kriterien sind in der Regel jeweils ein Platzhalter für bestimmte Ausprägungen. So geht es bei der Wahl der Einheit darum, welchen Stellenwert das Körperliche im Soldatenberuf für das jeweilige Individuum hat; das wiederum beeinflusst dann – so die Auswertungen der ersten Interviews – die Erwartungen und Motive, aber auch, welche Aufgaben der Bundeswehr zugeschrieben und wie die Vorstellung vom Soldaten-Sein interpretiert werden.

Zudem spielte der Zeitpunkt des Beginns eine Rolle: Die Grundausbildung des dritten Quartals eines Jahres (Juli bis September) wird in der Regel von unmittelbaren Schulabgängern gewählt. Das erste Quartal eines Jahres (Januar bis März) spricht dagegen vornehmlich die an, die sich entweder nach der Schule nicht direkt für einen weiteren Ausbildungsschritt entschieden, ein Studium oder eine Ausbildung abgebrochen haben oder „Quereinsteiger" sind, zum Beispiel aus einem Beruf kommen, um sich neu zu orientieren oder zwischenzeitlich arbeitssuchend waren (Bulmahn et al. 2013: 17). Statistische Erhebungen des ZMSBw und des BMVg (Bulmahn et al. 2013; Feltl 2014) zeigen, dass dieses Quartal in der Regel einen höheren Anteil von Freiwilligen mit niedrigem Bildungsabschluss aufweist. Um genau diese Personen zu erreichen, wurden am Standort B gezielt FWDL nach den Kriterien „bereits eine Ausbildung absol-

---

77   Die Kontrastierung im zweiten Sample erfolgte zunächst in der Wahl der Einheit: Das Tätigkeitsprofil der Gebirgsjäger ist physisch anspruchsvoller als das des Logistikbataillons. Zudem wird mit dem Standort B eine Region aus dem Süden Deutschlands und ein westdeutsches Bundesland gewählt. Die Auswertung der Medienberichte und erste Erkenntnisse aus den Interviews lassen annehmen, dass das öffentliche Bild der Bundeswehr gerade in Bayern deutlich positiver ausfällt, als beispielsweise im Berliner Umland.

78   Die Auswertung der ersten Interviews legte nahe, dass die Tätigkeit vor dem Dienstbeginn, gemeinsam mit soziodemographischen Daten Rückschluss auf die Lebensphase und damit die Funktion des FWD innerhalb der eigenen Biographie zulässt. Denn gerade Schulabgänger mit hohem Bildungsniveau befinden sich oft in einer Statuspassage zwischen zwei Ausbildungsabschnitten. Der FWD wird von ihnen als Moratorium genutzt, als eine Art Auszeit und Experimentierraum, um die Weichen für den kommenden Lebensabschnitt zu stellen (Lempp 2013).

viert/abgebrochen" und „kein Abitur" ausgewählt.
Dieses theoriegeleitete Sampling lässt also einen Vergleich möglichst unterschiedlicher Fälle zu, die „breit genug (...) streuen" (Brüsemeister 2008: 173), um das Phänomen, den FWD, umfänglich zu erfassen und zu erklären.
Die Teilnehmenden der beiden Interviewpanels setzen sich also insgesamt folgendermaßen zusammen: Zu Beginn der Studie nahmen 26 Soldaten, davon drei Frauen und 23 Männer an den Interviews teil. 18 FWDL absolvierten ihre AGA am Standort A und acht am Standort B. Einige Teilnehmende wurden nur ein- oder zweimal befragt, weil sie aus unterschiedlichen Gründen (z.B. vorzeitiger Abbruch) nicht mehr für weitere Interviews zur Verfügung standen. Abbildung 3 fasst noch einmal die Zeitpunkte und Standorte der durchgeführten Gespräche zusammen.
Die Auswahl der Soldaten an beiden Standorten wurde zudem von zwei zentralen Rahmenbedingungen determiniert: Erstens stand die Freiwilligkeit der Interviewteilnahme im Vordergrund. Damit verpflichtet sich das Forschungsvorhaben den gängigen Ethik-Kodizes der sozialwissenschaftlichen Forschung.[79] Zweitens spielten forschungspragmatische Einschränkungen eine Rolle: Die Gespräche wurden an den jeweiligen Standorten auf maximal drei aufeinander folgende Tagen anberaumt,[80] mussten also in sehr kurzer Zeit geführt werden, so dass es nicht möglich war, nach jedem Gespräch ausführlich zu reflektieren, welcher Fall als nächstes passen könnte. Hintergrund dieser Überlegung ist, dass nur in den ersten Tagen gewährleistet war, dass die Motive und Erwartungen der Soldaten noch nicht durch Ausbildungsinhalte und erste Erlebnisse in der Bundeswehr überformt worden waren.

79 Als Maßstab für ein ethisch korrektes Vorgehen bei der Datenerhebung, -auswertung und Verschriftlichung der Forschungsergebnisse wird der Ethik-Kodex der Deutsche Gesellschaft für Soziologie (DGS) und des Berufsverbandes Deutscher Soziologen (BDS) herangezogen (DGS und BDS 1992).
80 Auf Grund des engen Ausbildungsplans in der Allgemeinen Grundausbildung eignen sich nur diese drei Tage, um Gespräche zu führen, da die Soldaten in diesen ersten Tagen ärztliche Untersuchungen und die Einkleidung durchlaufen. Während dieser Phase können einzelne Soldaten aus dem Alltag herausgenommen werden. Gespräche vor oder nach der Dienstzeit wären insbesondere während der Grundausbildung nicht zielführend gewesen. Nach einem in dieser Phase üblichen 14- bis 16-Stunden-Tag wäre eine zusätzliche freiwillige Interviewteilnahme wohl kaum gegeben.

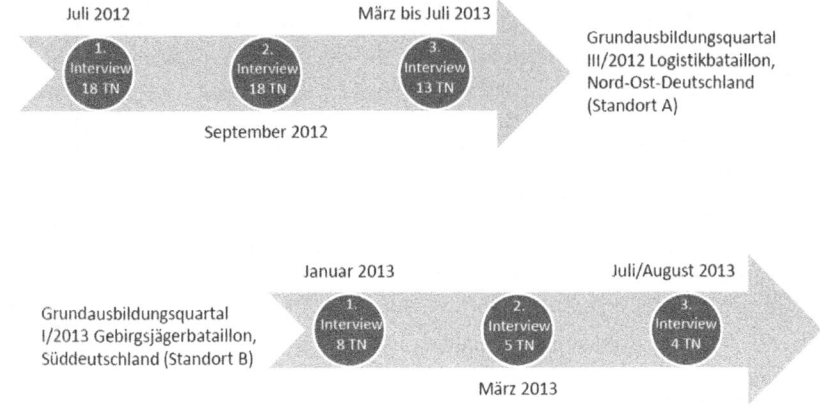

*Abb. 3: Übersicht über die beiden Interviewpanels an den Standorten A und B.*

Wäre ich dem methodischen Vorgehen der *Grounded Theory* streng gefolgt, hätte ich womöglich noch nicht repräsentierte Fälle gefunden, beispielsweise Frauen mit Migrationshintergrund oder FWDL aus der Marine. Auch wäre eine vierte, retrospektive, Befragung einige Monate nach Dienstende womöglich aufschlussreich gewesen. Es hätten sich also nach der zweiten Interviewwelle beziehungsweise der dritten Befragung noch weitere Erhebungsphasen anknüpfen lassen, um durch stetiges theoriegeleitetes Sampling eine lückenlose Datensättigung in Bezug auf den Forschungsgegenstand zu gewährleisten. Jedoch zeigten sich bereits nach den beiden Erhebungswellen deutliche Zeichen der Datensättigung, nämlich dass jedes weitere Interview einem schon erarbeiteten Typus zugeordnet werden konnte (Brüsemeister 2008: 176). Zudem waren dem Forschungsvorhaben zeitliche, finanzielle und personelle Grenzen gesetzt. Das schließt jedoch nicht aus, dass zu einem späteren Zeitpunkt an die Forschung angeknüpft oder die Daten mit Folgestudien erweitert werden könnten.

## 4.4    Interviewsetting und Themen der Befragung

Das erste Interview fand jeweils in der ersten Woche der AGA statt, as zweite Gespräch in der letzten Woche der dreimonatigen AGA. Das dritte Interview schließlich erfolgte zwischen dem siebten und 14. Dienstmonat, je nach Verfügbarkeit und Verpflichtungszeit des jeweiligen Soldaten. Der Großteil der Gespräche fand in den Kasernen während der Dienstzeit der Soldaten statt. Die Interviews deckten mehrere Themenbereiche ab. Durch die offene Formulierung der Fragen ergab sich für die Soldaten ein je individueller Interpretationsspielraum. Von den Themenkomplexen der drei Befragungswellen wurden manche nur einmal fokussiert, andere dagegen in zwei bis drei Interviews thematisiert, um einen Entwicklungsprozess bzw. Wandel bezüglich der Einstellungen, des Selbstbildes oder der Wahrnehmungsmuster der FWDL nachzeichnen zu können. Die Themen der drei Befragungen sind in Tabelle 1 zusammengefasst. Alle Gespräche wurden aufgezeichnet;[81] eine schriftliche Zustimmung der Teilnehmenden und eine Zusicherung der Anonymisierung des Materials fanden statt.

Im Anschluss wurden die Gespräche transkribiert. Dabei kam eine Mischtechnik der literarischen Umschrift und der Übertragung in normales Schriftdeutsch zum Tragen (Mayring 2002: 89ff.). Die Authentizität des gesprochenen Wortes sollte damit gewährleistet bleiben, ohne die Lesbarkeit zu sehr zu beeinträchtigen. Insgesamt wurde die Erhebungsphase als unproblematisch wahrgenommen. Vorab gehegte Befürchtungen, dass Zugänge verwehrt oder Soldaten von Vorgesetzten gezielt auf das Gespräch vorbereitet würden, bewahrheiteten sich nicht. Im Gegenteil, die Atmosphäre war durchweg angenehm. Die Befragten zeigten sich gegenüber meiner Person und dem Forschungsvorhaben respektvoll, interessiert und wertschätzend.

---

81 Einzige Ausnahme ist das zweite Gespräch mit dem Abbrecher am Standort B, das nicht aufgezeichnet wurde, um die Auskunftsbereitschaft des Befragten nicht negativ zu beeinträchtigen. Denn es fiel der betroffenen Person merklich schwer, über die eigenen Beweggründe des vorzeitigen Ausscheidens aus der Bundeswehr zu sprechen. Hier wurden Mitschriften verfasst.

| Themenkomplexe aller drei Interviews | | |
|---|---|---|
| Motivation für und Erwartungen an den FWD | | |
| Einstellung zu & Wahrnehmung von Auslandseinsätzen | | |
| Persönliches Bild von der Bundeswehr & der eigenen Rolle in der Organisation | | |
| Zivil-militärisches Verhältnis: <br> • Wahrnehmung des sozialen Umfelds <br> • Interaktion mit der Gesellschaft <br> • Wahrnehmung der Medienberichterstattung | | |
| Interpretation der Rolle als (Staats-)Bürger | | |
| Abschließend: Möglichkeit für Nachfragen und Ergänzungen zum Interview | | |
| **Spezifische Fragen in den drei Interviews** | | |
| 1. Interview | 2. Interview | 3. Interview |
| Eckdaten zur Person[82] | Erleben der AGA | Erleben der Ausbildung & Aufgaben in der Stammeinheit |
| Entscheidungsprozess für den Wehrdienst | Gedanken an bzw. Gründe für vorzeitigen Abbruch | |
| Informationsquellen zur Bundeswehr | Gedanken an bzw. Gründe für eine Verlängerung | |
| Zukunftspläne (privat & beruflich) | Wahrnehmen von militärischen Zeremonien & Ritualen (z.B. Gelöbnis) | Wahrnehmen von militärischen Zeremonien & Ritualen (z.B. Rückkehrerappell) |
| | Verhältnis zu Ausbildern & Vorgesetzten | |
| | Wahrnehmung der Politischen Bildung | |
| | Eigener Anspruch an die verbleibende Dienstzeit | |
| | Verhältnis zu weiblichen bzw. männlichen Kameraden | |
| | Wahrnehmung aktueller Ereignisse (z.B. gefallener Soldat in Afghanistan) | Wahrnehmung aktueller Ereignisse (z.B. Fluteinsätze) |
| | | Zukunftspläne (privat & beruflich) |

*Tabelle 1: Themenkomplexe der drei Befragungen.*

Lediglich eine Situation war für die Qualität der Erhebung ungünstig und soll hier nicht unerwähnt bleiben: Bei der dritten Gesprächswelle mit fünf FWDL,

---

82   Um eine vertrauensvolle Gesprächsbasis aufzubauen, verzichtete ich auf detaillierte soziodemographische Daten. Lediglich Alter, regionale Herkunft und die Frage nach der unmittelbaren Beschäftigung der Soldaten vor Beginn des FWD standen zu Beginn des Gespräches. Weitere Merkmale, wie der Bildungsweg oder die soziale Herkunft, kamen in einigen Interviews
durch die Soldaten selbst zur Sprache. In diesen Punkten wurde aber nicht explizit nachgefragt,
um nicht zu tief in die Privatsphäre der Befragten einzudringen, wenn sie beispielsweise Themen wie „familiärer Hintergrund" bewusst in ihren Antworten ausklammerten.

die nach der AGA in einem Führungsunterstützungsbataillon im Norden Berlins dienten, wurde ich von einer Frau Oberfeldwebel begleitet.[83] Zunächst hatte ich die Befürchtung, dass dies einen massiven Einfluss auf den Gesprächsverlauf nehmen würde. Ich thematisierte die Situation zu Beginn eines jeden Gesprächs. Gemeinsam mit der Frau Oberfeldwebel wurde jeweils Vertraulichkeit vereinbart. Zwar entstand der Eindruck, dass die Sprachwahl in diesen Gesprächen im Vergleich zu denen unter vier Augen geführten etwas überlegter war, dennoch keine Themen oder Kritikpunkte ausgespart wurden. Zuträglich war sicher, dass die FWDL über die zwei ersten Interviews bereits ein gewisses Vertrauensverhältnis zu mir aufgebaut hatten; zudem trat die Frau Oberfeldwebel räumlich in den Hintergrund und mischte sich zu keinem Zeitpunkt in die Gespräche ein.[84] Ein retrospektives Gespräch mit dem für mein Forschungsvorhaben zuständigen Referenten im BMVg legte nahe, dass diese Begleitung vermutlich weniger als Überwachung, denn als Schutz meiner Person gedacht war. Auch Carreiras und Alexandre stellen bei ihrer Feldforschung während einer Kosovo-Mission fest, dass weibliche Forscher oft unter besonderem Schutz gestellt werden: „(…) a woman might be seen less threatening but this may also put her in the role of requiring more help and surveillance" (Carreiras und Alexandre 2013: 111). Bezüglich der Interaktion mit den Soldaten scheint mein Geschlecht keine maßgebliche Rolle gespielt zu haben. Das mag daran liegen, dass Forschungsfrage und Kontext weniger als geschlechtsspezifisch, sondern in erster Linie als „ziviles" oder „wissenschaftliches" denn als typisch „weibliches" Interesse interpretiert wurden. Ähnliche Erfahrungen beschreiben auch Carreiras und Alexandre:

> „(…) it is possible to put forward the hypothesis that if the research topic is not particularly gender sensitive, if the context is not strongly gendered, if the research objectives do not require full immersion methodological strategies, and if conditions are created for sensitive communication and trust between the researcher and the researched, it is likely that gender will not have a strong impact" (Carreiras und Alexandre 2013: 112).

Die Soldaten bekamen stets die Möglichkeit, zu Beginn und zu Ende des Interviews Nachfragen zu stellen und Kommentare zu äußern. Zudem erhielten sie meine Kontaktdaten, damit sie sich im Nachgang des Interviews mit mir in Verbindung setzen könnten.[85]

---

83  Sie hatte den expliziten Auftrag des Kompaniechefs, mich während der Interviews zu begleiten. Zwar intervenierte ich, jedoch war der Kompaniechef nicht vor Ort, um seinen Auftrag zu revidieren; die Soldatin wollte sich dem Auftrag ohne Rücksprache mit dem Vorgesetzten nicht widersetzen. Dieser Aushandlungsprozess gewährte mir – nebenbei bemerkt – interessante Einblicke in die Organisationskultur der Bundeswehr.

84  Zusätzlich kontaktierte ich die Interviewten im Nachgang zu diesem Gespräch noch einmal per E-Mail, um ihnen die Möglichkeit zu geben, Inhalte zu ergänzen oder ihr Unbehagen über die Situation zu äußern, was sie aber – so die Reaktionen – nicht empfanden.

85  Von dieser Möglichkeit machten während der gesamten Feldforschung zwei Soldaten Gebrauch, um mich über das vorzeitige Ende ihres Dienstes und ihre Bereitschaft für ein abschlie-

## 4.5   Ergänzende empirische Daten: Medien- und Dokumentenanalyse

Um den öffentlichen Diskurs mit in die Analyse einzubeziehen, wurde eine inhaltsanalytische Medienanalyse durchgeführt. Das medial vermittelte Bild stellt gerade im Fall einer geschlossenen Organisation wie der Bundeswehr ein wegweisendes Indiz für die öffentliche Meinung dar. Das belegen unter anderem die Ergebnisse der Bevölkerungsumfrage des Sozialwissenschaftlichen Instituts der Bundeswehr 2010: „Die Wahrnehmung der Bundeswehr durch die Bürgerinnen und Bürger wird von Medienbildern dominiert" (Bulmahn et al. 2011: 81). Auch Wolff weist auf die Bedeutung medialer Berichterstattung im Allgemeinen, also Politikfeld übergreifend, hin:

> „Texte, und Medientexte zumal, sind *öffentlich zugängliche* Daten. Sie kommen in praktisch allen alltagsweltlichen wie institutionellen Handlungsfeldern vor und sind für die Produktion und Reproduktion dieser Handlungsfelder, für die Ausbildung und Stabilität der Identitäten der dabei involvierten Akteure wie für die massenmediale Konstitution gesellschaftlicher Wirklichkeiten von zentraler Bedeutung" (Wolff 2006:265f.).

Vieles deutet darauf hin, dass die Medien im Zuge der Bundeswehrreform zukünftig noch deutlicher am Meinungsbild der Bevölkerung mitwirken werden. Denn bedingt durch Standortschließungen und den Wegfall der Wehrpflicht werden die unmittelbaren Berührungspunkte minimiert. So wird sich die gesellschaftliche Meinung wohl künftig weitgehend aus dem Medienbild speisen. Ihre Bedeutung für diese Arbeit gewinnt die Medienanalyse, da sie der empirischen Feldforschung zeitlich voran gestellt wurde. Als erster Zugang zum Forschungsgegenstand setzte sie also Themen für die Befragung und lieferte – da sonst kaum Datenmaterial zum FWD vorhanden war und ist – erste Momentaufnahmen. Zudem kontrastiert das medial gezeichnete Bild der FWDL in der Analyse des Interviewmaterials die individuelle Interpretation der (Fremd)Wahrnehmung der befragten Soldaten. Weiter zeichnet die systematische Auswertung der Berichterstattung mediale, politische und gesellschaftliche Diskurse bezüglich des Entscheidungsprozesses, die Wehrpflicht auszusetzen und einen FWD einzuführen, nach. Aus diesen Argumentationslinien ergaben sich beispielsweise die Funktionszuschreibungen für den FWD, die über etablierte Narrative hinausgehen und in Kapitel 2.2 bereits ausführlich dargestellt wurden. Im Zeitraum 01.06.2011 bis 31.12.2011 wurden elf Printmedien inklusiver ihrer Online-Portale nach den Schlagworten „Freiwilliger Wehrdienst" durchsucht (siehe Tabelle 2).

---

ßendes Interview zu informieren.

| Liste der gesichteten Medien | Reichweite (Eindeutige Leserschaft in Mio.) |
|---|---|
| Bild | 5,5 |
| Der Westen | 1,0 |
| Frankfurter Allgemeine Zeitung (FAZ) | 1,3 |
| Focus | 3,7 |
| Frankfurter Rundschau | 0,7 |
| Spiegel | 4,5 |
| Stern | 2,4 |
| Süddeutsche Zeitung | 2,3 |
| TZ | 0,3 |
| Welt | 3,7 |
| Die ZEIT | 1,8 |

*Tabelle 2: Übersicht der ausgewerteten Medien und ihre Reichweite. Quelle: Meltwater; eigene Darstellung.*

Die Suche ergab 194 Treffer,[86] die sich folgendermaßen über die Monate des Untersuchungszeitraums verteilen (siehe Abbildung 4). Etwa 120 Artikel[87] flossen in die inhaltsanalytische Auswertung ein.

---

86  Bemerkenswert ist, dass die Berichterstattung in den gleichen Medien zum BFD in diesem Zeitraum mit 334 Treffern deutlich intensiver war (Quelle: Meltwater-Statistik; eigene Analyse). Dies deutet darauf hin, dass die Bundewehr in der öffentlichen Debatte wenig präsent ist.
87  Bei den nicht ausgewerteten Artikeln handelt es sich Großteils um mehrfach in identischem Wortlaut abgedruckte dpa-Meldungen; einige wenige Artikel weisen inhaltlich keine Relevanz auf, da sie beispielsweise nur auf einen ermäßigten Eintritt für FWDL im Kleingedruckten verweisen oder sich inhaltlich ausschließlich auf den Wegfall des Zivildienstes beziehen.

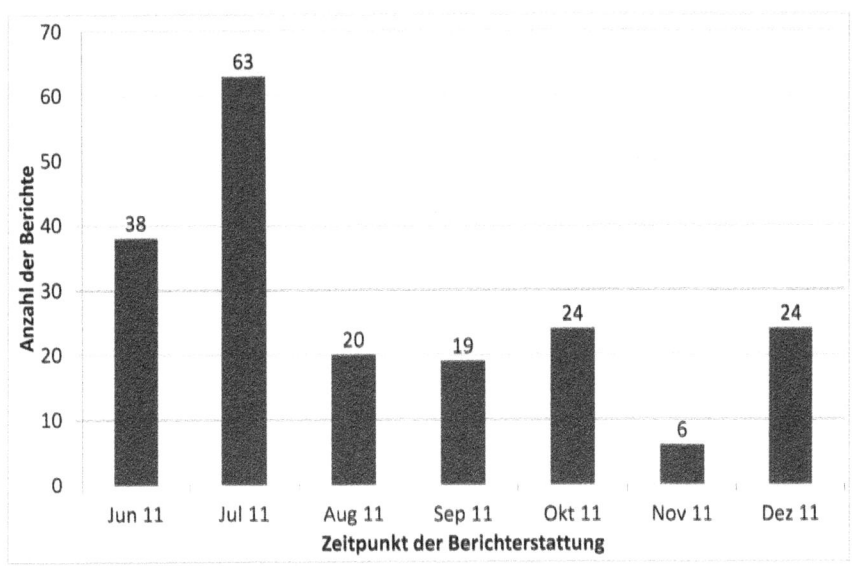

*Abb. 4: Anzahl der Medienberichte zum FWD pro Monat (Juni – Dezember 2011). Quelle: Meltwater; eigene Darstellung.*

Zusätzlich komplettierten eine Dokumentenanalyse sowie teilnehmende Beobachtungen und informelle Gespräche mit Vorgesetzten der FWDL während der Feldforschung die Datenanalyse. Abbildung 5 gibt einen Überblick über das gesamte empirische Material, das Eingang in die Studie fand.

Zusammenfassend fließen mannigfache Quellen in die Analyse ein, die mit unterschiedlichen Methoden erhoben wurden und jeweils verschiedene Funktionen für das Forschungsvorhaben einnehmen. Während die Medien- und Dokumentenanalyse als explorative Vorstudie für die Durchführung der Interviews zu sehen ist und zugleich erste Konzepte für die Datenauswertung liefert, dienen insbesondere die Beobachtungsprotokolle und informellen Gespräche der Triangulation, um so die Validität und Qualität der Interviews – dem Kernstück der Arbeit – zu überprüfen (Flick 2011; Mayring 2002: 147).

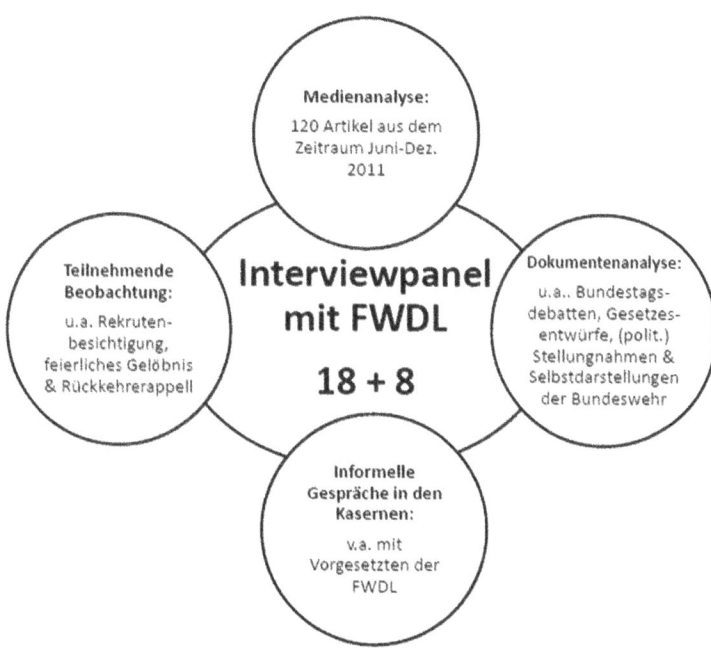

*Abb. 5: Überblick über die empirische Datenerhebung.*

## 4.6 Auswertung des Datenmaterials

Die Kodierung aller textbasierten Daten (Zeitungsartikel, Interviewtranskriptionen)[88] wurde computergestützt mit ATLAS.ti durchgeführt. Der Kodierungsprozess fand in mehreren Schritten statt und orientierte sich an den Vorschlägen von Susanne Friese (Friese 2002), die zwar an der *Grounded Theory* angelehnt sind, in einigen Aspekten jedoch ein pragmatischeres Vorgehen nahelegen. Wichtig für mein Vorgehen sind insbesondere folgende Punkte:

- Das Kodieren aller Dokumente und nicht nur von „Schlüsselinterviews" bzw. von Leitartikeln (Friese 2002: 3); dies führte zwar zu einer erheblichen

---

88  Weitere Schriftdokumente wie politische Stellungnahmen, Protokolle von Gesetzgebungsprozessen und Beschlüssen aus dem Bundestag oder Selbstdarstellungen der Armee wurden zwar vergleichend herangezogen, allerdings nicht systematisch mit ATLAS.ti kodiert.

Datenmenge,[89] erwies sich aber insofern als gewinnbringend, als das dichte Material viele Nuancen aufzeigte, die so Eingang in die Kategorienbildung fanden und bei der bloßen Kodierung von Schlüsseldokumenten verloren gegangen wären.

- Ein Kodieren in mehreren Schritten: Im ersten Durchgang lag der Fokus auf deskriptiven Kodes, im zweiten Schritt, dem axialen Kodieren, erfolgte eine Dimensionalisierung, bei der Subkategorien und Beziehungen zwischen den Kodes aus dem Datenmaterial herausgearbeitet wurden (Friese 2002: 18); im dritten Schritt der Datenauswertung, dem *selektiven Kodieren*, wurden schließlich *Schlüsselkategorien* auch als *zentrale Kategorien* bezeichnet (Legewie 2004: 17), herausgearbeitet.

- Bei jedem Kodier-Durchgang wurde ein Kodeschema anhand der ersten vier bis fünf Dokumente erstellt (Friese 2002: 3); dieses Schema diente dann als Rahmen für die weitere Analyse, der zwar nicht als völlig statisch betrachtet, jedoch nicht mehr grundlegend verändert wurde.[90]

Die drei Interviewwellen wurden zunächst getrennt ausgewertet und eine erste Kodierung fand vor dem nächsten Gesprächstermin mit der jeweiligen Person, so dass Erkenntnisse der schon erhobenen Daten in die nächsten Interviews einflossen. Nach einem ersten offenen Kodieren aller Interviews wurden im zweiten und dritten Kodierungsschritt jeweils die – in der Regel – drei zusammengehörigen Interviews ausgewertet, um individuelle Entwicklungsprozesse aus dem Material zu extrahieren.

Zusammenfassend ermöglichte das Forschungsdesign mit zwei unterschiedlichen Befragungsstandorten und jeweils drei Interviews eine Reihe von Vergleichsdimensionen, die in der *Grounded Theory* ein zentrales Mittel zum Erkenntnisgewinn sind:

> „Vergleiche gehen dabei zum einen in die Tiefe, indem Daten des Falls mit anderen Daten des gleichen Falls verglichen werden. Zum anderen gibt es horizontale Vergleiche zwischen verschiedenen Fällen. Und zum Dritten sind als Hilfe für die Aufmerksamkeit sowie um Denkblockaden zu lösen externe Vergleiche möglich. Damit sind Vergleiche die zentrale Technik in der *Grounded Theory*" (Brüsemeister 2008: 157).

Das zusätzliche Datenmaterial (v.a. Medien- und Dokumentenanalyse) sowie die Kontrastierung mit anderen Politikfeldern sowie der eigenen zivilen Lebenswelt komplettieren die Vergleichsdimensionen.

Abbildung 6 fasst die Vergleichsdimensionen zusammen, die im Rahmen der Erhebung, Auswertung und Darstellung der Daten in diese Arbeit Eingang fan-

---

89  Die insgesamt 66 Interviews ergaben etwa 1.000 Seiten Transkriptionen, die als Textdokumente in ATLAS.ti verarbeitet wurden; dazu kommen 120 Zeitungsartikel.

90  Für die Medienanalyse wurde ein eigenes Kodeschema erarbeitet; das Vorgehen verlief identisch zum Auswertungsprozess der Interviews.

den und verdeutlicht, dass Vergleiche auf unterschiedlichen Ebenen herangezogen wurden.

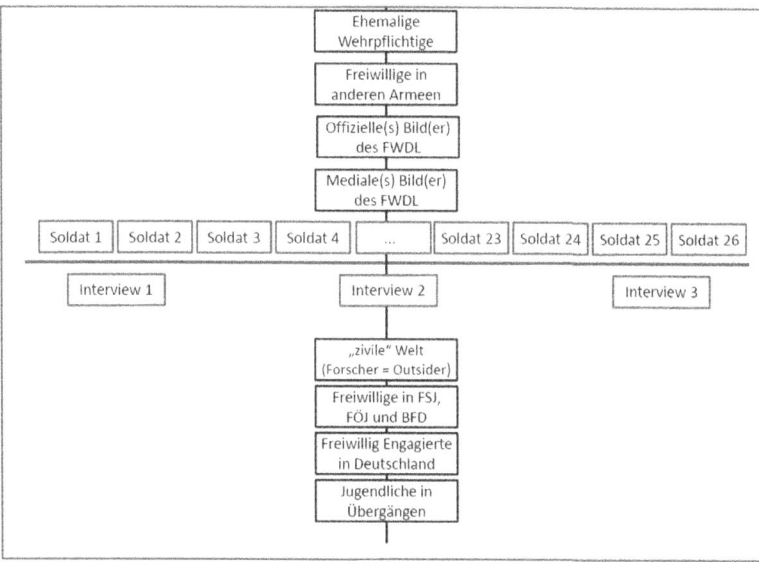

*Abb. 6: Die horizontalen und vertikalen Vergleichsdimensionen.*

# 5 Theoretische Konzepte für die Datenanalyse

Die nächsten beiden Kapitel zeigen auf, welche theoretischen Einflüsse die Analyse der empirischen Daten strukturieren. Die Darstellung der Konzepte, nämlich der organisationskulturellen Besonderheiten von Streitkräften, die Bedeutung des Prinzips der Freiwilligkeit für eine Organisation (Kapitel 5), sowie die Theorien zur organisationalen Identifikation (Kapitel 6) erhebt keinen Anspruch auf Vollständigkeit. Vielmehr werden hier die wichtigsten Linien nachgezeichnet sowie die Dimensionen eingeführt und erläutert, welche in den folgenden Kapiteln entscheidend zur Interpretation des empirischen Materials beitrugen. Im Sinne der *Grounded Theory* wurden diese „bestehende[n] Theorien als Ideenpool für die Datenauswertung" (Brüsemeister 2008: 155) genutzt, um aus dem empirischen Material neue beziehungsweise erweiterte theoretische Ansätze zu generieren.

Die Interpretation des theoretischen Rahmens ist an einer Mikroperspektive ausgerichtet. Das spiegelt die Subjektorientierung der vorliegenden Arbeit wider und greift jene Konzepte auf, die für die individuellen Handlungs- und Deutungsmuster relevant sind.

Zudem sei angemerkt, dass die Bausteine des theoretischen Rahmens, die in Kapitel 5 aufgezeigt werden, der Forscherin zwar im Sinne eines „analytischen Vorwissens" (Legewie 2004: 7) schon vor Beginn der Arbeit bekannt waren, sich ihre Bedeutung und Anwendbarkeit auf die spezifische Untersuchung jedoch erst im Zuge der Datenauswertung herauskristallisierte. Auch wenn in der Darstellung nun die Theorie zur besseren Les- und Nachvollziehbarkeit dem empirischen Teil vorangestellt ist, entspricht das also nicht dem Forschungsprozess. Doch um den wechselseitigen Erkenntnisgewinn zwischen Empirie und theoretischen Konzepten transparent zu machen, wird ein weiterer und dritter theoretischer Ansatz, nämlich der der organisationalen Identifikation, erst im Zuge der Typenbildung in Kapitel 6 eingeführt und für die Ausgestaltung des Merkmalraums operationalisiert. Denn dieser dritte Baustein hat tatsächlich erst im letzten Schritt der Datenauswertung an Relevanz gewonnen.

## 5.1 Organisationskulturelle Besonderheiten der Bundeswehr

Militärischen Organisationen, insbesondere in Demokratien, werden ganz unterschiedliche Charakteristika zugeschrieben. Sie sind große Behörden, oft – so im Fall der Bundeswehr – der personalstärkste Verwaltungsapparat eines Landes und damit bürokratisch angelegt. Gleichzeitig nehmen sie feudale Strukturen an, die an totale Organisationen erinnern und sich unter anderem in der Wertorientierung und Führungsauffassung widerspiegeln. Was Charles C. Moskos bereits 1970 für die US-amerikanischen Streitkräfte feststellte, gilt weitgehend heute noch für die Bundeswehr:

> „There are two apparently contradictory characterizations of the American military. On the one hand (…) the contemporary military establishment is increasingly sharing attributes common to all large-scale bureaucracies in a modern complex society. It follows, therefore, that many of the administrative mechanisms and social forms of the military are converging with those of civilian society. On the other hand, there is the continuing portrayal (…) of the military as a quasi-feudal organization with features quite unlike those found in the community at large. This viewpoint emphasizes the total institutional qualities of the military organization and the sharp differentiation between military and civilian structures" (Moskos 1970: 37).

Auch Leuprecht weist auf diese Besonderheit hin. Er zeichnet die unterschiedlichen – und nicht immer leicht zu vereinbarenden – Anforderungen, die im Zuge dieser verschiedenen Charakterisierungen an die Organisation herangetragen werden, vornehmlich entlang des zivil-militärischen Spannungsverhältnisses. So müsse die Organisation gesellschaftliche Werte aufgreifen und integrieren, dabei aber am Rande der Gesellschaft agieren:

> „Defense organizations are unique public institutions. On the one hand, they are subject to the societal imperative: the social forces, ideologies, and institutions that are dominant within society. On the other hand, they are unique with respect to the *functional* imperative: they have been set aside from society for the particular purpose of defending democratic values and the democratic way of life against external threats" (Leuprecht 2010: 35f.).

Aus den beiden Zitaten wird klar, dass das Militär zwar in engem Rückbezug zur Gesellschaft steht, aber doch eine eigene Sphäre bildet.

Was bedeutet dies für das Subjekt, das in einer solchen Organisation agiert und diese unterschiedlichen Strukturen und Anforderungen bedienen muss? Wie wird ein Staatsbürger zum Soldaten? Schließlich ist das Militär auch auf der Ebene des Subjektes von besonderen Eigenschaften und Anforderungen geprägt. Die Bundeswehr wird oft als „moralische Organisation" (vom Hagen und Tomforde 2005: 192) bezeichnet. Das heißt, den Mitgliedern der Organisation werden bestimmte Tugenden zugeschrieben; sie werden durch eine (Selbst-)Verpflichtung, ein Gelöbnis oder einen Eid moralisch an die Organisation gebunden (Apelt 2012a: 138). Primärtugenden wie Kampf- und Aufopferungsbereitschaft gehören zum klassischen Kanon der soldatischen Wesenszüge, ebenso wie die Sekundärtugenden Disziplin, Gehorsam, Härte, Zusammenhalt, Loyalität und Treue, Mut sowie Urteilskraft (vom Hagen und Tomforde 2005: 192).

Auch wenn durch den Wandel des Soldatenbildes und neuer Funktionszuschreibungen im Zuge einer Modernisierung der Streitkräfte manche dieser Tugenden in den Hintergrund treten, bleiben insbesondere Disziplin, Gehorsam und die Bereitschaft, im Einsatzfall sein Leben einzusetzen, immer noch unabdingbare Eigenschaften, die vonnöten sind, um als Soldat bestehen zu können. Dieser Tugendkanon wird in der modernen Armee noch einmal deutlich erweitert:

> „Dabei orientiert sich die angestrebte Effektivitätssteigerung des Soldaten an Diskursen der New Economy. (…) Vom Soldaten wird heute erwartet, dass er nicht nur Kämpfer, sondern auch Polizist, Helfer und Sozialarbeiter sein soll, ausgestattet mit interkultureller Kompetenz, hoher Frustrationstoleranz und Empathiefähigkeit" (Spreen 2010: 65f.).

All dies stellt an den Soldatenberuf Anforderungen, die im zivilen Leben selten an eine Person herangetragen werden: „Soldat zu sein bedeutet nicht nur, sich in die Hierarchie der Militärorganisation einzuordnen, sondern häufig auch die eigenen individuellen Bedürfnisse den Interessen der Organisation bzw. der soldatischen Gemeinschaft – Stichwort: Kameradschaft – unterzuordnen" (Leonhard und Biehl 2012: 399). Genau deshalb werden militärische Organisationen mitunter als „greedy institutions" (Coser 1974) beschrieben, da sie ihren Mitgliedern Opfer bis weit ins Privatleben hinein abverlangen können. Im Unterschied zu totalen Institutionen basieren diese Opfer auf Freiwilligkeit und einem moralischen Verpflichtungsgefühl und nicht auf Zwang:

> „(…) greedy institutions (…) seek exclusive and undivided loyalty and they attempt to reduce the claims of competing roles and status positions on those they wish to encompass within their boundaries. Their demands on the person are omnivorous (…). [T]hey tend to rely on voluntary compliance and to evolve means of activating loyalty and commitment" (Coser 1974: 4–6).

Doch die herkömmlichen militärischen Werte und Normen werden in „durch Demokratisierung und Individualisierung geprägten Ländern zunehmend als altertümlich und fremdartig" (Apelt 2012a: 133) angesehen. In der Mitte der Gesellschaft werden sie nicht mehr selbstverständlich gelebt beziehungsweise mitgetragen. Die Sozialforschung in Deutschland bestätigt dies bedingt: Zwar gehören Gehorsam und Härte nicht mehr zum Kanon der erstrebenswerten Tugenden; Disziplin, Zusammenhalt, Treue, Mut sowie Urteilskraft jedoch sehr wohl. In der Zivilgesellschaft als soziale Kompetenz oder *soft skills* bezeichnet, werden sie dann Fleiß und Belastbarkeit, Teamgeist, Treue, Unternehmergeist und Entscheidungsfreude genannt. Insbesondere unter den 12- bis 25-Jährigen erkennt die 16. Shell-Jugendstudie eine Bedeutungsgewinn der Werte Fleiß und Ehrgeiz (Gensicke 2010: 197). Sie sind jedoch in der Regel gepaart mit dem Streben nach Selbstverwirklichung, der Optimierung des eigenen Lebens und dem Ausleben der Individualität (Hurrelmann und Quenzel 2012: 203). Doch genau diese individuelle Entfaltung ist in einer Armee, einem Ort der Gleichförmigkeit und der Hierarchie, nicht umsetzbar. Das heißt, die Armee (begreift man sie als *greedy institution*) verlangt den Soldaten bei Eintritt ab, ihre persönliche Identität zumindest teilweise ab- oder aufgegeben, was gerade in unserer heutigen Gesellschaft durchaus ein Opfer und einen Einschnitt in das zivile Leben bedeutet. Um sich an das neue Organisationsumfeld zu gewöhnen und die wichtigsten soldatischen Grundfertigkeiten zu erlernen, durchlaufen Soldaten in allen Armeen eine besondere Ausbildung, denn jene müssen ihre Mitglieder auf besondere Art und Weise sozialisieren, um sie in die militärische Organisationskultur einzugliedern. In der Bundeswehr erfüllt die dreimonatige Allgemeine Grundausbildung diese Funktion, die für alle Soldaten, egal welcher Laufbahn und welcher Teilstreitkraft sie angehören, ähnlich abläuft. Sie schafft eine gemeinsame Grundlage und soll darüber hinaus identitätsstiftend wirken (Apelt 2012a: 139). Apelt fasst die Funktion dieses Ausbildungsabschnitts zusammen:

> „Die Soldaten sollen bereit und fähig sein, ihr eigenes Leben zu gefährden, zu töten oder auch die Lebensgrundlagen anderer Menschen zu zerstören, dies alles aber ausschließlich auf Befehl und innerhalb der militärischen Organisation. Zivile Normen der individualisierten und pluralisierten Gesellschaft werden damit relativiert oder aufgehoben, militärische Normen sollen internalisiert werden" (Apelt 2012b: 428).

Gerade während dieses ersten Ausbildungsabschnittes, der einem Initiationsritus ähnelt, werden die Rekruten von ihrer Umwelt abgeschottet. Auf Grund dieses massiven Eingriffs in das Privatleben der Betroffenen charakterisiert Erving Goffman militärische Einrichtungen – ebenso wie Psychiatrien, Klöster oder Internate – als „totale Institutionen", gezeichnet durch die folgenden vier Besonderheiten:

> „Das zentrale Merkmal totaler Institutionen besteht darin, daß die Schranken, die normalerweise diese drei Lebensbereiche [Arbeit, Freizeit und Nachtruhe, Anm. RH] voneinander trennen, aufgehoben sind: 1. Alle Angelegenheiten des Lebens finden an ein und derselben Stelle, unter ein und derselben Autorität statt. 2. Die Mitglieder der Institution führen alle Phasen ihrer täglichen Arbeit in unmittelbarer Gesellschaft einer großen Gruppe von Schicksalsgenossen aus, wobei allen die gleiche Behandlung zuteil wird und alle die gleiche Tätigkeit gemeinsam verrichten müssen. 3. Alle Phasen des Arbeitsalltages sind exakt geplant, eine geht zu einem vorher bestimmten Zeitpunkt in die nächste über, und die ganze Folge der Tätigkeiten wird von oben durch ein System expliziter formaler Regeln und durch einen Stab von Funktionären vorgeschrieben. 4. Die verschiedenen erzwungenen Tätigkeiten werden in einem einzigen rationalen Plan vereinigt, der angeblich dazu dient, die offiziellen Ziele der Institution zu erreichen" (Goffman 1972: 17).

Diese Eigenschaften finden sich in modernen militärischen Organisationen, insbesondere in der Bundeswehr, zwar nur noch bedingt wieder (Apelt 2012b: 438). Doch während der AGA, die aus dem Bürger einen Soldaten machen soll, sind Rekruten immer noch „Schicksalsgenossen", die nahezu ihren gesamten Alltag gemeinsam verbringen: Sie gehen im Trupp Frühstücken und Mittagessen, teilen

sich eine Stube, dürfen sich weder ohne Vorgesetzten selbständig auf dem Kasernengelände bewegen, noch können sie das Gelände selbstbestimmt verlassen.
Der Tag ist fest strukturiert, meist im Minutentakt vom Aufstehen bis zum Schla-
fengehen. Freizeit und Privatleben rücken in diesen Monaten in den Hintergrund.
Ein selbstbestimmtes Leben ist kaum möglich, da die Freizeit auf einige Wochenenden und ein paar wenige Stunden Dienstunterbrechung pro Woche beschränkt ist. Denn „die Rekruten erscheinen nicht, wie in Schule oder Betrieb,
täglich einige Stunden zu Unterricht oder Arbeit, sondern sie werden für eine
bestimmte Zeit rund um die Uhr von ihrer Umwelt abgeschottet" (Apelt 2012a:
139).
Nach der AGA sieht der Alltag in der Regel anders aus. Viele Soldaten können
als „Heimschläfer" abends die Kaserne verlassen und zu ihren Familien zurückkehren. Anders als beispielsweise in den US-amerikanischen Truppen wohnen
die Angehörigen nicht auf dem Kasernengelände. Somit ist eine Trennung der
drei Lebensbereiche (potentiell) wieder gewährleistet.[91]
Auch Foucault argumentiert, dass die individuellen Entfaltungsmöglichkeiten in
einer Kaserne drastisch eingeschränkt bzw. aufgehoben werden. Anders als Goffman sieht er Kasernen aber als „Institutionen, anhand derer man die Grundprinzipien moderner Gesellschaft erkennen kann" (Apelt 2012b: 433).[92] Foucault
bewegt sich damit in der Tradition von Max Weber, für den die Disziplin des
Heeres den „Mutterschoß der Disziplin" darstellt (2010: 872). Weiter ist Weber
überzeugt von der „extremen Bedeutung der Massendisziplin" (2010: 872); denn
für ihn geht die Disziplinierung mit der Rationalisierung von Wirtschaft und
Politik einher und ist prägend für die moderne Gesellschaft (Weber 2010: 866–
873). Ferner sieht er das Militärische als Vorbild der Bürokratie an und vergleicht staatliche Großbehörden mit einem Massenheer:

> „Die Demokratie schaltet ganz ebenso wie der absolute Staat die Verwaltung durch feudale
> oder patrimoniale oder patrizische oder andere ehrenamtliche oder erblich fungierende Ho-
> noratioren zugunsten angestellter Beamter aus. Angestellte Beamte entscheiden über alle

---

91 Anders sieht die Situation während Übungen oder Einsätzen aus. Auch dort wird die Trennung
der Lebensbereiche aufgehoben.
92 Nach Foucault sind „Disziplinen [im 17. Und 18. Jahrhundert] zu allgemeinen Herrschaftsfor-
men geworden" (Foucault 1976: 176). Im Gegensatz zur Sklaverei beruhe die moderne Disziplinierung nicht mehr auf dem Besitz eines Menschen. „Die Disziplin fabriziert auf diese
Weise unterworfene und geübte Körper, fügsame und gelehrige Körper. Die Disziplin steigert
die Kräfte des Körpers (um die ökonomische Nützlichkeit zu erhöhen) und schwächt diese sel-
ben Kräfte (um sie politisch fügsam zu machen). Mit einem Wort: sie spaltet die Macht des
Körpers; sie macht daraus einerseits eine ‚Fähigkeit', eine ‚Tauglichkeit', die sie zu steigern
sucht; und andererseits polt sie die Energie, die Mächtigkeit, die daraus resultieren könnte, zu
einem Verhältnis strikter Unterwerfung um. Wenn die ökonomische Ausbeutung die Arbeits-
kraft vom Produkt trennt, so können wir sagen, daß der Disziplinarzwang eine gesteigerte Tauglichkeit und eine vertiefte Unterwerfung im Körper miteinander verkettet" (Foucault 1976:
177).

Alltagsbedürfnisse und Alltagsbeschwerden. Von dem bürgerlichen Verwaltungsbeamten unterscheidet sich der militärische Herrschaftsträger, der Offizier, in dem hier entscheidenden Punkt nicht. Auch das moderne Massenheer ist ein bürokratisches Heer, der Offizier eine Sonderkategorie des Beamten im Gegensatz zum Ritter, Kondottiere, Häuptling oder homerischen Helden. Auf der Dienstdisziplin beruht die Schlagkraft des Heeres. Nur wenig modifiziert vollzieht sich der Vormarsch des Bürokratismus in der Gemeindeverwaltung" (Weber 2010: 1047).

Die Disziplin ist also Mittel zum Zweck, mit dem Ziel, durch die besondere Sozialisation der Soldaten eine Gemeinschaft zu bilden, in der die Kollektivität Vorrang vor der Individualität hat (vom Hagen und Tomforde 2005: 190). Jeder hat seine spezifische Aufgabe im System und nimmt seinen Platz in der Befehlskette ein. Symbole, Traditionen und Rituale helfen dabei, Identität zu stiften und den Zusammenhalt zu fördern, um so der aufgegebenen Individualität etwas entgegenzusetzen. Zudem markieren die Symbole, z.B. Abzeichen und Uniformen, die Zugehörigkeit. In der empirischen Ausarbeitung werde ich darauf zurückkommen, dass gerade die Einkleidung und das Tragen der Uniform für das Zugehörigkeitsgefühl der FWDL eine zentrale Rolle spielen (siehe Kapitel 6 und 7). Ebenso werden die Soldaten durch Rituale und Zeremonien, bei den FWDL beispielsweise das feierliche Gelöbnis, in die Organisation aufgenommen. Diese Gepflogenheiten haben einen hohen internen Stellenwert, dienen aber zugleich der Außendarstellung und der Positionierung in der Gesellschaft (Apelt 2012a: 140).

Wie eingangs dargestellt, ist die Bundeswehr zugleich eine bürokratisch strukturierte Großorganisation. Als einer der größten Arbeitgeber der Bundesrepublik hat sie eine Reihe latenter Funktionen für den Arbeits- und Ausbildungsmarkt. Insbesondere Armeen gelten als Ort des sozialen Aufstiegs und können, gerade wenn es gelingt, ausgewogen in der Gesellschaft zu rekrutieren, gesellschaftliche Integration maßgeblich voranbringen (Apelt 2012a: 134). Genau an dieser Stelle scheint ein Dilemma auf:

Eine Armee hat insbesondere in Demokratien den Anspruch, ein direkter Spiegel ihrer Gesellschaft zu sein (Mannitz 2012). Es gilt zunächst das Primat der Politik. Es sind politische Entscheidungsträger, die über die Größe, (finanzielle) Ausstattung und Einsätze entscheiden – im Fall der Bundeswehr, die als Parlamentsarmee konstituiert ist, beschließt darüber jeweils der Deutsche Bundestag (u.a. Bake und Meyer 2012: 67f.). Gleichzeitig agiert das Militär in der Regel am Rande der Gesellschaft, hinter Kasernenmauern. Denn es ist immer noch der „manifeste Zweck, der die Abgrenzung zu anderen Organisationen und damit letztendlich auch den eigenen Erhalt sichert, (...) das potentielle Führen von Kriegen oder bewaffneten Konflikten, d.h., die organisierte Androhung und Anwendung von Gewalt gegenüber potentiell oder kriegführenden Parteien" (Apelt 2012a: 134), der das Militär von zu einer Organisation *sui generis* macht.

Für die Individuen bedeutet dies zweierlei: einerseits, dass sie möglicherweise Leib und Leben riskieren, andererseits, dass sie selbst Gewalt ausüben und damit im Widerspruch zu den Normen und Werten unserer Gesellschaft handeln müssen. Ist dies im klassischen Verteidigungsfall noch gut zu begründen und gesellschaftlich anerkannt, bedarf es dafür in der heutigen Zeit, die von Auslandseinsätzen, Hilfsmissionen und Bündnisverpflichtungen geprägt ist, einer weitaus umfänglicheren Legitimation. Insbesondere der Rückhalt in der Gesellschaft und das Verständnis für die Notwendigkeit oder Sinnhaftigkeit der Armee geraten unter Druck.[93]

Die Bundeswehr muss sich also in einen wechselseitigen Legitimationsprozess begeben. Im Sinne eines neo-institutionalistischen Organisationsverständnisses spricht beispielsweise Suchman von Legitimität als Kernkonzept. Dabei soll sowohl aktive wie auch passive Unterstützung zur Legitimation, die Suchman in eine pragmatische, moralische und kognitive Dimension unterteilt, beitragen (Suchman 1995). Die passive Unterstützung wäre im Falle der Bundeswehr die Akzeptanz seitens der Gesellschaft basierend auf geteilten Normen, Symbolen, Überzeugungen und Ritualen; diese Unterstützung würde die Organisation moralisch legitimieren. Dies ist jedoch in einer post-heroischen und hoch individualisierten Gesellschaft, deren alltägliche Berührungspunkte mit dem Militärischen kontinuierlich abnehmen und deren Wertehaltung sich zunehmend von den soldatischen Grundprinzipien entfremdet, keine Selbstverständlichkeit.

Dieser Wandel im zivil-militärischen Verhältnis wirkt sich massiv auf das Selbstverständnis der Organisation aus; sie versucht zunehmend, über eine Annäherung ihres Images an zivile Arbeitgeber pragmatische Legitimität zu erlangen. Während das militärische Organisationssystem im 19. und 20. Jahrhundert Vorbild für Großunternehmen, Schulen oder Organisationen des Katastrophenschutzes war, versucht die Bundeswehr seit einiger Zeit, Strukturen aus der modernen Wirtschaft zu übernehmen, um als Arbeitgeber konkurrenzfähig zu bleiben (Apelt 2012a: 135). Die aktuellsten Bemühungen von Verteidigungsministerin Ursula von der Leyen, die Bundeswehr familienfreundlich(er) zu gestalten, belegen dies eindrücklich (u.a. Dausend 2014; von der Leyen 2014). Dieser aktuellste Reformversuch ist zugleich ein Paradebeispiel für den schwierigen Balanceakt, den diese Organisation zu leisten versucht: als „normaler" Arbeitgeber wettbewerbsfähig zu sein und gleichzeitig als Organisation *sui generis* den Kern des Soldat-Seins, nämlich das Töten und Getötet-Werden, nicht ablegen zu können.

Greift man zurück auf die Annahme, die Bundeswehr sei eine „moralische Organisation" (vom Hagen und Tomforde 2005: 192), so sollen Soldaten sich „in

---

93  Dies lässt sich beispielsweise aus der seit 2005 sinkenden Unterstützung der Deutschen für die Auslandseinsätze der Bundeswehr schließen (Bulmahn et al. 2011: 39f.).

erster Linie aufgrund der Identifikation mit ihrer Tätigkeit bzw. aus Überzeugung von ihrem Auftrag" (Leonhard und Biehl 2012: 399) für eine Laufbahn in der Armee entscheiden. Das heißt, ihre Motive sollen ideeller Natur sein, so zumindest das normative Postulat. Empirisch werden diese Annahmen immer wieder verworfen, da sich häufig ein Motivationsmix abzeichnet, der ebenso pragmatische Entscheidungsgründe aufweist (u.a. Apelt 2012a; Battistelli 1997; Leonhard 2010). Umfragen bei Jugendlichen zur Berufsentscheidung und zu ihrer Einstellung gegenüber der Bundeswehr belegen, dass Interessenten den Arbeitgeber Bundeswehr auch auf Grund der finanziellen und beruflichen Sicherheit sowie des abwechslungsreichen Aufgabenspektrums attraktiv finden (Hennig 2013: 32). Dies löst mitunter in der gesellschaftlichen und politischen Debatte ein Unwohlsein aus, das empirisch schwer zu begründen ist und das auf der normativen Annahme fußt, ein „guter" und „demokratischer" Soldat müsse vor allem einer intrinsischen Berufung folgen, um die hehren Ansprüche an sein Berufsbild erfüllen zu können (Bake und Meyer 2012: 75f.). Damit einher geht die Befürchtung, „dass eine vorwiegend monetäre Berufsmotivation der jungen Soldaten Probleme für die Identifikation mit dem militärischen Auftrag, der soldatischen Identität und letztlich der gesellschaftlichen Integrationsfähigkeit der Streitkräfte mit sich bringe" (Leonhard und Biehl 2012: 411). Die Armee steht damit im ständigen Spannungsverhältnis, sich einerseits als moderner Arbeitgeber präsentieren und konkurrenzfähige Angebote, was Bezahlung, Familienfreundlichkeit und Weiterbildung angeht, anbieten zu müssen. Zugleich ist sie dem normativen Narrativ für den Rückhalt und die moralische und kognitive Legitimation in der Gesellschaft unterworfen. Diese Gratwanderung wird an der Werbekampagne für den Freiwilligen Wehrdienst exemplarisch sichtbar: Als Leitslogan nimmt das „Wir. Dienen. Deutschland" den ideellen Kern des Soldat-Seins ins Visier. Es geht um Kameradschaft, Menschenrechte und Weltfrieden, um ein Wir-Gefühl und gesellschaftliche Verantwortung (Akademie der Bundeswehr für Information und Kommunikation 2011). In den direkten Anwerbebotschaften, die über Anzeigen, Radiowerbung und TV-Spots verbreitet werden, stehen hingegen deutlich pragmatischere Anreize im Fokus: eine gute Bezahlung, eine solide Ausbildung, Aufstiegsmöglichkeiten und ein abwechslungsreiches Berufsbild.[94]

Eine weitere Möglichkeit der organisationalen Legitimität ist die der aktiven Unterstützung. Diese erlangt die Bundeswehr durch den Eintritt von Bürgerinnen

---

94   So wirbt die Bundeswehr im Herbst 2011 auf ihrer Facebook-Seite für den FWD: „Bei uns erhalten Sie Ihre Chance – auch unabhängig von Ihrer schulischen Qualifikation." Diese Wortwahl wurde u.a. vom damaligen sicherheitspolitischen Sprecher der Partei Bündnis 90/DIE GRÜNEN, Omid Nouripour, kritisiert, weil man mit solchen Anreizen Gefahr laufe, eine Unterschichtenarmee aufzubauen (zitiert nach Focus Magazin, o. A. 2011).

und Bürger in die Organisation. Doch die Anzahl der aktiven Unterstützer nimmt durch die Aussetzung der Wehrpflicht und die Reduzierung der Streitkräfte deutlich ab. Das zeigt, dass die wechselseitige Legitimität zwischen der deutschen Gesellschaft und der Bundeswehr fragil ist. Sie muss sich kontinuierlich neu an den gesellschaftlichen und politischen Rahmenbedingungen ausrichten. Grundlage für diesen Aushandlungsprozess könnte ein Gesellschaftsvertrag sein, wie Harald Müller et al. darlegen:

> „In Demokratien existiert ein meist ungeschriebener ‚zweiter Gesellschaftsvertrag‘, dessen Funktion einerseits die ‚Bändigung‘ des Militärs nach innen ist. Andererseits erkennen eine Gesellschaft und ihre politische Führung darin die besonderen Opfer an, die Soldatinnen und Soldaten in der Ausübung ihres Dienstes bringen, und übernehmen ihnen gegenüber eine besondere Sorgfaltspflicht. Der ‚zweite Gesellschaftsvertrag‘ ist also zentral für eine gesunde Beziehung von demokratischer Gesellschaft und Militär" (Müller et al. 2010: 1).

Gerade was die Beziehung zwischen Streitkräften und politischer Führung anbelangt, weist die Bundeswehr aufgrund Deutschlands nationalsozialistischer Vergangenheit einige Besonderheiten in Bezug auf organisationskulturelle Merkmale auf. Bei der Wiederbewaffnung Deutschlands sollte die Bundeswehr so aufgebaut werden, dass sich eine Gleichschaltung beziehungsweise Instrumentalisierung der Streikkräfte für politischen Machtmissbrauch, wie in den 1930er Jahren unter Hitler, niemals wiederholen würde. Die Bundeswehr wurde daher als Parlamentsarmee konstituiert und darf nur im Verteidigungs- oder Spannungsfall eingesetzt werden.[95] Dies ist im Grundgesetz geregelt, dort heißt es, die Entscheidung über den Verteidigungsfall „trifft der Bundestag mit Zustimmung des Bundesrates. Die Feststellung erfolgt auf Antrag der Bundesregierung und bedarf einer Mehrheit von zwei Dritteln der abgegebenen Stimmen, mindestens der Mehrheit der Mitglieder des Bundestages" (GG §115a (1)).

Heruntergebrochen auf die individuelle Handlungsebene soll das Prinzip der Inneren Führung,[96] welches in der Form einmalig für eine Armee ist, dafür sorgen, dass jeder Soldat Verantwortung für sein Handeln übernimmt. Aufträge

---

95  Inwiefern die Auslandseinsätze der Bundeswehr gesetzeswidrig sind und wie ein Verteidigungsfall auszulegen sei, darüber wurde seit Mitte der 1990er Jahre viel diskutiert, ebenso darüber, was der Wandel von der Verteidigungs- zur Einsatzarmee für Soldaten, Gesellschaft und politische Entscheidungsträger bedeutet. Stellvertretend sei hier auf folgende Beiträge zu entsprechenden Debatten hingewiesen: Bayer und Gillner 2011; Buch 2011; Heidenkamp 2010; Mannitz 2012; Richter 2012; Schwegmann 2011; Seiffert et al. 2012; Zowislo-Grünwald et al. 2011.

96  Die Bundeswehr charakterisiert das Konzept so: „Die Konzeption der Inneren Führung bringt die Freiheitsprinzipien des demokratischen Rechtsstaates mit den Ordnungs- und Funktionsprinzipien der Streitkräfte zur Erfüllung ihres Verfassungsauftrages in Einklang. Sie ist mehr denn je unverwechselbares Markenzeichen der deutschen Streitkräfte" (Bötel 2014). Zum Konzept der Inneren Führung insbesondere im Zusammenhang mit den Auslandseinsätzen und der Abschaffung der Wehrpflicht siehe u.a. Bake und Meyer 2012; Meyer 2010; Seiffert 2012.

müssen mit dem eigenen Gewissen auf Sinnhaftigkeit und mögliche Konsequenzen geprüft werden; durch das Konzept „Führen durch Auftrag" wird die Mitverantwortung betont und Handlungsfreiraum geschaffen. Dies soll einerseits die Attraktivität der Streitkräfte als Arbeitgeber stärken, zum anderen wird damit an die Eigenverantwortung jedes Einzelnen appelliert. Denn „[d]ie Innere Führung verlangt von den Soldatinnen und Soldaten, ihre Rolle in den Streitkräften und in der Gesellschaft immer wieder neu zu reflektieren" (Bötel 2014).

Zusammenfassend unterscheidet sich die Bundeswehr also in folgenden Aspekten von zivilen Organisationen und Arbeitgebern:

- Strukturelle Bedingungen: Gerade während der Grundausbildung und in besonderen Situationen (z.B. Einsätzen) weist sie immer noch Züge einer totalen Organisation auf und hebt die Grenzen zwischen den Lebensbereichen Freizeit, Arbeit und Nachtruhe phasenweise auf.

- Organisationskultur: Die Bundeswehr definiert sich stark über Werte und Normen, ist also eine moralische Organisation; durch die Anforderung an ihre Mitglieder, im Ernstfall ihr Leben zu opfern und zu töten, hebt sie sich von allen anderen zivilen Organisationen ab. Als *greedy institution* verlangt sie ihrem Mitgliedern Opfer weit ins Privatleben ab; damit steht sie im Gegenzug auch unter besonderem Legitimationsdruck.

- Organisationsmitglieder: Gerade in einer postmaterialistischen und stark individualisierten Gesellschaft müssen die Bürger neu sozialisiert werden, um zu Soldaten zu werden und die Werte und Abläufe dieser Organisation *sui generis* zu internalisieren.

Da die Bundeswehr aber trotz dieser Besonderheiten mit denselben gesellschaftlichen Erwartungen (Stichwort Legitimität) und Entwicklungen (Stichwort Individualisierung) konfrontiert ist, wie alle anderen Organisationen und Arbeitgeber auch, steht sie in einem permanenten Spannungsverhältnis.

Betrachtet man diese Erkenntnisse in Hinblick auf die Freiwilligkeit, lässt sich feststellen, dass die Bundeswehr als staatliche Behörde andere Strukturen aufweist als klassische Non-Profit-Organisationen (NPO), deren Ziele, Finanzierungsmodelle, aber auch Führungs- und Entscheidungsprozesse völlig unterschiedlich sind. Während NPO meist durch Freiwillige oder Ehrenamtliche getragen werden, ist dies bei staatlichen Institutionen die Ausnahme und der Prozentsatz der Freiwilligen ist in der Regel im Verhältnis zum hauptamtlichen Personal gering;[97] so auch in der Bundeswehr. Die FWDL machen nur einen kleinen Teil, nämlich zwischen knapp drei und gut acht Prozent,[98] des Gesamt-

---

97   Es gibt einige wenige Ausnahmen. Zu nennen wäre hier das Technische Hilfswerk, das trotz der
     Verfasstheit als Bundesanstalt etwa 80.000 ehrenamtliche Helfer hat, die von knapp 800 Hauptamtlichen flankiert werden.
98   Basierend auf einer anvisierten Truppenstärke von 185.000 Soldaten und einer Zahl von FWDL,

personals aus.

Die Bundeswehr weist in ihrem organisationalen Charakter teilweise Rahmenbedingungen auf, die im Wiederspruch zu einer Kultur der Freiwilligkeit stehen.
Wie sich dieser Wiederspruch genau darstellt und was er für die Organisation,
aber auch für die Voraussetzungen bzw. Rahmenbedingungen des FWD bedeutet, wird im folgenden Abschnitt erläutert.

## 5.2    Freiwilligkeit in anderen Politikfeldern

Während sich das Bild des Zeit- und Berufssoldaten in vielen Punkten dem eines
„normalen" Arbeitnehmers nähert, wird mit dem Freiwilligen Wehrdienst bewusst ein Format geschaffen, das diesem Trend entgegenwirkt. Dies soll, um die
beschriebenen Funktionen des FWD aus Kapitel 2.2 noch einmal aufzugreifen,
sowohl zu einer *Kultur der Freiwilligkeit* in der Gesellschaft beitragen sowie der
zunehmenden Individualisierung und dem Rückzug ins Private entgegenwirken.
Zugleich will der FWD ein gewisses Soldatenbild konservieren und den Kern der
„moralischen Organisation" erhalten. Denn gerade der Wegfall der Wehrpflicht
könnte dieses Charakteristikum weiter schwächen. Ähnliche Erfahrungen für
diese Entwicklung gibt es in den USA:

Charles C. Moskos analysierte in den 1970ern, wie sich das Berufsverständnis in
der US-amerikanischen Armee durch die Professionalisierung möglicherweise
verändert. Er geht davon aus, dass der Soldatenberuf vor der Professionalisierung der Armee als Berufung *(calling)* und als Beitrag zum Gemeinwohl anerkannt ist, nämlich „(…) a purpose transcending individual self-interest in favor
of a presumed higher good. A calling usually enjoys high esteem from the larger
community because it is associated with notions of self-sacrifice and complete
dedication to one's role" (Moskos 2010: 24). Mit Aussetzung der Wehrpflicht
konstatiert Moskos für den US-amerikanischen Fall:

> „[I]t was the end of the draft which served as the major thrust to move the military toward
> the occupational model. In contrast to the all-volunteer force, the selective service system
> was premised on the notion of citizenship obligation — with concomitant low salaries for
> lower enlisted personnel — and the ideal of a broadly representative enlisted force" (Moskos
> 2010: 25).

Die Frage, wie auch ohne Wehrpflicht ein Querschnitt der Gesellschaft in den
Streitkräften abzubilden sei und wie der Dienst an der Waffe eine Bedeutung
erhalten kann, die von der Gesellschaft und von den Soldaten als mehr denn ein
„Job wie jeder andere"[99] betrachtet wird, stellt sich überall dort, wo die Armee

---

die sich zwischen 5.000 und 15.000 Personen einpendeln soll.
99    Kümmel und Collmer gingen in ihrem Sammelband „Ein Job wie jeder andere? zum Selbst- und
Berufsverständnis von Soldaten" schon Jahre vor der Aussetzung der Wehrpflicht der Frage

auf eine reine Freiwilligen- bzw. Berufsarmee umgestellt wurde, so wie in den 1970ern in den USA:

> „The central question remains: is there a way in which military service can attract a large and representative cross section of American youth without direct compulsion? I believe there is. Now is the time to consider a voluntary national service program — in which military service is one of several options — which would be a prerequisite for future federal employment. (…) National service would be compensated for at levels comparable to that formerly given draftees. It would be directed toward tasks which intrinsically cannot be filled through sheer monetary incentives; for example, caring for the aged, infirm, and mentally feeble; performing conservation work; and serving in the combat arms of the armed forces. In turn, only those who had completed such national service would be eligible for later government employment at the federal level" (Moskos 2010: 30).

Der hier vorgeschlagene Dienst – in dieser Form übrigens in den Vereinigten Staaten nie eingeführt – ähnelt den Einsatzfeldern der verschiedenen Freiwilligendiensten, die in Deutschland seit Aussetzung der Wehrpflicht staatlich gefördert und implementiert wurden. Allerdings ist der Staatsdienst in Deutschland nicht wie in Moskos' Vorschlag an die Ableistung eines solchen Freiwilligendienstes gekoppelt.

Der FWD kann also als Versuch gesehen werden, Elemente der Bundeswehr zu erhalten, die dem *calling*-Modell entsprechen und er soll einen Beitrag zu einem Staatsbürgerverständnis leisten, das auf Solidarität und Freiwilligkeit beruht, also in die aktuelle Engagementstrategie der Bundesregierung passt (Hüther und Braun 2012).

Aber können das zivile Engagement und die Freiwilligkeit in der Bundeswehr zusammengedacht werden? Wo gibt es Parallelen und welche Erkenntnisse lassen sich nicht ohne weiteres von einem Politikfeld auf das andere übertragen?

Mit der Freiwilligkeit ändert sich das Strukturmuster der Organisation Bundeswehr grundlegend. An Stelle der Pflichtmitgliedschaft durch die ehemalige Wehrpflicht tritt eine freiwillige Selbstverpflichtung. Politische Entscheidungsträger setzen gerade das neue Format des FWD mit den etablierten Jugendfreiwilligendiensten gleich:

> „Dieser neue Wehrdienst ist als ein weiteres Modell im Sinne einer aktiven Bürgergesell-

---

nach, wie sich das Berufsbild von Soldaten seit Ende des Kalten Krieges gewandelt hat. Sozialwissenschaftliche Perspektiven aus Deutschland, Österreich, den Niederlanden und der Schweiz beleuchten die Implikationen dieses Wandels für das Selbstverständnis der Soldaten und damit verbundene Risiken. Die Beiträge des Sammelbands zeigen, dass es nicht das soldatische Berufsverständnis gibt und dass Motive, Selbst- und Berufsbild innerhalb einer Armee von jedem einzelnen mitunter sehr unterschiedlich interpretiert werden. Doch allen Analysen ist gemeinsam, dass der Soldaten-Beruf nicht mit einer zivilen Tätigkeit vergleichbar ist (Collmer und Kümmel 2005). Moskos kommt zu einem ähnlichen Schluss und bringt die Gemeinsamkeiten der unterschiedlichen Soldatenbilder in den USA auf den Punkt: „Nearly all images of enlisted life, historical and contemporary, share in common a portrayal of men isoated from civilian control and expectations" (Moskos 1970: 1).

schaft zu sehen. Es tritt ergänzend als herausragende Form staatsbürgerlichen Engagements zu den sonstigen Angeboten wie das freiwillige soziale oder freiwillige ökologische Jahr [sic!]" (BMVg 2013a: 56).

Auch wenn die Erkenntnisse aus den Jugendfreiwilligendiensten, wie bereits mehrfach ausgeführt, keinesfalls unmittelbar auf die Bundeswehr übertragbar sind, lassen sich durchaus strukturelle Parallelen erkennen.

Der FWD ist weder ein klassisches Arbeitsverhältnis noch ein Ausbildungsberuf. Er weist vielmehr Merkmale und Parallelen zu den Freiwilligendiensten als besonderer Form bürgerschaftlichen Engagements auf. Denn „Dauer, Aufgaben und Zielsetzungen" sind in beiden Formaten verbindlich geregelt und „in vertraglichen Vereinbarungen (...) ausformuliert" (Jakob 2011: 186). Damit fiele ein FWD in den Bereich der hochformalisierten Freiwilligenarbeit. Der Einsatzort der FWDL ist eine klar strukturierte Organisation, in der sie einen genau definierten Platz einnehmen (Anheier 2005: 221).

Der FWD ist auf maximal 23 Monate beschränkt, ihm liegt eine vertragliche Vereinbarung zwischen Freiwilligem und Bundeswehr zu Grunde, jedoch kein Arbeitsvertrag. Die FWDL legen ein öffentliches Gelöbnis als Selbstverpflichtung ab. Es soll „eine moralische Bindung zur Organisation herstellen" (Apelt 2012a: 138). Dieses Element wurde aus der Wehrpflicht übernommen; Zeit- und Berufssoldaten hingegen schwören und werden – analog zu anderen Staatsbediensteten – vereidigt. Die Freiwilligen werden, anders als die Zeitsoldaten, nicht mit der monatlichen Besoldung entlohnt, sondern mit einem Wehrsold, der steuerfrei ist. Lediglich der Wehrdienstzuschlag, besondere Zuwendungen sowie unentgeltliche Unterkunft und Verpflegung sind seit dem Jahr 2013 steuerpflichtig. Auch diese Struktur weist Parallelen zu den zivilgesellschaftlichen Freiwilligendiensten auf, die in der Regel durch ein steuerfreies Taschengeld vergütet werden, auch wenn dieses deutlich niedriger ausfällt als der Wehrsold.

Der FWD ist ebenso wie die Jugendfreiwilligendienste und der BFD als Lerndienst gedacht. Doch während die zivilgesellschaftlichen Formate in erster Linie „Lernorte für nicht-formale und informelle Bildung" (Jakob 2011: 185) sind, steht im FWD die militärische Sozialisation im Vordergrund, die soldatische Grundfertigkeite wie physische und psychische Belastbarkeit, Durchhaltevermögen, ebenso Gefechtsdienst, Waffen-, Schieß- und Wachausbildung vermitteln soll (BMVg 2011a: 22). Gemeinsam ist all diesen Diensten die Säule der politischen Bildung, die einen wichtigen Bestandteil der Ausbildung darstellt.

Zudem, und das ist im Weiteren der Untersuchung entscheidend, haben die Dienste eine ähnliche Funktion im Leben junger Menschen. Denn alle diese Dienstformate sind eine frei gewählte „Zwischenstation" in der Biographie, oft angesiedelt zwischen den Lebensabschnitten Schule und Beruf. Sie dienen damit der individuellen Orientierung. Außerdem sind sie Orte bürgerschaftlichen Engagements. Während bei den zivilgesellschaftlichen Diensten daran kein Zweifel besteht, wird es – gerade seitens der Wohlfahrtsverbände in Deutschland – immer wieder in Frage gestellt,[100] ob der FWD als bürgerschaftliches Engagement einzustufen sei. Im Soldatengesetz wird diese Frage jedoch klar bejaht: „Frauen und Männer können sich verpflichten, freiwilligen Wehrdienst als besonderes staatsbürgerliches Engagement zu leisten. Der freiwillige Wehrdienst als besonderes staatsbürgerliches Engagement besteht aus einer sechsmonatigen Probezeit und bis zu 17 Monaten anschließendem Wehrdienst" (BMVg 2013b:§ 58b (1)).

Aufgrund dieser Einstufungen durch die Legislative und der strukturellen Parallelen lohnt es sich, Erkenntnisse aus der Engagementforschung aufzugreifen, um insbesondere eine vergleichende Perspektive bezüglich der Motive und Erwartungen aufzuzeigen, die mit einer freiwillig gewählten Tätigkeit einhergehen, und darzustellen, welche organisationalen Rahmenbedingungen aus Sicht freiwillig Engagierter als förderlich beziehungsweise hinderlich wahrgenommen werden.

In Deutschland engagiert sich etwa ein Drittel aller Bürgerinnen und Bürger ehrenamtlich. Die Mehrheit davon tut dies im „Sportbereich (...), wobei seit 1999 das Engagement tendenziell in den Bereichen Soziales, Kinder und Jugend, Kirche und Religion sowie Kultur und Umwelt an Bedeutung gewonnen [hat]" (Hüther und Braun 2012: 33). Männer engagieren sich tendenziell etwas häufiger als Frauen; ein höherer Bildungsabschluss, eine erfolgreiche Eingliederung in den Arbeitsmarkt sowie Familie wirken sich ebenfalls positiv auf das Engagementverhalten aus.

Seit 1999 werden die etwa 23 Millionen Engagierten in Deutschland alle fünf Jahre im Freiwilligensurvey erfasst. Die aktuellste Studie von 2009 zeigt, dass trotz der unterschiedlichen Engagementfelder und -arten bestimmte Motive für und Erwartungen an eine freiwillige Tätigkeit konstant sind: Spaß an der Tätigkeit, das Zusammenkommen mit Gleichgesinnten und die Möglichkeit, anderen helfen zu können bzw. zum Gemeinwohl beizutragen, sind dabei die wichtigsten Erwartungen (Gensicke und Geiss 2013: 120).

Insgesamt lassen sich Gensicke und Geiss zufolge die Engagierten in drei Typen einteilen.

- Typ 1: *Der Gemeinwohlorientierte* will mit seiner freiwilligen Tätigkeit in erster Linie der Gesellschaft etwas zurückgeben und anderen Menschen hel-

---

100 In der Arbeitsgemeinschaft „Freiwilligendienste" kritisierte das Bundesnetzwerk Bürgerschaftliches Engagement „die Vermischung des Wehrdienstes mit den FD [zivilgesellschaftlichen Freiwilligendiensten, Anm. RH] in einem ‚Gesamtkonzept des freiwilligen Engagements'" (Klein et al. 2014) und bezog sich auf eine Passage aus dem aktuellen Koalitionsvertrag, der die Stärkung der Anerkennungskultur für alle Freiwilligendienste fordert und darin zivilgesellschaftliche sowie militärische Formate in einem Zuge nennt (CDU, CSU, SDP 2013: 112).

fen. Die gefühlte Sinnhaftigkeit der Tätigkeit ist für diesen Typen von hoher Bedeutung.

- Typ 2: *Der Geselligkeitsorientierte* stellt den Spaß am Engagement in den Vordergrund und will darüber soziale Kontakte knüpfen bzw. intensivieren. Das Ehrenamt geht oft fließend in ein Hobby über.

- Typ 3: *Der Interessensorientierte* möchte sich durch das Engagement weiterqualifizieren und persönliche Interessen vertreten bzw. einbringen, um so die eigene Selbstwirksamkeit zu stärken. Für diesen Typen ist das Engagement mitunter Mittel zum Zweck, um den eigenen beruflichen, finanziellen oder gesellschaftlichen Status zu verbessern.

Betrachtet man die Entwicklung der Engagement-Typen in den letzten Jahrzehnten, so zeichnet der Freiwilligensurvey eine „Re-Moralisierung" der jungen Engagierten zwischen 14 und 30 Jahren nach. Zwischen 1999 und 2009 nahm die Gemeinwohlorientierung bei jungen Männern und Frauen gleichermaßen von 18 Prozent auf 30 Prozent deutlich zu. Die Interessensorientierung ist mit 40 Prozent bei dieser Altersgruppe jedoch weiter der häufigste Motivationstyp (Gensicke und Geiss 2013: 125). Zu vergleichbaren Ergebnissen kommt Barker in Bezug auf Engagierte in Europa. Er führt eine ähnliche Typologie aus „altruistic" (z.B. Solidarität, Mitgefühl, Identifikation mit Hilfsbedürftigen), „instrumental" (persönliche Weiterentwicklung, Freizeitgestaltung, neue Leute kennenlernen) und „obligation motives" (moralische oder religiöse Verpflichtung, der Gesellschaft etwas zurückgeben zu *müssen*) ein (nach Anheier 2005: 223). Dabei liegen insbesondere bei den jüngeren Freiwilligen häufig „instrumenal motives", also eine Interessensorientierung, zu Grunde:

> „(...) younger cohorts in particular reveal more instrumental and less religious-moralistic attitudes toward volunteering compared to those over the age of fifty-five. Volunteering, it seems, is finding a new motivational basis, perhaps signaling a continuing shift in overall levels and types of voluntary activities over the next decade" (Anheier 2005: 223).

Betrachtet man die Freiwilligendienste als besondere Form bürgerschaftlichen Engagements ähneln sich die Motive zwar, jedoch ist gerade in diesem Format die Interessensorientierung besonders ausgeprägt. Durch den hohen Einsatz persönlicher Ressourcen, insbesondere Lebenszeit, erhoffen sich die Dienstleistenden davon zumeist eine persönliche Weiterentwicklung im Sinne einer beruflichen Qualifizierung und einer sinnvollen Überbrückung der Zeit zwischen Schule und Ausbildung beziehungsweise Studium (BMFSFJ 2013b: 18). Denn das ist der häufigste Zeitpunkt, zu dem ein solcher Freiwilligendienst – im zivilgesellschaftlichen wie im militärischen Bereich – angetreten wird.

Doch welche organisationalen Rahmenbedingungen führen zu einer gelungenen Zusammenarbeit zwischen Freiwilligen und Institution? Wie können die unterschiedlichen Typen mit ihren verschiedenen Motiven so in die Organisation integriert werden, dass sich ihre Erwartungen erfüllen? Aus dem Freiwilligen-Management ist bekannt, dass der *matching*-Prozess entscheidend zu erfolgreicher Integration und beidseitiger Zufriedenheit beiträgt. Das heißt, Aufgabenprofile, gegenseitige Erwartungen und Anforderungen werden im Vorfeld geklärt (Biedermann 2012: 63). Weiter sind Einbettung und Betreuung in der Organisation wichtig. Klar bestimmte Ansprechpartner sollten die Aufgabe haben, „Freiwillige anzuleiten, sie fachlich zu unterstützen, ihre Erfahrungen, Fähigkeiten und Kompetenzen im Interesse der Organisation zu nutzen und zu fördern, Feedback zu geben, ihr Engagement anzuerkennen, sie an Entscheidungen zu beteiligen und Mitgestaltung zu ermöglichen" (Biedermann 2012: 64). Kurz, den individuellen Erwartungen und Motiven sollten maßgeschneiderte Angebote gegenüberstehen, so dass sich die Freiwilligen entfalten können, ohne überfordert zu werden, indem sie Verantwortung übernehmen und doch immer auf stützende Strukturen zurückgreifen können.

Die Bundeswehr wirbt mit ähnlichen Versprechungen in ihrer Selbstdarstellung. In Bezug auf den Freiwilligen Wehrdienst verspricht sie:

> „Engagierte Frauen und Männer erwarten hier viele Chancen, sich einzubringen. (…) Der Freiwillige Wehrdienst verbindet staatsbürgerliches Engagement mit dem ‚Kennen lernen' der Bundeswehr und des Soldatseins. (…) Er verbindet das aktive Eintreten für Frieden und Freiheit mit der Möglichkeit, die Bundeswehr als modernen und zukunftsorientierten Arbeitgeber zu erleben. Zusammen mit Zeit- und Berufssoldaten bilden Sie ein starkes und effizientes Team, in das Sie voll integriert sind. Ihre Erfahrungen, Befähigungen, zivilberuflichen Qualifikationen und Ihr persönliches Engagement sind dabei von zentraler Bedeutung" (BMVg 2011a: 5–13).

Sie verspricht also die Möglichkeit, sich aktiv mit den jeweiligen individuellen Fähigkeiten einzubringen, sich weiterzuentwickeln, Verantwortung zu übernehmen und integraler Teil eines Teams zu sein. An andere Stelle weist sie darauf hin, dass Einsatzdauer, -ort und -verwendung gemeinschaftlich abgestimmt werden (BMVg 2011a), räumt den angehenden Soldaten also ein hohes Maß an Mitbestimmung bezüglich ihres Dienstes ein. Inwieweit es einer hierarchischen Organisation, die auf Befehl und Gehorsam basiert, gelingt, dieses Versprechen einzulösen, zeigt die empirische Analyse in Kapitel 7.

Die Entwicklung im bürgerschaftlichen Engagement verdeutlicht, dass die Sinn- und Identitätssuche an Stellenwert gewinnt. Synchron zum postmaterialistischen Wertewandel in der deutschen Gesellschaft „seien auch im Bereich der Zivilgesellschaft das persönliche Element, also die Bedürfnisse und Ansprüche der Engagierten wichtiger geworden gegenüber der selbstverständlichen Pflichterfüllung, dem Aufgehen in der Organisation, in der Sache oder in der Idee" (Gensicke und Geiss 2013: 115).

Damit einher geht das Bedürfnis nach Anerkennung für die freiwillig geleistete Tätigkeit. Die Anerkennung kann auf unterschiedliche Art und Weise und auf verschiedenen Ebenen stattfinden.

„Freiwillige anerkennen heißt: sie persönlich wertschätzen, ihnen Respekt und Vertrauen entgegenbringen. Zugleich messen Freiwillige ihre Anerkennung daran, wie sie Ideen, Talente und Erfahrungen einbringen, ihre Aufgaben und Projekte mitgestalten und mit entscheiden können. Dafür sind essentiell: die Durchlässigkeit von Informationen, die Beteiligung der Freiwilligen an Entscheidungen und Entwicklungen sowie ihre Mitbestimmung und Mitgestaltung. Freiwillige wollen häufig ihre Kompetenzen erweitern, sich weiterbilden oder sich für den weiteren Berufsweg qualifizieren" (Biedermann 2012: 65).

Das Zusammenspiel all dieser Facetten lassen eine Anerkennungskultur entstehen. Diese kann zwar von politischen Willensbekundungen und Rahmenbedingungen flankiert werden,[101] mit Leben wird sie jedoch nur gefüllt, wenn sie von der Gesellschaft und den Organisationen, in denen die Freiwilligen tätig sind, mitgetragen wird.

Inwiefern kann eine Organisation wie die Bundeswehr, deren Grundprinzipien Befehl und Gehorsam, Drill und Durchhaltewillen sind, solchen Erwartungen und Ansprüchen gerecht werden? Wie integriert die Bundeswehr junge Freiwillige in einen Wertekanon, der sich immer weiter von der Normgesellschaft entfernt? Wie kann sie Identität stiften und eine individuelle Bindung bzw. ein Bekenntnis zur Bundeswehr in einem gesellschaftlichen Umfeld festigen, das der Organisation mit freundlichem Desinteresse begegnet?

Die Analyse des empirischen Materials, vornehmlich der 66 Interviews mit FWDL, wird sich in den folgenden Kapiteln diesen Fragen widmen. Dazu wird eine Typologie eingeführt, die sich aus dem Zusammenspiel der empirischen Daten, dem eben eingeführten theoretischen Rahmen und einem Konzept der organisationalen Identifikation entwickelte. Die Genese der Typologie, welcher die FWDL zugeordnet werden, ist im nächsten Abschnitt der Darstellung der Typen vorangestellt. Dieser Schritt soll zur Transparenz der Datenanalyse beitragen.

---

101 Oft gehen diese Schritte über eine bloße Willensbekundung, wie im aktuellen Koalitionsvertrag, nicht hinaus: „Wir werden zur Stärkung der Anerkennungskultur ein Gesamtkonzept des freiwilligen Engagements entwickeln, das neben dem Bundesfreiwilligendienst und den Jugendfreiwilligendiensten auch einen weiterentwickelten Freiwilligendienst bei der Bundeswehr beinhaltet" (CDU, CSU, SDP 2013: 112). Lediglich formale Anerkennungsformen, wie Steuerfreibeträge oder das Anrechnen von Freiwilligendiensten als Wartesemester für einen Studienplatz können politisch gesteuert werden; diese Maßnahmen alleine bilden aber in der Regel noch keine erfolgreiche Anerkennungskultur.

# 6 Von dichten Daten zu gehaltvollen Konzepten: Die Entstehung der Typologie

Die Einführung einer Typologie[102] scheint auf Grund des Umfangs und der Dichte des Datenmaterials als sinnvolle Strukturierung. Denn „[d]ie Typenbildung als Verallgemeinerungsstrategie ist, so gesehen, eine quasi ‚natürliche' Strategie der Mustererkennung und Verallgemeinerung, die von Individuen auch im Rahmen des Alltagslebens praktiziert wird" (Kuckartz 2006: 4048). Sie hilft, Gemeinsamkeiten und Unterschiede besser erkennen zu können und so die Erkenntnisse, die in das dichte Datenmaterial eingewoben sind, für den Rezipienten deutlich sichtbar und zugänglich zu machen.

Die Typen, ausführlich in Kapitel 7 dargestellt, sollen die Antwort auf die Frage geben: Wer dient Deutschland?

Die Typologie ist so angelegt, dass sie differenzierte Dimensionen[103] beschreibt, denen die Freiwilligen zu allen drei Interviewzeitpunkten zugeordnet werden können. Dadurch können Momentaufnahmen generiert werden. Gleichzeitig bildet das Schema so ab, wie sich das Verhältnis der Freiwilligen zur Bundeswehr im Verlauf ihres FWD entwickelt.

Der mehrstufige Prozess der Typenbildung ist dabei inspiriert von der *Grounded Theory* und basiert auf einem ständigen Vergleich:

> „Zentral für die Entwicklung formaler Kategorien ist also, dass sie gerade nicht aus dem Einzelfall heraus rekonstruiert werden, sondern aus der komparativen Analyse einer ganzen Anzahl von Fällen, die in unterschiedlicher Weise miteinander kontrastieren. Diese Kontraste werden sowohl durch eine Variation des Gegenstandsbereiches (...) als auch durch die Variation innerhalb eines Gegenstandsbereiches (...) erzielt. Die Kategorie lässt sich dabei umso besser von einem Gegenstandsbereich ablösen, je stärker auch noch das unvergleichbar Erscheinende miteinander verglichen wird" (Nohl 2013: 31).

Kelle und Kluge stützen sich auf das hier angesprochene Auswertungsverfahren, das die *Grounded Theory* vorschlägt, betonen aber gleichzeitig, dass ein Zusammenspiel aus induktiven und deduktiven Verfahren nötig ist, aus dem die

---

102 Die methodische Entwicklung der Typen ist unter anderem von Benedikt Rogges Dissertation „Wie uns Arbeitslosigkeit unter die Haut geht. Identitätsprozesse und psychische Gesundheit bei Statuswechseln" inspiriert (Rogge 2013: 101–106).

103 Der Begriff der Dimension wird verwendet, um die unterschiedlichen Ausprägungen einer Kategorie zu beschreiben. Die Kategorien „Identifikationsgrad" und „FWD als biographischer Übergang" ergeben den Merkmalsraum, in dem die befragten Freiwilligen verortet und Typen zugeordnet werden.
Zur unterschiedlichen Verwendung der Begrifflichkeiten Merkmal, Kategorie und Dimensionen siehe zum Beispiel Kelle und Kluge 2010a: 85ff..

Kategorien für die Typenbildung resultieren. So sollen die Kategorien zwar empirisch begründet, aber gleichzeitig theoretisch informiert sein. Insbesondere das
theoretische Vorwissen der Forscherin spielt für Kelle und Kluge eine große
Rolle, das sie in „empirisch gehaltvolles Theoriewissen" (Kelle und Kluge
2010b: 62) und „allgemeine theoretische Konzepte" (Kelle und Kluge 2010b:
62) untergliedern (Nohl 2013: 34ff).
Die Variation des Gegenstandsbereiches ist in dieser Studie beispielsweise die
Freiwilligkeit in anderen Organisationskontexten (zivile Freiwilligendienste,
bürgerschaftliches Engagement im Allgemeinen),[104] welche in der theoretischen
Rahmung dieser Arbeit eingeführt wurden (siehe Kapitel 5). Die Variation innerhalb des Gegenstandbereiches sind die Freiwilligen und ihre unterschiedlichen Deutungs- und Wahrnehmungsmuster zu verschiedenen Zeitpunkten ihres
Dienstes. Ein Überblick über alle Vergleichsdimensionen findet sich in Abbildung 6.
Da die Typenbildung trotz des Einfließens theoretischer Konzepte maßgeblich
empiriegeleitet ist, werden in dieser Arbeit polythetische Typen gebildet. Das
sind „keine reinen Typen im Sinne, dass alle zu einem Typ gehörenden Personen
die exakt gleichen Merkmale aufweisen. Sie weisen in der Regel Varianz auf,
das heißt, die Zuordnung von Personen zu Typen erfolgt nur mit einer bestimmten Wahrscheinlichkeit" (Kuckartz 2006: 4052). Zudem unterliegt die Zuordnung einem subjektiven Deutungsprozess, der durch die Darstellungsweise und
Offenlegung der Genese der Typen transparent gemacht werden soll. Die idealtypische Darstellung alleine, wie sie in der Deskription und Bewertung der Typen in Kapitel 7.2 bis 7.4 erfolgt, könnte dies nicht leisten. Daher wird im Folgenden die Entstehung der Typologie nachgezeichnet. Dies will dem Leser
nachvollziehbar aufzeigen, wie das Material strukturiert und gedeutet wurde. Bei
der Herausarbeitung der Merkmalsräume bzw. Dimensionen, entlang derer die
Zuordnung und Typenbildung stattfindet, wird auf den theoretischen Rahmen
(Kapitel 5) Bezug genommen; dieser wird für die empirischen Erkenntnisse
operationalisiert und durch den Ansatz der organisationalen Identifikation ergänzt.
Der Merkmalsraum spannt sich über zwei Kategorien (oder Merkmale) auf.
Kategorie I, der Identifikationsgrad, ist durch fünf Dimensionen (oder Ausprägungen) beschrieben. Kategorie II, die Rolle des FWD im biographischen Übergang, ist durch zwei Ausprägungen (oder Dimensionen) beschrieben.

---

104 Gerade diese zu Beginn des Forschungsvorhabens als „unvergleichbar Erscheinende" erweist
    sich im Laufe des Auswertungsprozesses als wertvolle Vergleichsdimension.

## 6.1 Kategorie I: Der Identifikationsgrad

Die jungen Erwachsenen,[105] die sich für einen FWD entscheiden, stehen in der Regel vor der Herausforderung, sich zwischen unzähligen Möglichkeiten entscheiden zu müssen (Lempp 2013: 620). Einige Monate freiwillig in der Bundeswehr zu dienen, ist eine davon. Daher liegt der Schluss nahe, dass eine gewisse Grundmotivation und Identifikation mit der Organisation, mit den Aufgaben und Ausbildungsanforderungen eines Soldaten vorhanden sein müssen, um diesen Weg einzuschlagen.

Gestützt wird diese Annahme durch die theoretischen Vorüberlegungen zur spezifischen Organisationskultur der Bundeswehr, die auf den moralischen Charakter der Organisation hinweisen. Zudem wird dem Militär durch die organisationalen Besonderheiten (siehe Kapitel 5.1) „für die Identitätsbildung eine besondere Prägekraft" (Apelt 2004: 2) zugesprochen. Der theoretische Rahmen dieser Arbeit verweist auf die Besonderheit militärischer Organisationen und zeigt, dass gerade Streitkräfte ihre Organisationsangehörigen durch die Grundausbildung sozialisieren und dabei weitreichend in das zivile Leben der jeweiligen Person eingreifen, was unmittelbare Auswirkungen auf die Selbstkonzeption haben dürfte (Apelt 2012a: 139).

Theoretische Konzepte aus dem Bereich der Freiwilligendienste beziehungsweise des bürgerschaftlichen Engagements besagen, dass gerade freiwillige Tätigkeiten deswegen aufgenommen werden, weil sich die Personen mit den Zielen ihres Handelns, den Werten der Organisation und ihrem sozialen Umfeld im Engagement identifizieren. Die Anerkennung durch das unmittelbare und das gesamtgesellschaftliche Umfeld scheint darüber hinaus ebenfalls entscheidend zur Motivation und zum Verbleib in der Organisation beizutragen (Biedermann 2012: 65f.; Haumann 2014: 23).

Den FWDL wird mit Eintritt in den militärischen Alltag ein Teil der (persönlichen) Identität genommen – zumindest für die Zeit, die sie auf dem Kasernengelände verbringen. Ein FWDL nimmt das so wahr:

> „Genau. Hier hat man ja keine wirkliche Identität. Hier sind wir eine Gruppe mit den Kameraden und ja... Also, hier ist niemand ein Individuum. Das Erste, was hier gesagt wurde: ‚Sie haben keinen Vorname[n] mehr. Sie heißen jetzt Flieger Gerb[106]'" (L6_1: 176). [107]

---

105 Die Lebensphase „junger Erwachsener" umfasst 18- bis 30-Jährige und ist „durch abnehmende Verlässlichkeit des Übergangs bei zunehmender Orientierungsunsicherheit gekennzeichnet" (Lempp 2013: 620). Alle Interviewten, bis auf eine Ausnahme, und über 95 Prozent aller FWDL fallen altersmäßig in diesen Lebensabschnitt (Mangold 2013).

106 Name zur Anonymisierung geändert.

107 Für die anonymisierte Darstellung wurde jedem Soldat ein Kode zugeordnet. Der Buchstabe steht für die Einheit, in der der Soldat die AGA absolvierte (L für die Logistiker in Nord-Ost-Deutschland und G für Gebirgsjäger); die Nummern hinter dem Buchstaben wurden fortlaufend

Doch was tritt an Stelle der persönlichen Identität? Womit identifizieren sich die Soldaten, um diese Identifikationslücke zu füllen? Diese Fragen erlangten während des zweiten und dritten Kodierens (siehe Kapitel 4.6) eine immer größere Bedeutung.

Um diese Frage zu beantworten, wird das Konzept der Identifikation operationalisiert, denn dieser Ansatz bringt die Verflechtung des Selbstkonzeptes einer Person mit ihrer organisationalen Identifikation zum Ausdruck.[108] Es beinhaltet Fragen wie: Wer bin ich? Wie beeinflusst die organisationale Zugehörigkeit mein Leben? Fühle ich mich als Botschafter meiner Organisation? Wie positioniere ich mich im zivil-militärischen Verhältnis? Und hat meine Organisationszugehörigkeit Einfluss auf meine Rolle als Bürger und Privatperson? Diese Verzahnung des individuellen Selbstkonzepts mit der organisationalen Identifikation, wie sie von Rolf van Dick definiert wird, scheint für diese Arbeit sehr geeignet:[109]

> „*Organisationale Identifikation* bezeichnet die ganzheitliche Bindung an die Organisation. Dies bedeutet, dass die Mitarbeiter wissen, dass sie Mitglieder einer bestimmten Organisation sind, dass sie aber mit diesem Wissen auch Gefühle (z.b. Freude oder Stolz) verbinden und sich entsprechend verhalten (z.b. die Organisation nach Außen verteidigen). Nach den sozialpsychologischen Theorien der Sozialen Identität und der Selbstkategorisierung (…) kann sich Identifikation auf verschiedene Ziele [im Folgenden ‚Foci‘, Anm. RH] beziehen (z.b. die Karriere, die Arbeitsgruppe, das Unternehmen) und besteht aus verschiedenen (kognitiven, affektiven, evaluativen und verhaltensbezogenen) Dimensionen" (van Dick 2004: 2f).

Vorteilhaft an diesem Konzept ist, dass es sowohl Theorien der sozialen Identität

---

nach einem Zufallsprinzip vergeben (L1 bis L18 für die Soldaten des Standortes A und G1 bis G8 für die Soldaten am Standort B). Die Zahl hinter dem Unterstrich (1-3) gibt den Interviewzeitpunkt an. G1_1 bezeichnet somit den Soldaten 1 des Standortes B zum Zeitpunkt des ersten Interviews.

Diese Buchstaben/Zahlen-Kombination mag den Eindruck erwecken, dass ich den Befragten ihre Individualität abspräche. Es war dies durchaus ein Punkt, über den ich in der Darstellung länger nachgedacht habe ohne eine bessere Alternative zu finden. Denn (fiktive) Vornamen wären für den Forschungskontext unpassend gewesen, zumal ich die Soldaten durchgehend siezte und in den Interviews mit Nachnamen ansprach. Hätte ich fiktive Nachnamen eingeführt, hätte ich diese nicht mehr in Kombination mit dem Soldatenbegriff verwenden können, denn dann wäre der Begriff Soldat als Dienstgrad verstanden worden; einige Befragte wären jedoch korrekterweise als „Flieger" bzw. beim zweiten oder dritten Interview bereits „Gefreite" oder „Obergefreite". Diese Dienstgrade korrekt in der Ausarbeitung anzuführen, wäre für die gute Lesbarkeit und für die Anonymisierung in meinen Augen eine zu große Herausforderung gewesen.

108  Die Verflechtung mit dem Selbstkonzept unterscheidet das Konzept vom Commitment-Modell (u.a. Meyer et al. 1993; Meyer und Herscovitch 2001) und erscheint daher für die Untersuchung geeigneter als das Commitment-Modell.

109  Diese Erkenntnis zeigt sich erst im zweiten und dritten Schritt der Datenauswertung und emergiert aus dem empirischen Material bzw. der Interpretation dieses Materials. Die Dichte und Vielschichtigkeit des Materials empfiehlt, dass das bloße Konzept der Motivation, das in der theoretischen Rahmung in Kapitel 5.2 stark gemacht wurde, zu kurz greifen würde.

als auch der Selbstkategorisierung aufgreift (van Dick 2004: 2). Identifikation wird demnach kontextabhängig verstanden, das heißt, in unterschiedlichen Situationen werden verschiedene Identitäten angenommen. Aus sozialpsychologischer Sicht tragen Identifikationen im Gegensatz zu Commitment maßgeblich zum Selbstkonzept bei, da sie als Teil der Subjektwerdung verstanden werden (van Knippenberg 2000). Zudem kann die Identifikation mit verschiedenen Zielen, oder Foci, abgebildet werden. Es ist davon auszugehen, dass sich die Identifikation bzw. ihr Focus zu den drei Befragungszeitpunkten wandelt, so dass sich das Konzept gut eignet, um einen Entwicklungsprozess abzubilden und damit die Anlage der Untersuchung als Längsschnitt berücksichtigt.

Daher wird die Identifikation[110] mit der Bundeswehr als eine Kategorie der Typenbildung herangezogen. Diese Kategorie wird von folgenden fünf Dimensionen getragen, welche aus dem Zusammenspiel der theoretischen Konzepte und dem empirischen Material entwickelt wurden. Ihre Auswahl und Operationalisierung wird in Kapitel 6.3.1 bis 6.3.2 genauer begründet:

1.  Motive für den Freiwilligen Wehrdienst
2.  Empfundene Zugehörigkeit zur Organisation
3.  Einstellung zu und Wahrnehmung von Auslandseinsätzen
4.  Empfundene Sinnhaftigkeit des FWD
5.  Erfahrene Fremdwahrnehmung durch das soziale Umfeld

Die Verknüpfung dieser fünf Dimensionen gibt Aufschluss darüber, wie stark und auf welche Weise sich ein FWDL mit der Bundeswehr identifiziert. Denn die Intensität sowie die Art und Weise der Identifikation variieren erheblich (u.a. van Dick 2001; van Knippenberg und van Schie 2000).

Die Foci der organisationalen Identifikation zeigen an, worauf die Identifikation zielt. Das kann die eigene Karriere sein, das direkte organisationale Umfeld, also die engere Arbeitsgruppe oder die unmittelbaren Kollegen (bei den FWDL wären das beispielsweise der eigene Zug oder die Stubenkameraden). Oder findet Identifikation auf Ebene der gesamten Organisation statt und es sind vornehmlich die Missionen und Aufträge, mit denen sich ein Individuum identifiziert? Auch kann die Zugehörigkeit zu einer Berufsgruppe stärker sein als zum eigenen Arbeitgeber; so könnte sich ein FWDL in erster Linie als Soldat fühlen und sich ebenso

---

110 Nina Leonhard hat ein empirisches Modell soldatischer Identität erarbeitet, das auf einer qualitativen Interviewstudie mit insgesamt 55 Unteroffizieren und Offizieren basiert, die zwischen 2003-2005 befragt wurden (Leonhard 2010: 3). Das Modell konstruiert Identitäten entlang der Dimensionen Tätigkeit, Status, Tugenden und Auftrag (Leonhard 2010: 3). Diese Arbeit liefert einige wertvolle Hinweise und Anknüpfungspunkte, ist aber nicht hinreichend differenziert, um die unterschiedlichen Identifikationsgrade, die das empirische Material der vorliegenden Arbeit beinhaltet, abbilden zu können. Zudem sind manchen Dimensionen (z.B. Status) nicht auf das Dienstformat FWD anwendbar.

mit Soldaten anderer Länder identifizieren und weniger mit der Organisation Bundeswehr. Die unterschiedlichen Foci können mitunter auch im Gegensatz zueinander stehen und „conflicting identities" (van Dick 2001: 278) erzeugen. Dazu kommen unterschiedliche Bestandteile organisationaler Identifikation; vor allem vier Komponenten werden unterschieden[111] (van Dick 2004: 14, 2001: 270):

- Die *kognitive Identifikation* steht für das Bewusstsein, einer bestimmten Gruppe anzugehören; die Soldaten sind durch die gemeinsame Uniform klar zu erkennen und können sich untereinander einer Teilstreitkraft, einer Einheit und einem Rang zuordnen; auch für Außenstehende sind sie – zumindest wenn sie ihre Uniform tragen – klar der Bundeswehr zuzuordnen.

- Die *evaluative Identifikation* bezieht sich auf die positive oder negative Bewertung, die mit der Mitgliedschaft assoziiert und der Gruppe von außen zugeschrieben wird. Im Falle der Bundeswehr wäre das beispielsweise das medial vermittelte Bild oder wie die Bundeswehr im unmittelbaren sozialen Umfeld wahrgenommen wird.

- Der *affektive Bestandteil* des Konzepts spiegelt die emotionale Zugehörigkeit wider und könnte bei den FWDL durch empfundenen Stolz oder das Teilen explizit militärischer Werte zum Ausdruck kommen.

- Die *konative oder verhaltensbezogene Komponente* ist in gewisser Weise eine Erweiterung der vorherigen Dimension. Werte werden nicht nur geteilt, sondern ein Organisationsmitglied setzt sich aktiv dafür ein. Das wäre beispielsweise der Fall, wenn ein FWDL die Auslandseinsätze der Bundeswehr nicht nur normativ unterstützt, sondern selbst durch eine Auslandsentsendung einen persönlichen Beitrag leistet.

Organisationspsychologische Studien legen nahe, dass der Grad der Identifikation die Motivation eines Mitarbeiters oder Mitglieds direkt beeinflusst. So führt fehlende Identifikation mit der Gruppe, also ein eingeschränktes Zugehörigkeitsgefühl, häufig zu sinkender Motivation, geringerer Zufriedenheit und geringer Leistungsbereitschaft (u.a. van Knippenberg 2000: 367; van Dick 2001: 265; Eisenbeiss und Otten 2008: 2145ff.). Wenn der Sinn des eigenen Handelns beziehungsweise der Beitrag des eigenen Tuns zum Gesamtauftrag nicht gesehen wird, hat dies ebenfalls negative Konsequenzen für die organisationale Identifikation: „Motivational losses emerge because group members cannot identify their individual inputs (...) or consider individual contributions as not really needed" (van Dick 2001: 274).

---

111 Oft finden sich nur die drei Bestandteile kognitiv, evaluativ und affektiv. Die Erweiterung um die konative Identifikation geht auf Tajfel (1978) und Phinney (1991) zurück (nach van Dick 2004: 15f).

Prinzipiell gilt, dass Organisationen ihre Ziele besser erreichen, wenn die Mitarbeiter sich mit ihr identifizieren. Allerdings kann Identifikation auch negative Auswirkungen haben (van Dick 2001: 278). Denn eine Überidentifikation führt mitunter zu Stress und einer aufopfernden Haltung gegenüber der Organisation. Was im Zivilen vielleicht in einer fehlenden work-life-balance resultiert, könnte sich bei Soldaten durch blinden Gehorsam ausdrücken, denn Überidentifikation kann auch die Konsequenz haben, dass „employees becoming ‚blind' followers of organizational rules even if they are to some extent unethical" (van Dick 2001: 278).

Ist die organisationale Identifikation sehr hoch, kann das eigene Selbstwertgefühl leiden, sobald die Organisation, beispielsweise medial, attackiert wird, weil der Angriff unmittelbar auf die eigene Person bezogen wird.

Ein Aspekt, der insbesondere für die Bundeswehr von Bedeutung sein dürfte, ist der ständige Balanceakt zwischen Zugehörigkeit (inclusivness) und Individualität (exclusiveness), der insbesondere in einer Großorganisation mit vielen Teileinheiten, unterschiedlichen Standorten und Untergruppen zum Tragen kommen dürfte:

> „Because identification with large-sized groups implies sameness with a large number of other people, identification with relatively large groups forms a threat to individual distinctiveness. Identification on the smaller groups on the other hand may provide a sufficient level of distinctiveness, whereas at the same time it fulfils a need for inclusiveness. As a consequence, people are more likely to identify with relatively small groups" (van Knippenberg und van Schie 2000: 138f.).

Nach dieser Einführung in das vielschichtige Konzept organisationaler Identifikation soll es nun anhand der fünf genannten empirischen Vergleichsdimensionen operationalisiert werden, die in den folgenden Abschnitten (6.3.1 bis 6.3.5) eingeführt werden. Dabei wird auch ihre Deutung und Interpretation während der Datenauswertung expliziert.

### 6.1.1  Motive für den Freiwilligen Wehrdienst

Gerade in Organisationen wie dem Militär, die besondere und extreme Anforderungen an ihre Mitglieder stellen, reicht die bloße Qualifikation nicht aus. Battistelli vertritt die Ansicht, Motivation sei „a key concept for understanding how drafted and career soldiers behave" (Battistelli 1997: 470). Auch im vorliegenden empirischen Material wird deutlich, dass die Dimension der Motivation zentral ist und dass die anderen vier Dimensionen darum herum geclustert werden können. Denn insbesondere die Entscheidungsmotivation für den FWD beeinflusst unmittelbar das Selbstverständnis des Soldat-Seins sowie die Erwartungen an den Dienst. Das wirkt sich beispielsweise auf die empfundene Sinnhaftigkeit aus. Daher ist Motivation *die* zentrale Dimension des hier vorgestellten Identifikationsmodells.

Die Motive, sich für einen FWD zu entscheiden, sind sehr vielfältig. Sowohl extrinsische wie intrinsische Motive spielen zusammen und alle Gesprächs-partner sprechen eine Kombination von Beweggründen an.[112] Ähnlich wie bei den zivilgesellschaftlichen Freiwilligendiensten „vermischen sich selbstbezogene Aspekte mit dem Wunsch, etwas für andere, für die Gesellschaft zu tun" (Lempp 2013: 623). Die Gewichtung und Zusammensetzung dieser Aspekte sind jedoch bei den FWDL völlig verschieden.

Der eine Pol ist durch eine Motivkombination geprägt, die insbesondere den monetären Anreiz betont sowie fehlende alternative Perspektiven, also vornehm-lich extrinsische Beweggründe aufweist:

> „[K]lar, die finanzielle Seite spielt auch eine große Rolle. Ich hab eine eigene Wohnung mit meiner Freundin, ich hab ein Auto, ich muss Rechnungen bezahlen. Und wie es vorher war mit 250 oder 280 € im Monat [Höhe des Wehrsolds zu Zeiten der Wehrpflicht; Anm. RH] wäre das einfach nicht gegangen. Naja, dadurch, dass jetzt ja auch die finanzielle Zuwen-dung größer ist, hab ich gesagt: ,OK, super, mit dem Geld komme ich hin und mit dem Auf-gabenbereich kann ich mich anfreunden'" (L15_1: 19).

Am anderen Ende des Spektrums steht der Wunsch, Deutschland etwas zurück-zugeben und einen Dienst an der Gesellschaft zu leisten sowie die normative Dimension, dass das Soldat-Sein zur Sozialisation des Mannes dazugehöre:

> „L8: Nein, für mich, gab es keine andere Alternative. Weil ich finde, für einen deutschen Mann gehört es einfach dazu, halt sich, ich hätte ja auch noch ein Freiwilliges Soziales Jahr zum Beispiel machen können. Aber ich finde für einen deutschen Mann ist es gut, wenn man bei der Bundeswehr war.
> RH: Was steckt da für eine Motivation dahinter?
> L8: Also schon dem Land zu dienen, dem Land etwas wieder zu geben, was man an Sozial-leistung empfängt halt mit Diensten halt zurückzugeben" (L8_1: 14-16).

Ein häufiges Motiv, insbesondere bei den FWDL, welche unmittelbar von der Schule kommen, ist, Warte- und Orientierungsphasen *sinnvoll* zu überbrücken. Innerhalb dieser Nennung gibt es jedoch ein breites Interpretationsspektrum, was als *sinnvoll* wahrgenommen wird. Individuelle Deutungsmuster – und damit Ansprüche und Erwartungen an die Zeit bei der Bundeswehr – reichen von „kör-perliche Fitness erlangen", über „Disziplin und Ordnung erlernen" bis hin zum Wunsch, „dass ich etwas Sinnvolles im Leben machen wollte, dass ich anderen Menschen helfen wollte" (G5_1: 29). Dabei hat auch die normative Erwartungs-haltung des Umfeldes, insbesondere der Familie, einen großen Einfluss darauf,

---

112 Dass die Motive von Soldaten – auch im Einsatz – sehr unterschiedlich sind und eine große Bandbreite von intrinsischen und extrinsischen Beweggründen umfassen, bestätigt Carsten Pie-tsch in einer empirischen Untersuchung des 22. Deutschen ISAF-Kontingents (Pietsch 2012).

was als sinnvolle und damit legitime Überbrückungszeit gilt und welche Formen des Zeitvertreibs im sozialen Umfeld weniger angesehen sind: „(…) und ich wollte ja auch nicht blöd zu Hause rumstehen und gammeln und da war die Bundeswehr eigentlich gut" (L13_2: 131). Dass dabei oft eine Abwägung von Optionen ausschlaggebend ist, zeigt folgendes Zitat: „Ich habe Bewegung, ich bleibe fit und sitze nicht zu Hause und mache nichts. Und ich finde es auf jeden Fall besser, als jetzt andere Freunde von mir, die ein Jahr jobben und bei Kaiser's an der Kasse sitzen" (L6_1: 104).

Ein weiterer Beweggrund, der sich fast durchgängig wiederfindet, ist der Wunsch, Disziplin zu erlernen: „Ich glaub', Disziplin ist auch das, was hier jetzt jeder sagen würde, was der Hauptgrund ist, oder der ein Wert ist, der wichtig ist, der bei der Bundeswehr vermittelt wird. Außerhalb ist es halt schwierig, so was vermittelt zu bekommen" (L8_1: 42). Genau dieses Streben nach Disziplin, auch wenn der Begriff in einigen Gesprächen als Platzhalter für unterschiedliche Gehalte verwendet wird,[113] bringt zum Ausdruck, dass dieser Wert positiv konnotiert und als Eigenschaft angesehen wird, die für ein erfolgreiches Bestehen im späteren Berufsleben hilfreich sein kann. Dies korrespondiert mit den Befunden der aktuellen Jugendforschung: Die traditionellen „Pflichtwerte" wie Pünktlichkeit, Fleiß, Disziplin und Ordnung gewinnen wieder etwas an Bedeutung,[114] wenngleich die junge Generation der „Egotaktiker" sie mit postmaterialistischen Orientierungen, insbesondere dem Wunsch nach Selbstbestimmtheit, vereint (Hurrelmann und Quenzel 2012: 203–209).

Die Motive in ihrer Gesamtheit geben Aufschluss darüber, welche Funktion dem FWD in der eigenen Biographie beigemessen wird, und ebenso, welche Grundhaltung gegenüber der Organisation Bundeswehr besteht. Sie sind vor allem im ersten Gespräch, also zu Beginn des FWD, ein zentrales Thema in den Interviews und zeichnen dort vornehmlich die prospektive Einstellung, also die Motivation *für* den Eintritt in die Bundeswehr nach. In den Folgegesprächen scheinen die Motive immer wieder auf; sie sind nicht statisch, passen sich den Erfahrungen und dem jeweiligen Kontext an. Mit adaptierten Zielsetzungen ändern sich die Motive und, eng damit verbunden, die Motivation für und Erwartungen an den FWD. In den zweiten und dritten Interviews geben die Motive eine jeweils situative Haltung wieder, also die Motivation dafür, *in der* Bundeswehr Dienst zu leisten.

---

113  Zur Bedeutung von Disziplin in der militärischen Organisationskultur und der Interpretation des Begriffs bei Foucault und Weber siehe Kapitel 5.1.

114  Die Sinus-Jugendstudie weist auf einen erheblichen Unterschied zwischen den Milieus hin. Diese Aussage dürfte wohl vor allem für die drei Milieus der Konservativ-Bürgerlichen, der materialistischen Hedonisten sowie der Adaptiv-Pragmatischen zutreffen (Calmbach 2012).

| Intrinsische/Ideelle Motive | Extrinsische/Utilitaristische Motive |
|---|---|
| | **Bundeswehr als Arbeitgeber kennenlernen** |
| **Bundeswehr als Teil der Sozialisation**<br>• Gehört zur Familientradition<br>• „Dazugehören" im Freundeskreis<br>• Gehört dazu für den „deutschen" Mann | **Bundeswehr als Plan B**<br>• Alternative zur Arbeitslosigkeit<br>• Möglichkeit, bezahlte Auszeit zu nehmen<br>• Möglichkeit, den vorherigen Arbeitgeber zu verlassen |
| **Interesse an soldatischen Tätigkeiten**<br>• Draußen sein/einfaches Leben erfahren<br>• Schießausbildung<br>• Körperliche Herausforderungen<br>• Erfahrung eines Auslandseinsatzes machen[115] | **Monetärer Anreiz**<br>• Vergütung<br>• Gute Versorgungsleistungen (ärztliche Leistungen etc.)<br>• Sonstige finanzielle Vorteile: kostenlose Bahnfahrten, etc.[116] |
| **Soldatische Werte/Tugenden erlernen bzw. erfahren**<br>• Disziplin und Ordnung<br>• Kameradschaft<br>• Mit allen Schichten zurecht kommen<br>• Leben jenseits der Wohlstandsgesellschaft erfahren | **Persönliche Weiterentwicklung und Lernen für das weitere Leben**<br>• Praktische Erfahrungen sammeln<br>• Abstand zur Schule gewinnen<br>• Abnabelung vom Elternhaus<br>• Sich selbst etwas beweisen/die eigenen Grenzen erfahren<br>• Erfahrung eines Auslandseinsatzes machen |
| **Deutschland dienen**<br>• Der Gesellschaft etwas zurückgeben<br>• Ehre, Soldat sein zu dürfen/Patriotismus<br>• Sinnvollen Beitrag leisten | **Zeit überbrücken**<br>• Wartesemester sammeln<br>• Auf Ausbildungsplatz warten<br>• Zeit für Berufsentscheidung gewinnen<br>• *Sinnvolle* Überbrückung |
| | **Konkrete Vorbereitung auf späteren Beruf** (z.B. Polizei, Geheimdienst) |
| | **FWD als „zweite Chance" bei der Bundeswehr**<br>• Während Wehrpflicht ausgemustert<br>• Ablehnung als SaZ oder Offizier |

*Tabelle 3: Übersicht über die kodierten Motive.*

Intrinsisch-ideelle Motive bei Antritt des FWD werden in der Operationalisierung für die Typenbildung als hohe Identifikation mit dem Soldatenberuf an sich sowie mit der Organisation Bundeswehr gedeutet. Extrinsisch-pragmatische Motive werden für sich genommen als geringe Identifikation gewertet; dies bedeutet nicht in allen Fällen einen insgesamt niedrigen Identifikationsgrad; hier spielt die Ausprägung der weiteren vier Dimensionen eine entscheidende Rolle.

---

115 Diese Motiv kann extrinsischer oder intrinsischer Natur sein, je nach Konnotation: Steht die persönliche Erfahrung und Weiterentwicklung im Fokus, vielleicht sogar der Abenteuercharakter des Einsatzes (extrinsisch) oder geht es darum, einen aktiven Beitrag zur Sicherheit Deutschlands zu leisten (intrinsisch)?

116 Dieses Motiv wird von Personen genannt, die über eine Verpflichtung als Zeitsoldat nachgedacht und sich dann doch für das Dienstformat FWD entschieden haben.

Tabelle 3 gibt eine Übersicht über die kodierten Motive und die Interpretation der Zuordnung zu intrinsischen beziehungsweise ideellen sowie extrinsischen oder utilitaristischen Beweggründen. Einige der Motive können je nach Konnotation beiden Spalten zugeordnet werden; dies ist in Fußnoten entsprechend erläutert

## 6.1.2 Empfundene Zugehörigkeit zur Organisation

Gruppenidentifikation scheint im allgemeinen beruflichen Kontext besonders wichtig zu sein, da in empirischen Studien direkte Zusammenhänge mit Zufriedenheit, Motivation und Engagement für den beziehungsweise mit dem Beruf nachgewiesen werden können, ebenso eine geringere Absicht, den Arbeitgeber zu wechseln (van Knippenberg und van Schie 2000: 142). Gerade für Soldaten belegt der amerikanische *Research Branch*[117] den wichtigen Zusammenhang zwischen Gruppendynamik und Kampfmoral schon während des Zweiten Weltkriegs und des Koreakrieges empirisch:

> „(…), daß die Fähigkeit der Soldaten, extreme Angst- und Anstrengungssituationen durchzustehen, weniger von ihrer Einstellung zum Krieg oder individuellen Prägungen als vielmehr davon abhing, ob sie in eine informelle Bezugsgruppe von Kameraden eingebunden waren" (Bröckling 1997: 312).

Aus den Interviews kann Zugehörigkeit aus verschiedenen Äußerungen abgelesen werden. So spielt das Erleben von Kameradschaft eine entscheidende Rolle, da sich hierin die Gruppenzugehörigkeit widerspiegelt. Auch das subjektiv empfundene Verhältnis zu den Vorgesetzten lässt Rückschlüsse darauf zu, ob sich ein FWDL in die Gesamteinheit integriert fühlt. Ein fehlendes Zugehörigkeitsgefühl kann sich so äußern:

> „Ich glaube, Freiwilligenwehrdienst, das ist, in meinen Augen... Freiwillig Wehrdienstleistende, also, wir werden nicht wie richtige Soldaten behandelt. (…) Also, was man auch mit der Bundeswehr als Soldat natürlich in Szene setzt [sic], ist zum Beispiel auch dieses regelmäßig Schießen gehen. [Der] letzte Schuss, den ich gelöst habe, war im November 2012 [das Gespräch fand im April 2013 statt, Anm. RH]. Die Sache ist: Wir gehen oft zur Schießbahn, natürlich. Aber wir Freiwillig Wehrdienstleistende werden oft dazu eingesetzt, Absperrposten zu machen, die Munition auszuteilen und [zu] warten, bis alle Feldwebelanwärter und fertigen Feldwebel halt alle ihre Übungen geschossen haben. Dafür werden wir halt verwendet. Das ist halt unsere Verwendung und von wegen: ,Ja, wir sind Freiwillig Wehrdienstleistende, an uns wird keine Munition verschwendet.'" (L10_3: 23).

---

117 Die Etablierung des Research Branch von der US-Armee während des Zweiten Weltkriegs gilt als Geburtsstunde der Militärsoziologie. Die eingesetzte Forschergruppe um Samuel A. Stouffer war mit Auftragsforschung betraut und publizierte nach Kriegsende ein umfangreiches militärsoziologisches Werk (The American Soldier), „which to this day remains as the singular testament of the most extensive field research ever conducted in the social sciences" (Caforio 2006b: 13).

Dieser Soldat fühlt sich also nicht als vollwertiges Organisationsmitglied, er nimmt sich als Mitglied zweiter Klasse wahr. Hinweise für den Grad der Identifikation mit der Organisation kann die Selbsteinschätzung des FWDL zum Einfluss des Soldat-Seins auf das Privatleben sein, oder auch die Bejahung einer möglichen Botschafter- oder Vorbildfunktion für die Bundeswehr in der Gesellschaft; ebenso die Wahrnehmung von Symbolen und Ritualen, die eine affektive Identifikation unterstreichen würden. Denn insbesondere Soldaten werden ihre ganze Laufbahn hindurch vom Gelöbnis über Beförderungen bis hin zu ihrem zeremoniellen Ausscheiden von diesen Gebräuchen begleitet, die Teil der „Identitätsausrüstung der Soldaten" sind und zugleich die Funktion übernehmen sollen, „dass militärisches Handeln nicht als kriminell oder abweichend sanktioniert, sondern als Dienst an der nationalen Gesellschaft gewürdigt wird" (Apelt 2012a: 140). Was bedeutet dem Soldaten das Tragen der Uniform? Welche Bedeutung haben Rang- und Funktionsabzeichen?

Ein Beispiel, das eine ausgeprägte affektive und kognitive Identität nahelegt, soll das verdeutlichen:

> „Ja. Ich freu mich schon, wenn ich die [Uniform] gleich anziehe. Das ist ein ganz anderes Gefühl, weil jetzt komm ich noch mehr so rüber, als ob wir hier nur so zu Besuch sind oder Ferienlager oder sonst wo. Also wenn die Uniform kommt, ist das gleich ein ganz anderes Gefühl" (L10_1: 93).

Gute Hinweise auf das Maß der organisationalen Identifikation geben die Einstellung zu und die Wahrnehmung von Armee-spezifischen Zeremonien wie dem feierlichen Gelöbnis und Abschieds- oder Rückkehrappellen für Einsatzkontingente. Wie unterschiedlich diese wahrgenommen werden, verdeutlichen zwei empirische Belege. Beide Zitate beziehen sich auf das gleiche Ereignis, nämlich den Abschiedsappell von Kameraden, die mit dem 30. Deutschen Einsatzkontingent ISAF im Herbst 2012 nach Afghanistan gingen:

> „Auf jeden Fall bin ich stolz auf die Jungs, dass die halt den Schritt gehen [in den Auslandseinsatz nach Afghanistan; Anm. RH]. Und na ja, das Verabschiedungsappell, ich wusste gar nicht, dass sowas überhaupt gemacht wird. Das fand ich eigentlich auch eine tolle Geste, dass dann auch dort Politiker gekommen sind und alles. (…)] Auf jeden Fall, also, da stehe ich dahinter" (L10_2: 115 und 119).

Ganz anders reagiert ein Kamerad, bei dem die Zeremonie trotz Mitgefühl mit und Respekt vor den Soldaten geradezu eine Entfremdung auslöst:

> „Naja, also, erst mal war es jetzt für mich natürlich schon fremd irgendwo, weil, es waren keine Kameraden, die man jetzt gekannt hat. Also, es waren eigentlich alle aus [der] anderen Kompanie. Ich glaube, aus unserer waren nur vereinzelte Leute und mit denen hat man jetzt nicht viel zu tun gehabt während der Grundausbildung. Und ja, es war schon sehr befremdend, wenn man weiß, dass die Leute vier Monate, also bis Ende Februar, glaube ich, sind die jetzt da, über Weihnachten und Silvester und sehen die Familie die ganze Zeit nicht. Ich meine, wenn es für mich jetzt schon schwer ist, mal eine Woche hier zu sein ohne meine Familie und dann halt nur am Wochenende zu Hause, das finde ich halt schon blöd. Aber

> wenn die ihre Familie vier Monate nicht sehen und dann auch noch im Ausland sind, wo jeden Tag die Gefahr ist, dass man sterben könnte, eigentlich - davor hat man schon viel Respekt. Also, ich selber würde nie ins Ausland wollen. Das wurde mir auch speziell an dem Tag noch mal richtig bewusst, dass ich das auf keinen Fall möchte" (L18_2: 131).

Das Ende dieses Zitats leitet direkt auf die nächste Dimension über, nämlich die persönliche Einstellung und Wahrnehmung der Auslandseinsätze.

### 6.1.3 Einstellung zu und Wahrnehmung von Auslandseinsätzen

Die Auslandseinsätze nehmen im Aufgabenspektrum der Bundeswehr an Bedeutung zu. Sie sind ein entscheidender Auslöser und der Fokus des derzeitigen Reformprozesses. An den Erfordernissen genau dieser Einsätze werden Truppenstärke, Ausrüstung, Ausbildung sowie das neue Soldatenbild festgemacht – sowohl von Seiten der politischen Entscheidungsträger (BMVg 2011c, 2013a, 2011b) als auch in der öffentlichen Debatte. Die Auslandseinsätze sind also der greifbare Kern der Aufgaben der Bundeswehr oder das, was in einer klassischen Firma das Produkt wäre. In repräsentativen Umfragen unter Jugendlichen zur Berufswahl wird deutlich, dass die Identifikation mit den Zielen (beziehungsweise Produkten oder Dienstleistungen) eines Arbeitgebers für drei Viertel der Befragten (sehr) wichtig für die Entscheidung ist, dort zu arbeiten (Hentschel 2011: 57f.). Auch im freiwilligen Engagement stellen die gemeinsamen Wertüberzeugungen, die Freiwillige mit einer Organisation teilen, ein wichtiges Motivbündel dar (Haumann 2014: 19). Die Auslandseinsätze stehen hier also für *eine*, vielleicht die sichtbarste Aufgabe oder „Dienstleistung" der Bundeswehr.[118]

Die Einstellung zu den Einsätzen der Bundeswehr ist ein zentrales Thema in den Gesprächen und wird zu allen drei Interviewzeitpunkten angesprochen. Prinzipiell lassen sich erst einmal zwei Ebenen unterscheiden: zum einen, wie der Einzelne zu den Einsätzen selbst steht, ob er sie als gerechtfertigt, sinnvoll und legitim ansieht, sie also normativ mitträgt; zum anderen, ob er selbst bereit wäre, als FWDL in den Einsatz zu gehen. Korreliert man diese beiden Ebenen, lassen sich vier Typen bezüglich dieser Dimension unterscheiden, die sich so in den Gesprächen wiederfinden und im Folgenden exemplarisch skizziert werden:

*Typ 1: Normative Zustimmung und persönliche Einsatzbereitschaft*

> „Ja, die Entscheidung hat bei mir nicht eine Millisekunde gedauert. Ich sag' ganz einfach, das gehört zum Leben des Soldaten dazu, das weiß man vorher" (L15_1: 49).

---

118 Das soll nicht darüber hinweg täuschen, dass der Bundeswehr noch zahlreiche andere Aufgaben zugeschrieben werden. In den Interviews nennen immer noch viele FWDL die Verteidigung Deutschlands als wichtigste Aufgabe der deutschen Armee.

Dieser Soldat unterstützt die Einsätze auf ganzer Linie; durch den Verweis darauf, dass er nicht „eine Millisekunde" darüber nachgedacht habe, die obligatorische Verpflichtungserklärung zu unterschreiben, wird seine affektive und konative Identifikation mit diesem Auftrag der Bundeswehr, nämlich die Sicherheit Deutschlands außerhalb der Landesgrenzen zu verteidigen und Bündnisverpflichtungen nachzukommen, deutlich.

*Typ 2: Normative Zustimmung, aber keine persönliche Einsatzbereitschaft*

> „L7: Gut, rein technisch gesehen ist die Bundeswehr ja 'ne Freiwilligenarmee und 'ne Einsatzarmee. Ja, natürlich Hilfsmissionen sind ein wichtiger Bestand der Bundeswehr-Missionen und das ist, denke ich, auch das, was wirklich wichtig ist. (…)
> RH: Wäre es für Sie auch eine Option, an einem Auslandseinsatz teilzunehmen?
> L7: Rein prinzipiell, erstmal nein. Wenn ich mich natürlich mal als Zeitsoldat verpflichten würde, dann wäre das natürlich unumgänglich. Aber ich muss auch sagen, dass ich mich nur für 12 Monate verpflichtet habe, weil die Quote der Auslandseinsätze quasi so gering ist für die 12 Monate" (L7_1: 36-39).

Dieser Typ zeigt zwar eine affektive Identifikation, insbesondere mit einer gewissen Art von Einsätzen, nämlich „Hilfsmissionen". Was genau darunter fällt, bleibt an dieser Stelle offen. Diese prinzipielle Unterstützung schlägt sich jedoch nicht in einer konativen Haltung nieder. Dies mag daran liegen, dass sich manche FWDL (noch) nicht als „richtige" Soldaten sehen, oder aber sehr pragmatisch Kosten und Nutzen abwägen und für sich persönlich zu dem Schluss kommen, dass die lange Trennung von Freunden und Familie oder das Risiko, physisch oder psychisch versehrt zurückzukehren, zu groß seien.

*Typ 3: Normative Ablehnung, aber persönliche Einsatzbereitschaft*

> „Also, ich denke, die Einsätze sind absolut völkerrechtswidrig. Aber das ist so ganz meine persönliche Eigenschaft [sic], aber ich bin auch vielleicht ein bisschen komisch. Also, obwohl ich diese Einsicht habe, würde ich deswegen nicht ablehnen, an den Einsätzen teilzunehmen" (L14_1: 110).

Dies ist eine sehr interessante und durchaus überraschende Haltung. Die Einsatzbereitschaft trotz normativer Ablehnung der Mission an und für sich deutet darauf hin, dass die Identifikation mit dem Beruf des Soldaten, dessen Kern nun einmal die Kampfbereitschaft ist, größer ist als die Identifikation mit der Bundeswehr und ihren derzeitigen Aufgaben.

*Typ 4: Normative Ablehnung und keine persönliche Einsatzbereitschaft*

„Also, jetzt wo ich freiwillig da bin, würde ich nicht gehen. Deswegen habe ich das ja auch gemacht [eine Abtrittserklärung unterzeichnet; Anm. RH]. (...) Eigentlich kann ich ja darüber nichts sagen, ob die richtig sind, weil, das entscheiden ja andere. Aber ich muss sagen, Afghanistan ist eigentlich Geldverschwendung, wenn man es so nimmt - Mauer drum rum und dann sollen sie klar kommen, wie sie dort leben" (L3_1: 96-100).

Der Soldat lehnt zumindest den Afghanistaneinsatz ab und da er sich persönlich nicht vorstellen kann, in einen solchen Einsatz zu gehen, sucht er für sich eine Lösung und unterschreibt eine Abtrittserklärung für die Auslandseinsätze, ehe er sich für 12 Monate verpflichtet. Andere Soldaten, die ähnlich empfinden, verpflichten sich bewusst nur für 11 Monate, um erst gar nicht in die Situation zu kommen, sich für einen Auslandseinsatz bereit erklären zu müssen.

Aus den hier angeführten Zitaten wird auch deutlich: Nicht alle haben eine klare Einstellung. In vielen Gesprächen zeigt sich, dass sich einige Freiwillige nicht in der Lage sehen, die Einsätze zu beurteilen, weil sie beispielsweise ihrer Einschätzung nach zu wenig Informationen über die Auslandseinsätze haben: „Ich kann mich da nicht so wirklich differenziert äußern, wirklich eine klare Meinung bilden und ja, das muss ich auch nicht im Prinzip. Das ist ja nicht meine Aufgabe, mir da eine klare Meinung zu bilden" (L2_1: 51).

Insbesondere zu Beginn des Dienstes, also zum Zeitpunkt des ersten Interviews, wird vorwiegend der Afghanistan-Einsatz angesprochen. Andere Missionen (z.B. Kosovo Force (KFOR), United Nations Interim Force in Lebanon (UNIFIL) und Active Endeavor im Mittelmeer oder die Friedensmissionen United Nations African Union Hybrid Mission in Darfur (UNAMID) und United Nations Mission in the Republic of South Sudan (UNAMISS) im Südsudan[119]) sind selten Gegenstand des Gesprächs. Damit unterscheiden sich die FWDL kaum von der Durchschnittsbevölkerung, die insgesamt schlecht über die Einsatzrealität informiert ist und vornehmlich Afghanistan wahrnimmt, da sich auch die Medienberichterstattung auf dieses Engagement fokussiert (Bulmahn et al. 2011: 29–35). Diejenigen, die über ein umfangreiches Wissen zu den unterschiedlichen Einsätzen verfügen, haben in der Regel eine differenzierte Einstellung zu jeder dieser Missionen. Trotzdem lässt sich in der Regel eine stringente Grundhaltung erkennen, inwiefern Einsätze außerhalb der Landesgrenzen, also nicht im Sinne der klassischen Landesverteidigung, als zentrale Aufgabe bewertet werden oder eben nicht. Hinzu kommt eine unterschiedliche Deutung der Auslandseinsätzen, insbesondere des Engagements in Afghanistan: Mischt sich die Bundeswehr unrechtmäßig in die Angelegenheiten anderer Staaten ein oder ist es eine selbstver-

---

119 Ein aktueller Überblick über die laufenden und abgeschlossenen Einsätze der Bundeswehr findet sich auf der Webseite der Bundeswehr (Bundeswehr 2014).

ständliche Bündnisverpflichtung, in den Einsätzen Präsenz zu zeigen? Ist es eine Art Entwicklungshilfe oder doch eine bewaffneter Intervention, die als Krieg bezeichnet werden kann? In gleichem Maße ist die Bewertung der Sinnhaftigkeit der Einsätze entscheidend. Erreichen die Missionen ihre anvisierten Ziele? Tragen sie zu einer Stabilisierung der Einsatzgebiete bei und entfalten damit Wirksamkeit im erwünschten Sinne?[120]

Insgesamt lässt die Haltung zu den Einsätzen der Bundeswehr wertvolle Rückschlüsse auf die Identifikation mit der gesamten Organisation zu,[121] da die Einsätze inzwischen zentraler Bestandteil des Selbstbildes der Bundeswehr sind und maßgeblich zur Legitimation der Organisation gehören. Eine aktive und passive Unterstützung wird also in der Analyse – in Kombination mit den anderen vier Dimensionen – als hohes Maß an Identifikation gewertet.

### 6.1.4    Empfundene Sinnhaftigkeit des Freiwilligen Wehrdienstes

Insbesondere Freiwillige wollen ihre Lebenszeit sinnvoll investiert wissen. Worin der Einzelne Sinn empfindet, kann sehr unterschiedlich sein und hängt von den persönlichen Erwartungen an den Dienst ab. Diejenigen, die sich vor allem selbst weiterentwickeln wollen, werden den militärischen Alltag dann als sinnvoll ansehen, wenn sie sich gefordert fühlen und etwas lernen. Diejenigen, die den Anspruch haben, mit dem FWD der Gesellschaft etwas zurückzugeben, oder einen Beitrag zu den Aufgaben der Bundeswehr zu leisten, empfinden Sinn, wenn sie sich gebraucht fühlen und den Eindruck vermittelt bekommen, einen aktiven Beitrag zum Erreichen der Organisationsziele leisten zu können. Die Wahrnehmungen hierzu fallen sehr unterschiedlich aus. Ein Soldat, der im ersten Interview stolz erzählt, seinem Land mit dem Dienst etwas zurückgeben zu wollen und in der Stammeinheit meist ohne Aufgaben die Zeit an einem Schreibtisch verbringt, ohne in irgendeiner Art und Weise gefördert bzw. gefordert zu werden, empfindet keinen Sinn in seinem Tun:

> „Meine Gründe waren ja eigentlich ganz andere, warum ich da hin gegangen bin [zur Bundeswehr, Anm. RH]. Aber das Einzige, was mich hier jetzt wirklich noch hält, ist das Geld,

---

120 Dieser Zusammenhang zwischen Wirksamkeit des Einsatzes und Einstellung der Soldaten gegenüber der jeweiligen Mission ist nicht FWD-spezifisch. Anja Seiffert erläutert in einer empirischen Studie zum 22. Einsatzkontingent in Afghanistan einen ganz ähnlichen Zusammenhang: „Sie [die Soldaten im Einsatz, Anm. RH] erwarten positive Effekte ihres Engagements, gewissermaßen eine ‚Friedensdividende' in Form von Aufbauerfolgen und einer verbesserten Sicherheit. Sie wollen, dass ihr Einsatz nicht umsonst gewesen ist" (Seiffert 2012: 89).

121 Wie zu Beginn des Kapitels 6 dargelegt, lassen sich unterschiedliche Foci der Identifikation innerhalb einer Organisation unterscheiden (u.a. van Knippenberg und van Schie 2000). Insbesondere in der Bundeswehr, wo Wechsel zwischen Standorten und Kompanien häufig vorkommen, ist eine Identifikation mit der Gesamtorganisation von großer Bedeutung.

weil, ansonsten bringt mir die ganze Bundeswehr und was ich dort mache überhaupt nichts"
(L10_3: 59).

Ein anderer hingegen empfindet diese Sinnhaftigkeit zumindest punktuell während eines Hochwassereinsatzes:

> „Das [der Hochwassereinsatz im Mai 2013] war mal was Interessantes und was Wichtiges. Da hat man sich gebraucht gefühlt. Man hat gesehen, man macht etwas, man hilft jemandem. Das waren eigentlich die Gründe, warum ich auch zur Bundeswehr gekommen, gegangen bin – dieses aktive Helfen" (L17_3: 47).

Diese Dimension bildet also die subjektiv empfundene Sinnhaftigkeit ab und setzt sich aus zwei Teilaspekten beziehungsweise Ebenen zusammen: Die Sinnhaftigkeit für die persönliche Entwicklung und die Sinnhaftigkeit der Tätigkeiten in Bezug auf die Selbstwirksamkeit im Organisationsgefüge.
Anknüpfend an die Überlegungen zur Freiwilligkeit in Kapitel 5.2 lässt sich schließen, dass die Ebene der Persönlichkeitsentwicklung für die Interessensorientierten, also für diejenigen, die aus vornehmlich pragmatischen Motiven zur Bundeswehr kommen, und der Aspekt der Selbstwirksamkeit für die Gemeinwohlorientierten, bei denen die intrinsische Motivation überwiegt, einen höheren Stellenwert haben dürfte (Gensicke und Geiss 2013: 125).
Die empfundene Selbstwirksamkeit wiederum steht in engem Zusammenhang mit der Wertschätzung beziehungsweise Anerkennung, die der Einzelne in der Organisation erfährt. Wird ihm das Gefühl gegeben, gebraucht zu werden? Wird sein Einsatz wertgeschätzt? Oder fühlt er sich austausch- und ersetzbar?
Neben der Anerkennung *innerhalb* der Organisation ist die selbst empfundene Fremdwahrnehmung eine Dimension, die – so legen es die empirischen Daten dieser Studie nahe – einen entscheidenden Einfluss auf die organisationale Identifikation hat, da sie den evaluativen Teil des Konzepts bedient (van Dick 2001: 270). Daher widmet sich die fünfte Dimension diesem Aspekt.

### 6.1.5   Fremdwahrnehmung: Interaktion mit Freunden, Familie und Gesellschaft

Die Definition der eigenen Rolle und Identität ist eng gekoppelt an die Wahrnehmung und Rückmeldung aus dem sozialen Umfeld. Bei Jugendlichen spielt insbesondere die Unterstützung durch die *peer group* eine wichtige Rolle, da diese Entscheidungen beeinflusst und Wertorientierungen vorgibt (Hurrelmann und Quenzel 2012: 172–183). Die Unterstützung der Familie ist zudem entscheidend für die Identifikation mit der neuen Rolle. Zu unterscheiden ist zwischen der prinzipiellen Einstellung des sozialen Umfelds zur Organisation Bundeswehr einerseits und der Einstellung zum FWD des eigenes Kindes oder des Lebensgefährten andererseits, wo mitunter persönliche Interessen (z.B. die Verwendung weit weg von zu Hause; die geringe Freizeit während des FWD; Angst vor einem möglichen Auslandseinsatz) zu einer skeptischen Haltung dem Dienst gegenüber führen, ohne dass die Bundeswehr als per se negativ wahrgenommen würde. Volle Unterstützung aus dem sozialen Umfeld empfindet ein Soldat beispielsweise so:

> „Also, na, mein Vater, der war hellauf begeistert, den Verteidigungsminister da zu sehen und die Nationalhymne mitzusingen [beim feierlichen Gelöbnis; Anm. RH], was ich auch als ein sehr schönes Erlebnis mitbekommen habe, also, alle zusammen die Nationalhymne zu singen. Und ja, also viele, also, die Leute, die ich mitgenommen habe, die haben sich bei mir bedankt, dass sie das miterleben durften." (L8_2: 63).

Bulmahn und Wieninger weisen in diesem Zusammenhang darauf hin, dass Berufsentscheidungen maßgeblich durch das soziale Umfeld bzw. die individuelle Sozialisation mitbestimmt werden (Bulmahn und Wieninger 2010: 93). Dies dürfte auf die Entscheidung für einen FWD in hohem Maße zutreffen. Doch auch vom gesamtgesellschaftlichen Diskurs bleiben die FWDL nicht unberührt: Wie nehmen die FWDL die mediale Debatte zur Bundeswehr wahr? Wie schätzen sie den Nutzen des FWD für ihre spätere Ausbildungskarriere ein? Gerade eine freiwillige Tätigkeit, die nicht in erster Linie als Broterwerb gewählt wird, muss auch von Anerkennung aus dem Umfeld getragen werden, die diese Tätigkeit legitimiert. Auf gesellschaftlicher Ebene kann das eine mediale Debatte sein, die die eigene Berufsgruppe beleuchtet oder – gerade bei Soldaten, die durch ihre Uniform klar der Organisation Bundeswehr zuzuordnen sind – persönliche Begegnungen im öffentlichen Raum, im soldatischen Alltag oder während öffentlicher Zeremonien (z.B. Gelöbnis).

Empfinden die FWDL das persönliche und gesamtgesellschaftliche Umfeld als unterstützend und wertschätzend, so wird dies als Beitrag zu einer stabilen Identifikation gewertet. Sehen sie sich hingegen eher Kritik ausgesetzt und nehmen das gesellschaftliche Klima so wahr, dass ihnen der FWD für die spätere Berufslaufbahn wenig nützen würde, wird dies als geringer Beitrag zu Identifikation gedeutet. Ein Beispiel dafür ist folgender Soldat, dessen Wahrnehmung zufolge eine Ausbildung bei einem zivilen Arbeitgeber angesehener sei als bei der Bundeswehr: „Na, ich fand, in der Ausbildungszeit ein ziviler Arbeitgeber, weil der bessere Grundlagen schaffen kann, als die Ausbildung bei der Bundeswehr. Deswegen... Sie [die Bundeswehr, Anm. RH] wird zwar besser bezahlt, aber das ist dann nebensächlich" (L3_3: 143).

## 6.1.6    Zusammenfassung der fünf Dimensionen

Das Zusammenspiel der fünf Dimensionen ordnet die Soldaten drei Typen zu, die sich umfänglich, teilweise oder kaum mit der Bundeswehr identifizieren. Um den Identifikationsgrad zum jeweiligen Interviewzeitpunkt zu bestimmen, habe ich die Ausprägungspole in numerische Skalen übersetzt, die pro Dimension von 1 bis 3 reichen.[122] Darauf wurde jedes Interview jeder Dimension zugeordnet und zwar in 0,5er-Schritten. Dabei diente bei der Verortung der jeweiligen Aussagen auf der numerischen Skala der unmittelbare Vergleich mit den anderen Befragten bzw. mit den Interviews desselben Soldaten zu einem anderen Zeitpunkt als Messlatte und ist Ergebnis eines subjektiven Deutungsprozesses. Die Summe, die sich aus der jeweiligen Zuordnung zu den fünf Dimensionen ergibt, gibt an, ob ein hoher, mittlerer oder niedriger Identifikationsgrad vorliegt. Die Dimensionen wurden alle gleich gewertet,[123] so dass eine Summe zwischen 5 und 15 Punkten denkbar ist. In der Auswertung zeigt sich, dass den Interviews Summen zwischen 5 und 12,5 zugeordnet werden können. In der Auswertung wurde es dadurch leichter, jede einzelne Dimension eingehend zu betrachten und zu analysieren anstatt Interviews vorschnell einem Typus zuzuordnen. Die Grenzziehung, bei welchem Wert ein niedriger Identifikationsgrad (bis zur Summe 8) in einen mittleren (Summen zwischen 8 und 10) bzw. einen hohen (Summen über 10) übergeht, folgte dabei keiner mathematischen Formel, sondern der Lesart des qualitativen Materials: Sie wurde so gewählt, dass sich die Vertreter eines niedrigen, mittleren bzw. hohen Identifikationsgrades jeweils minimal voneinander unterscheiden und maximal von den jeweils anderen beiden Identifikationsgraden abheben.

Die Quantifizierung soll also keinesfalls darüber hinweg täuschen, dass die Auswertung der Daten auf subjektiven Deutungs- und Interpretationsprozessen beruht. Vielmehr will sie dazu beitragen, diesen Prozess offenzulegen und durch eine maximale Transparenz nachvollziehbar zu machen. Zudem ermöglicht es die Quantifizierung sehr anschaulich, einen differenzierten Verlauf des Identifikationsgrades abzubilden und von einer steigenden, gleichbleibenden oder sin-

---

122  Die Übersetzung qualitativer Forschung in Zahlen wird oft mit einer Quantifizierung der Forschungsergebnisse gleichgesetzt und ist immer noch unüblich bzw. in manchen Kreisen qualitativer Forschung verpönt. Dieses etwas experimentelle Vorgehen soll in jedoch in erster Linie zu einer maximalen Transparenz des Deutungsprozesses beitragen. Wenn der unkonventionelle Ansatz zugleich eine forschungsmethodische Debatte anstößt, wäre das ein schöner Nebeneffekt, der hier jedoch nicht im Zentrum stehen soll.

123  Obwohl die Dimension der Motivation als zentral betrachtet wird, ist sie in der Summenbildung nicht doppelt gewichtet worden. Zwar wäre dies eine Möglichkeit gewesen, doch lässt die Auswertung des empirischen Materials den Schluss zu, dass die anderen Dimensionen ohnehin direkt oder indirekt von der Motivation abhängen. Daher fließt das Gewicht dieser Dimension bereits mittelbar in die anderen vier Dimensionen ein und erlangt so eine zentrale Bedeutung. Außerdem changiert die Bedeutung der einzelnen Dimensionen zu jedem der drei Interviewzeitpunkte. Um die Dimensionen jedoch für die Typenbildung so zu operationalisieren, dass die Typologie auf alle drei Interviewzeitpunkte anwendbar bleibt, erschien die gleiche Gewichtung aller fünf Dimensionen sinnvoll.

kenden Identifikation im Verlauf des FWD zu sprechen (siehe Abbildung 11).
Die Darstellung der Typen (Kapitel 7.2 bis 7.4) und das Nachzeichnen dreier
Identifikationsverläufe anhand ausgewählter Fallvignetten (Kapitel 7.6) werden
nachvollziehbar veranschaulichen, wie die Zuordnung und Interpretation vorgenommen wurde.
Tabelle 4 fasst noch einmal die fünf vorgestellten Dimensionen zusammen und
gibt deren mögliche Ausprägungen an. Jeder Soldat kann zu jedem Zeitpunkt auf
diesen Skalen verortet werden, die als fließende Kontinuen zu verstehen sind.

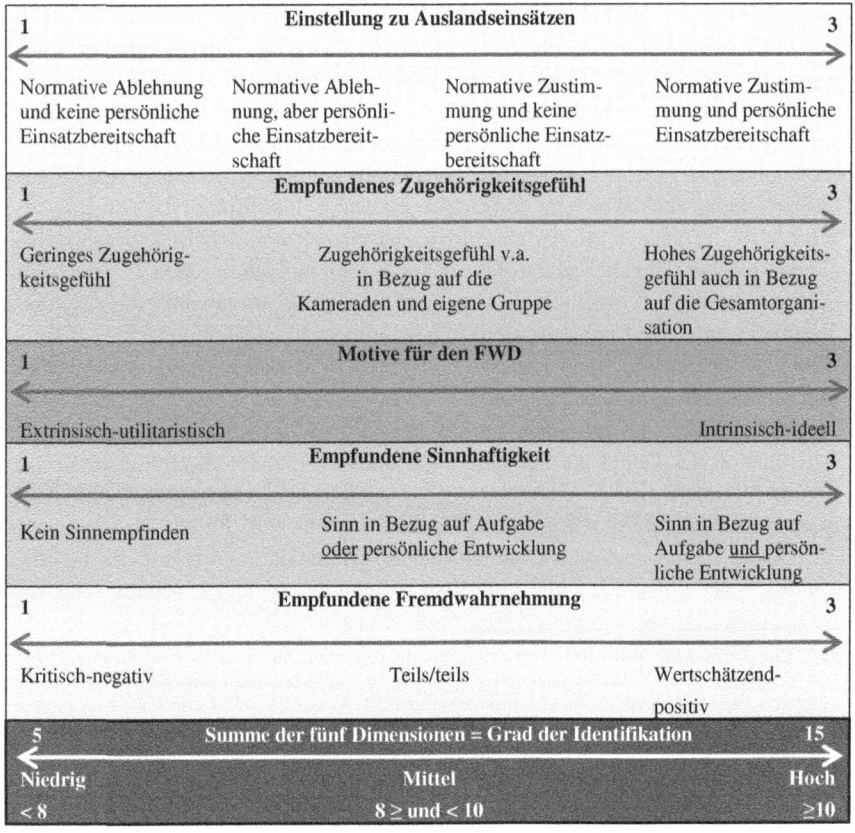

| 1 | Einstellung zu Auslandseinsätzen | | 3 |
|---|---|---|---|
| Normative Ablehnung und keine persönliche Einsatzbereitschaft | Normative Ableh- nung, aber persönli- che Einsatzbereit- schaft | Normative Zustim- mung und keine persönliche Einsatz- bereitschaft | Normative Zustim- mung und persönliche Einsatzbereitschaft |
| 1 | Empfundenes Zugehörigkeitsgefühl | | 3 |
| Geringes Zugehörig- keitsgefühl | Zugehörigkeitsgefühl v.a. in Bezug auf die Kameraden und eigene Gruppe | | Hohes Zugehörigkeits- gefühl auch in Bezug auf die Gesamtorgani- sation |
| 1 | Motive für den FWD | | 3 |
| Extrinsisch-utilitaristisch | | | Intrinsisch-ideell |
| 1 | Empfundene Sinnhaftigkeit | | 3 |
| Kein Sinnempfinden | Sinn in Bezug auf Aufgabe oder persönliche Entwicklung | | Sinn in Bezug auf Aufgabe und persön- liche Entwicklung |
| 1 | Empfundene Fremdwahrnehmung | | 3 |
| Kritisch-negativ | Teils/teils | | Wertschätzend- positiv |
| 5 | Summe der fünf Dimensionen = Grad der Identifikation | | 15 |
| Niedrig | Mittel | | Hoch |
| < 8 | $8 \geq$ und $< 10$ | | $\geq 10$ |

*Tabelle 4: Überblick über die fünf Dimensionen des Identifikationsgrades.*

Nicht jeder Fall lässt sich eindeutig einem Ende des Spektrums der fünf dargestellten Dimensionen zuordnen. Darüber hinaus gibt es eine Vielzahl möglicher
Ausprägungskombinationen, aus denen sich der Identifikationsgrad zusammen-

setzt. Ein Soldat kann beispielweise eine hohe intrinsische Motivation aufweisen, gleichzeitig aber eine kritisch-negative Fremdwahrnehmung empfinden, während ein anderer eine geringe Zugehörigkeit verspürt, jedoch die Auslandseinsätze normativ und persönlich unterstützt. In den empirischen Daten finden sich jedoch klare Muster, Deutungszusammenhänge ähneln sich und bestimmte Ausprägungskombinationen setzen sich durch. Sie können daher zu Typen zusammengefasst werden, die auf Grund der *Summe* der Ausprägungen über die fünf Dimensionen einem niedrigen, einem mittleren oder einem hohen Identifikationsgrad zugeordnet werden.

Neben der Kategorie der Identifikation fließt eine zweite Kategorie in die Typenbildung ein, nämlich die des Stellenwerts des FWD im biographischen Übergang.

## 6.2 Kategorie II: Der Freiwillige Wehrdienst als biographischer Übergang

Ein FWD stellt für alle Soldaten einen Übergang in der Biographie dar, denn er bildet in allen untersuchten Fällen einen Übergang von der zivilen in die militärische Sphäre;[124] zudem – da der Dienst nun freiwillig ist – stellt er keinen institutionell angestoßenen Übergang mehr dar, wie zu Zeiten der Wehrpflicht, sondern ist alleine „durch die Lebenslagen und das biographische Handeln der Subjekte strukturiert" (Schröer et al. 2013: 12).

Es ist ein Lebensabschnitt zwischen Schule und Studium bzw. Ausbildung oder der Einstieg in eine längerfristige berufliche Laufbahn bei der Bundeswehr. Für einige wenige stellt der FWD wohl eine Auszeit aus einem unbefristeten Beschäftigungsverhältnis dar.[125] Er gehört, ebenso wie die zivilen Freiwilligendienste und der ehemalige Zivildienst, zu den Orten in der Biographie, „von denen Auswirkungen auf die Orientierungssuche angenommen werden können. Dies betrifft sowohl die personale und geschlechterbezogene Identität als auch die Frage der Integration in die Erwachsenen- und Arbeitsgesellschaft" (Lempp 2013: 620).

Im Sozialisationsprozess nimmt der Dienst eine bestimmte Funktion ein; das empirische Material lässt insbesondere auf zwei Merkmalsausprägungen schlie-

---

124 Zwar absolvierte ein Interviewpartner bereits vor mehreren Jahren einen Grundwehrdienst, doch unmittelbar vor Antritt des FWD sind alle Befragten in zivilen Organisationen eingebettet. Der FWD ist so konzipiert, dass er zwar einen Laufbahnwechsel vom FWDL zum SaZ oder Berufssoldaten vorsieht, jedoch nicht andersherum. Der FWD beginnt immer mit der Grundausbildung und ist ausschließlich für Mannschaftsdienstgrade geschaffen.

125 Für einen FWD haben Arbeitnehmer das Recht, von ihrem Arbeitgeber freigestellt zu werden und können im Anschluss wieder an ihre Arbeitsstelle zurückkehren. Diese Regelung ist aus der Wehrpflicht übernommen. Sie gilt für andere Freiwilligendienste, z.B. den BFD, nicht.

ßen. Die erste Ausprägung bildet sich in den Interviews jener jungen Menschen ab, die den Dienst als eine Überbrückung zwischen zwei Lebensphasen, meist zwischen Schule und einem weiteren Ausbildungsabschluss, sehen. Der Dienst wird damit zu einem „Lückenfüller", sei es aus Mangel an Alternativen, sei es, weil sich die Personen davon einen gewissen Vorteil für die folgenden Lebensabschnitte erhoffen. Die folgenden drei Zitate geben einen Einblick in die Variationen der Dimension „FWD als Moratorium":

> „Und dann, weil ich auch nicht jetzt gleich nach dem Abitur, weil, 13 Jahre haben [mir] einfach irgendwo gereicht mit Schule, und dass ich dann jetzt erst mal so Abstand davon wollte. Erst mal raus von zu Hause, [das] war mir wichtig, also nicht noch drei Jahre bei Mutti und Vati zu wohnen, das hat auch gereicht. Deswegen jetzt Bundeswehr" (L3_1: 20).

> „Ich halte die Bundeswehr nicht von Grund auf für eine schlechte Einrichtung. Ich denke, es schadet keinem Jungen oder jungen Mann, sowas durchgemacht zu haben. Ob man es jetzt zu seinem Lebensinhalt macht und sich, wie gesagt, für 16 Jahre oder so, verpflichtet, bleibt jedem selbst überlassen. Aber sechs Monate bis ein Jahr schaden wirklich niemandem und ich denke auch, die Bundeswehr ist jetzt irgendwie kein schlechter Verein oder so" (L6_1: 168).

> „Es ist halt die Sache, ich habe mich noch zusätzlich, oder ich wollte mich eigentlich für die Polizei anmelden, habe dann die Bundeswehr so als Plan B genommen, damit ich irgendwas machen kann in der Zeit" (L1_1: 8).

Den Variationen in den Deutungen des Stellenwerts des Wehrdienstes für die eigene Biographie zum Trotz ist in allen drei Aussagen erkenntlich, dass der FWD lediglich als Überbrückung gewählt wird, um danach einen neuen, nächsten Lebensabschnitt außerhalb der Bundeswehr zu begehen. Der Dienst gewährt den FWDL also Aufschub und Zeit, sich (berufs-)biographisch zu orientieren, was insbesondere durch die verkürzte Schulzeit und die steigende Vielfalt an Wahlmöglichkeiten für junge Erwachsene an Bedeutung gewinnen dürfte. Der FWD bietet so einen „Möglichkeitsraum für die Bewältigung von Entwicklungsaufgaben" (Lempp 2013: 626).

Die zweite Dimension bildet diejenigen Soldaten ab, die mit dem FWD einen beruflichen Einstieg in die Organisation Bundeswehr suchen. Entweder empfinden sie den FWD als geeignetes Mittel, um schnell den ersten Schritt zu tun oder das Dienstformat wird genutzt, um die Organisation besser kennenzulernen und den Berufswunsch noch einmal unverbindlich überprüfen zu können. Die folgenden Zitate illustrieren den Wunsch nach beruflichem Einstieg exemplarisch und verdeutlichen gleichzeitig die Variation innerhalb dieser Merkmalsausprägung:

> „Ich hatte auch überlegt, Zeitsoldat zu machen. Aber ich wollte erst ein bisschen sozusagen reinschnuppern, wie es ist, das Leben in der Kaserne, die Aufgaben in der Bundeswehr, ja" (L17_1: 35).

> „Ich wurde abgelehnt. Ich habe mich schon mal beworben als SaZ, wurde abgelehnt, weil

halt meine Ausbildung, weil ich da halt... [aufgrund] meine[r] schulischen Leistungen wurde ich abgelehnt. Und dann hatte ich mich ja noch mal für den Freiwilligen Wehrdienst entschieden, auf 23 Monate" (I.5_1: 21).

Die Bewertung des Stellenwerts des Dienstes in der eigenen Biographie hängt eng mit den Motiven zusammen und ist somit nicht völlig losgelöst von der Kategorie des Identifikationsgrades. Diese zweite Kategorie spielt daher im Verhältnis zur Kategorie der Identifikation eine untergeordnete Rolle in der Genese der Typen. Während über den Identifikationsgrad drei Haupttypen gebildet werden, unterteilt die Kategorie des biographischen Übergangs diese lediglich jeweils in zwei Untertypen, so dass sich insgesamt folgende Typologie mit drei Haupt- und sechs Untertypen ergibt (siehe Abbildung 7). Diese sechs Typen unterscheiden sich zwar klar voneinander, haben aber mitunter dennoch kleine Schnittmengen. Die gewählte Darstellungsform deutet daher die fließenden Übergänge zwischen den Typen an.

*Abb. 7: Die sechs Typen Freiwillig Wehrdienstleistender.*

# 7 Wer dient Deutschland?

Gestützt auf die methodischen und theoretischen Überlegungen wird in diesem Kapitel nun anhand des empirischen Datenmaterials die eingangs aufgeworfenen Fragen beantwortet: *Wer dient Deutschland?*
Dies geschieht entlang der in Kapitel 6 eingeführten Typologie. Denn während die soziodemographischen Eckdaten des BMVg auf das Überwiegen junger Männer zwischen 19 und 23 Jahren mit einem für diese Generation in Deutschland durchschnittlichen Bildungsniveau verweisen (siehe Kapitel 2.3), werden in den Medien und im gesellschaftlichen Diskurs Extremtypen gezeichnet, die unter anderem den Kämpfertyp und Unterschichtssoldaten porträtieren. Die Werbematerialien der Bundeswehr setzen dem einen Idealtypus entgegen, der das Dienen für die Gesellschaft betont. Das empirische Material lässt jedoch darauf schließen, dass die Typen deutlich vielfältiger und komplexer sind und soziodemographische Merkmale alleine kaum einem umfänglichen Erklärungsanspruch gerecht werden.
Kapitel 7 stellt also nach einem kurzen Überblick der Zusammensetzung der Stichprobe die drei empirisch begründeten Haupttypen mit ihren jeweiligen Untertypen vor. Dabei handelt es sich um eine idealtypische Darstellung. Das heißt, die Typen orientieren sich nicht an einzelnen in der Wirklichkeit so vorgefundenen Personen, sondern speisen sich aus mehreren Interviews, die zusammengefügt den idealen Vertreter eines Typus ergeben, um eine maximale Repräsentanz der für diesen Typus charakteristischen Merkmalsausprägungen optimal zu verdeutlichen (Kelle und Kluge 2010a: 83; Kuckartz 2006: 4050f.). Nach der Einführung der jeweiligen Typen folgen Überlegungen darüber, welche der in Kapitel 2.2 herausgearbeiteten Funktionen den unterschiedlichen Typen zugeordnet werden können und was das für die Organisationkultur bedeutet.
Wie eingangs schon angeführt, wird jedem Soldat zu jedem Interviewzeitpunkt ein Typ zugeschrieben und es zeigt sich, dass die wenigsten Soldaten über die drei Gespräche hinweg in dem gleichen Typus zuzuordnen sind. Ihr Identifikationsgrad und ihre subjektive Deutung der Funktion des FWD in ihrer Biographie verändern sich also im Laufe der Dienstzeit. Daher werden diese Verläufe in Kapitel 7.6 anhand dreier Fallvignetten verdeutlicht und die jeweils entscheidenden Momente des Wandels, die für eine Hinwendung zur oder Abwendung von der Organisation Bundeswehr für den individuellen Soldaten entscheidend sind, analysiert.

## 7.1    Die soziodemographischen Eckdaten des Interviewsamples

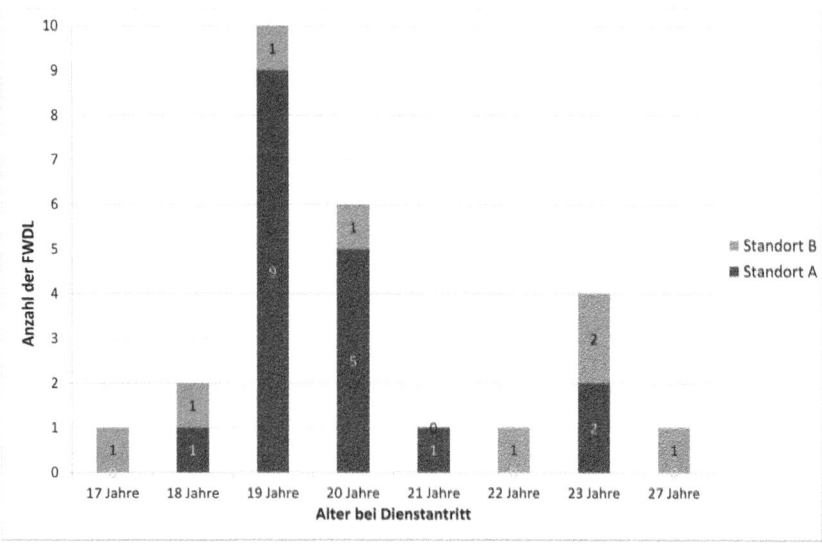

*Abb. 8: Alter der Interviewteilnehmenden bei Dienstantritt*

Die 26 befragten Soldaten sind nicht in einem statistischen Sinne repräsentativ. Doch aufgrund der wohl überlegten Fallauswahl (siehe Kapitel 4.3) bilden sie ein breites Spektrum ab. Die nachfolgenden deskriptiv-statistischen Eckdaten[126] deuten bereits auf eine breite Streuung hin – wenngleich in der qualitativen Datenanalyse sichtbar wird, dass diese Eckdaten keine unmittelbaren und direkten Schlüsse auf die Soldatentypen zulassen, sondern nur *in Kombination mit* individuellen Deutungsmustern und Einstellungen zu einer bestimmten identifikatorischen Verortung in der Organisation, in diesem Fall in der Bundeswehr, führen.

---

126  Die nachfolgenden Abbildungen beziehen sich jeweils auf das erste Interview, da nicht alle Soldaten an drei Gesprächen teilnahmen. 17 Soldaten konnten wie geplant dreimal interviewt werden. Drei Soldaten am Standort B nahmen nur am ersten Interview teil, weil sie ihren Dienst vorzeitig beendeten und nicht mehr für ein zweites Interview zur Verfügung standen. Ein Befragter des Standorts B nahm an zwei Interviews teil, er beendete den Dienst nach wenigen Wochen, nahm dennoch an einem zweiten Gespräch per Telefon teil. Die Freiwilligen des Standorts A nahmen alle an mindestens zwei Gesprächen teil; fünf der 18 Teilnehmenden konnten für das dritte Gespräch in den Stammeinheiten aus unterschiedlichen Gründen nicht mehr erreicht werden. Solche drop-outs sind in sozialwissenschaftlichen Erhebungen kaum zu vermeiden und wurden auch in dieser Forschung von Beginn an einkalkuliert. Ziel war es, zum Studienende noch mindestens 15 Teilnehmende zu befragen; dies ist gelungen.

Unter den Befragten sind 23 Männer und 3 Frauen. Altersmäßig bilden die Freiwilligen ein für den FWD breites Spektrum ab, nämlich von 17 bis 27 Jahren, mit einem deutlichen Schwerpunkt auf 19- und 20-Jährigen. Im Mittel beträgt das Alter 20,2 Jahre (siehe Abbildung 8).

Das Bildungsniveau der Interviewten ist insgesamt hoch. 16 haben Abitur,[127] drei verfügen über einen Realschulabschluss und sieben über einen Hauptschulabschluss. Nach Maßgabe des theoretischen Samplings werden am Standort B aktiv Freiwillige ohne Abitur ausgewählt.

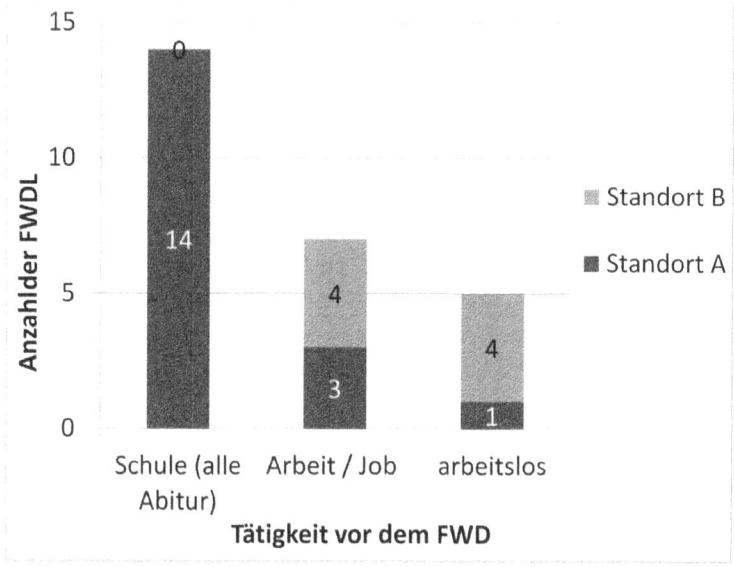

*Abb. 9: Tätigkeit vor dem Freiwilligen Wehrdienst nach Standorten.*

Ein Großteil der Befragten schließt den FWD direkt an die Schulausbildung an; jedoch sind sieben Befragte vorher in einem Beschäftigungsverhältnis (Zeitarbeit, Festanstellung oder geringfügig beschäftigt). Fünf sind arbeitssuchend, davon gehören vier dem Sample des Standortes B an (siehe Abbildung 9). Die unterschiedliche Zusammensetzung der beiden Samples bezüglich der Tätigkeit vor dem FWD ist Ergebnis des Stichprobenplans. Es hat sich also als zielführend erwiesen, die beiden unterschiedlichen Startzeitpunkte der AGA im Juli und

---

127 Das liegt einerseits am insgesamt hohen Bildungsniveau der FWDL verglichen mit der Gesamtbevölkerung (Bulmahn et al. 2013: 16), andererseits weisen viele auf Freiwilligkeit basierende Interviewstudien mit einem Bildungsbias auf, weil sich Personen mit niedrigeren Schulabschlüssen seltener an solchen Erhebungen beteiligen.

Januar zu wählen. Auch – eine nicht absehbare Entwicklung bei Auswahl der Gesprächspartner – sind in den beiden Samples sowohl Soldaten repräsentiert, die ihren Dienst vorzeitig abbrechen, als auch solche, die den Dienst wie geplant beenden und solche, die den Dienst um einige Monate verlängern oder in eine andere Laufbahn (z.B. Soldat auf Zeit (SaZ)) wechseln (siehe Abbildung 10).

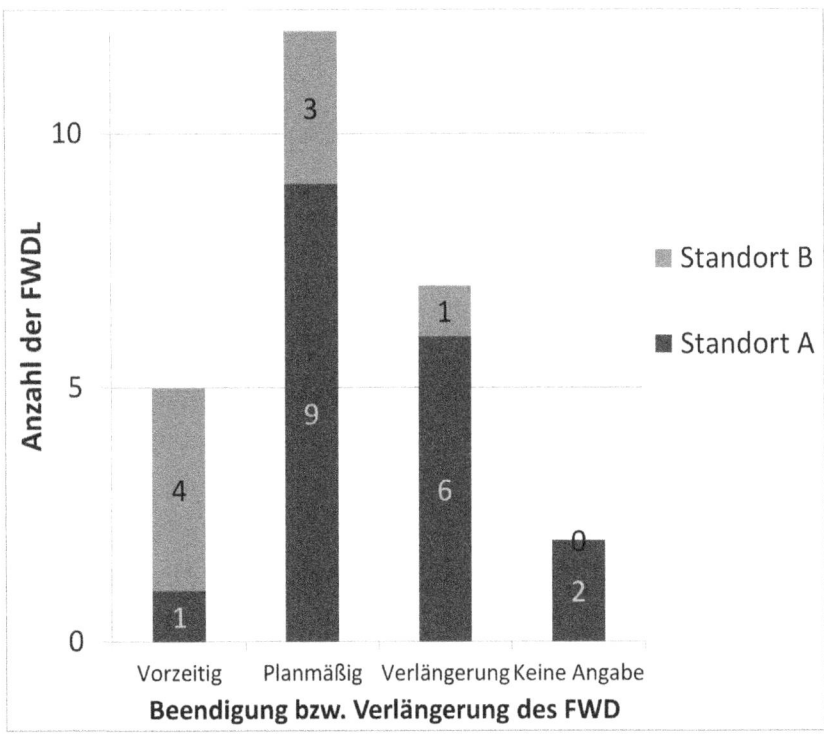

*Abb. 10: Vorzeitige oder planmäßige Beendigung bzw. Verlängerung des FWD.*

So zeigen die beiden Samples von Standort A und B zusammengenommen eine breite Streuung, was die soziodemographischen Daten sowie die Dauer des Dienstes beziehungsweise das Abbruchs- oder Verlängerungsverhalten betrifft. Über die 26 Fälle lassen sich Muster erkennen, die sich in drei Haupt- und insgesamt sechs Untertypen kategorisieren lassen (siehe Abbildung 7). Sie werden im Folgenden ausführlich dargestellt.

## 7.2 Die Egotaktiker: Der Selbstoptimierer und der Alternativlose

Der Typ der Egotaktiker[128] weist einen niedrigen Identifikationsgrad auf und lässt sich in Selbstoptimierer (Moratorium) und Alternativlose (Berufsperspektive) unterteilen. Ihnen werden zu den verschiedenen Befragungszeitpunkten folgende Soldaten zugeordnet:

| | 1. Interview | 2. Interview | 3. Interview |
|---|---|---|---|
| Der Selbstoptimierer | L1, L7, L9, L18, L4, L6 | L1, L2, | L1, L2, L4, L6, L18 |
| Der Alternativlose | L3, L13 | G3[129] | keiner |

*Tabelle 5: Zuordnung der Soldaten zum Typ der Egotaktiker.*

*Zusammenfassung der Charakteristika dieses Typs*
Dieser Typ weist in der Summe über die fünf Dimensionen einen niedrigen Identifikationsgrad mit der Bundeswehr auf. Eigene Interessen stehen im Vordergrund. Die Egotaktiker sehen im Freiwilligen Wehrdienst in erster Linie eine persönliche Chance, die in den Erwartungen an eine charakterliche und berufliche Weiterentwicklung oder in den als gewinnbringend wahrgenommenen Rahmenbedingungen des FWD liegen.
Steht (jeweils zum Zeitpunkt des Interviews) für den Selbstoptimierer außer Frage, dass der Wehrdienst nur eine Episode im Lebenslauf darstellt, oft Mittel zum Zweck, um ein bestimmtes Ziel nach dem FWD zu erreichen,[130] kann sich der Alternativlose auch eine berufliche Perspektive in der Bundeswehr vorstellen, die vor allem das Ziel verfolgt, finanziell abgesichert zu sein und einen verlässlichen Arbeitgeber zu haben. Die Alternativlosen sind keineswegs gleichzusetzen mit sozial Abgehängten, die dem prekären Milieu entstammen (Calmbach 2012). Sie sehen lediglich in dem Moment für sich keine andere Option als den FWD.

---

128 Klaus Hurrelmann führte diesen Begriff vor einigen Jahren ein, um Jugendliche zu beschreiben, die sich an einem „neuartigen ‚Wertecocktail' aus materialistischen und postmaterialistischen Werten orientieren. Dabei wägen sie (Berufs-)Entscheidungen taktisch mit der Frage nach dem persönlichen Nutzen ab (u.a. Hurrelmann und Quenzel 2012: 205f.).
129 Dieses Interview fand noch während der Grundausbildung statt, weil der Soldat den Dienst in der sechsten Woche der AGA vorzeitig beendete. Das erscheint ein Widerspruch zur Zuordnung „Alternativlose", da dieser Typ eine Berufsperspektive in der Bundeswehr sucht. Doch der Kündigungsgrund ist eindeutig: Der Soldat wollte im Anschluss an den FWD Zeitsoldat werden; ein Ausbilder erzählte, dass in den nächsten 23 Monaten keine SaZ-Plätze zur Verfügung stünden. Daraufhin entschied der Rekrut für sich: „Die Bundeswehr ist dann Zeitverschwendung, weil sie mir keine Zukunftsperspektive bietet" (G3_2: 6).
130 Diese Ziele sind sehr verschieden. L1 will mit dem FWD z.B. seine Physis verbessern, um im Anschluss die Aufnahmeprüfung bei der Polizei erfolgreich zu bestehen; L7 verdient mit dem FWD Geld für ein Jahr *Work and Travel* in Australien, das er im Anschluss an den FWD plant.

Selbstoptimierer und Alternativlose unterscheiden sich also vor allem in der Einschätzung der eigenen Möglichkeiten: Selbstoptimierer sind zuversichtlich, auf dem freien Arbeitsmarkt zu bestehen, während Alternativlose ihre beruflichen Chancen außerhalb der Bundeswehr als ungewiss einstufen, sei es, weil sie bereits die Erfahrung von Absagen gemacht haben oder weil sie beispielsweise ein Studium ohne Bezahlung nur schwer finanzieren könnten. Diese Einstellung ist typisch für eine Gesellschaft, die eine kontinuierliche Fortentwicklung und ein lebenslanges Lernen bejaht. Insbesondere die junge Generation der „Egotaktiker" (Hurrelmann und Quenzel 2012: 205) begeht kaum einen biographischen Schritt ohne Selbstzweck. Eine Spaß- oder Gemeinwohlorientierung ist eher selten und wenn, dann gepaart mit einem (vermeintlichen) Vorteil für die eigene Weiterentwicklung. Jede Station im Lebenslauf dient einem größeren Plan, der eine sichere berufliche Karriere versprechen soll. Was sich bei den Jugendfreiwilligendiensten in einer Zunahme des Motivs der persönlichen Weiterentwicklung und des Kompetenzerwerbs niederschlägt (BMFSFJ 2012: 19f.), zeichnet sich ebenso bei diesem Typus der Egotaktiker im FWD ab: Der persönliche Nutzen steht im Vordergrund.

*Motive*

Die zwei Untertypen Selbstoptimierer und Alternativlose unterscheiden sich v.a. in ihren Motiven für den FWD, während sie sich in den anderen vier Dimensionen des Identifikationsgrades stark ähneln.

Die Selbstoptimierer treten den Dienst in der Bundeswehr überwiegend aus extrinsischen Gründen an. Im Vordergrund steht der Wunsch, eine Zeit zu überbrücken. Die meisten Soldaten, die diesem Typus zugeordnet werden, kommen unmittelbar aus der Schule und wollen sich einen Freiraum verschaffen, während dem sie über ihren weiteren (beruflichen) Werdegang nachdenken können oder ziehen die Option des Wehrdiensts, weil andere Bewerbungen gescheitert sind beziehungsweise zu spät eingereicht wurden. Rekrut L1 hat „die Bundeswehr so als Plan B [weil die Bewerbung bei der Polizei scheiterte; Anm. RH] genommen, damit ich irgendwas machen kann in der Zeit" (L1_1: 8). Obwohl sie zahlreiche Möglichkeiten hätten, erscheint ihnen die Bundeswehr dafür geeignet und attraktiv. Dahinter liegen aber weniger normative oder ideelle Deutungsmuster als vielmehr die Einschätzung, der Wehrdienst würde positiv zur eigenen physischen und psychischen Entwicklung beitragen. „OK, Bundeswehr ist ja auch eine Sache, dann kann ich ja körperlich trainieren" (L1_1: 12). Auch der finanzielle Anreiz spielt in dieser Gruppe, sowohl bei den Selbstoptimierern als auch bei den Alternativlosen, eine wesentliche Rolle und erklärt oftmals die Entscheidung gegen einen Freiwilligendienst im sozialen Bereich, der deutlich schlechter vergütet würde:[131] „Nun ja, ich möchte nach dem Freiwilligen Wehrdienst ein Jahr ‚Work and Travel‘ in Australien machen, und dafür benötige ich, um ehrlich zu sein, noch ein bisschen Geld" (L7_1: 12).

Die Alternativlosen teilen die extrinsischen Motive einer sicheren Bezahlung und haben hingegen noch keine Idee, wie es nach der Bundeswehr weitergehen soll. Daher halten sich diese Soldaten die Option offen, im Anschluss an den FWD in eine andere Laufbahn zu wechseln. Dabei geht es vor allem um die sicheren Rahmenbedingungen, die die Bundeswehr als Arbeitgeber bietet und weniger um bestimmte Aufgaben- und Anforderungsprofile:

> „(…) dass man von seinem Arbeitgeber eine gewisse Fürsorge hat, und man hat auch eine gewisse Sicherheit im Job. Also, jetzt nicht so von dem, was man tut, sondern man ist einfach 13 Jahre auf jeden Fall dabei, wenn man sich dafür verpflichtet hat. Und das hat man in keinem anderen Job so, wo man sagt, hier, nach einem Jahr: ‚Du kannst wieder gehen‘, so nach dem Motto, ‚wir brauchen Dich doch nicht!‘ Das ist halt bei der Bundeswehr so die Sicherheit, die einfach gegeben ist" (L3_1: 60).

*Zugehörigkeit*

Dieser Typ identifiziert sich in der Regel wenig mit der Truppe, insbesondere nicht über den eigenen Kameradenkreis hinaus. Die eigene Stellung innerhalb der Dienstgrade wird als niedrig und nachrangig wahrgenommen:

> „Na ja also ich sage mal, … wie soll ich es ausdrücken? Also ich denke mal, dass ein Soldat auf Zeit schon höher angesehen ist, gerade auch weil er halt auch länger in der Einheit verbleibt. Na ja, bei den meisten Freiwillig Wehrdienstleistenden ist es auch so, dass sie dann nur ein Jahr hier sind oder so und deswegen denk ich mal haben die nicht so einen großen Stellenwert innerhalb der Einheit. Ist jetzt meine Meinung" (L18_3: 85).

Als identitätsstiftend angelegte Zeremonien wie das feierliche Gelöbnis werden nicht als solche wahrgenommen. Das folgende Zitat zeigt das sehr eindrücklich, denn es belegt zum einen ein fehlendes Zugehörigkeitsgefühl sowie die geringe Stellung, die dem Generalinspekteur zugesprochen wird („ist auch nur irgendein alter Mann"), zum anderen wird deutlich, dass das Gelöbnis[132] selbst als bloße Worthülse wahrgenommen wird, ohne dass das Aufgesagte eine Auswirkung auf das eigene Verhalten hätte.

> „Ja, hm, ich glaube es war mal toll den Verteidigungsminister von Nahem zu sehen, irgendwie OK, das ist er. Der wechselt ja sowieso irgendwann, deshalb kann man nicht sagen, OK, man hat den Verteidigungsminister gesehen. Ansonsten der Generalinspekteur ist auch nur irgendein alter Mann oder so was, das war es. Das einzige was mal toll war, war zu stehen und OK, ich gelobe, blablabla. Aber ich glaube mindestens 90 Prozent von den Leuten inte-

---

131 In den Freiwilligendiensten BFD, FSJ und FÖJ beträgt die monatliche Vergütung im Bundesdurchschnitt 456 Euro (Stand: September 2012) (Mäder 2012). Zusätzliche Vergünstigungen wie kostenlose Heimfahrten, unentgeltliche Verpflegung und Unterkunft sind in diesen Betrag schon eingerechnet.

132 Die Soldaten geloben: „Ich gelobe, der Bundesrepublik Deutschland treu zu dienen und das Recht und die Freiheit des deutschen Volkes tapfer zu verteidigen" (Bundeswehr 2012).

ressiert das sowieso nicht, was sie da geloben. Ich glaube, keinen hier wird das Abhalten, in der Freizeit andere zu verkloppen oder irgendwelche Sachen wegzunehmen" (L1_1: 76).

Ein Empfinden von Stolz oder gar Ehre wird von diesem Typus nicht erwähnt – Äußerungen, die im Zusammenhang mit solchen Zeremonien insbesondere beim Typ der idealen Soldaten (siehe Kapitel 7.4) durchweg vorkommen. Am Standort A wurden während der AGA Kameraden (allesamt Zeit- oder Berufssoldaten) der befragten Rekruten nach Afghanistan verabschiedet. Beim Abschiedsappell stellten die Rekruten die Ehrenformation und dieses Ereignis ist Thema im zweiten Interview. Ein Soldat distanzierte sich klar, was exemplarisch für die Gruppe der Egotaktiker ist:

> „Naja, also, erst mal war es jetzt für mich natürlich schon fremd irgendwo, weil, es waren keine Kameraden, die man jetzt gekannt hat. Also, es waren eigentlich alle aus [der] anderen Kompanie. Ich glaube, aus unserer waren nur vereinzelte Leute und mit denen hat man jetzt nicht viel zu tun gehabt während der Grundausbildung" (L18_2: 131).

Dieser erste Teil der Antwort zeigt, dass sich der Soldat nur mit den eigenen, unmittelbaren Kameraden identifiziert. Andere Angehörige derselben Einheit sind ihm „fremd". Im weiteren Teil des Zitates wird deutlich, dass sich der Soldat ganz klar von einem Auslandseinsatz distanziert, überwiegend aus persönlichen Gründen. Die Opfer wären einfach zu groß („dass man sterben könnte"), die Rahmenbedingungen („wenn die ihre Familie vier Monate nicht sehen") erscheinen unerträglich. Zwar klingt Respekt für die Kameraden mit, doch eine große emotionale Distanz zu denjenigen, die in den Einsatz gehen, ist im Zitat deutlich zu spüren.

> „Und ja, es war schon sehr befremdend, wenn man weiß, dass die Leute vier Monate, also bis Ende Februar, glaube ich, sind die jetzt da, über Weihnachten und Silvester und sehen die Familie die ganze Zeit nicht. Ich meine, wenn es für mich jetzt schon schwer ist, mal eine Woche hier zu sein ohne meine Familie und dann halt nur am Wochenende zu Hause, das finde ich halt schon blöd. Aber wenn die ihre Familie vier Monate nicht sehen und dann auch noch im Ausland sind, wo jeden Tag die Gefahr ist, dass man sterben könnte, eigentlich - davor hat man schon viel Respekt. Also, ich selber würde nie ins Ausland wollen. Das wurde mir auch speziell an dem Tag noch mal richtig bewusst, dass ich das auf keinen Fall möchte" (L18_2: 131).

Obwohl die unmittelbare Kameradschaft mit den Gefährten aus dem eigenen Zug und den Stubenkameraden von diesem Typ weniger distanziert wahrgenommen wird, zeigen sich auch hier Differenzen zwischen den Soldaten, die den Zusammenhalt schwächen. Die Bereitschaft, sich mit anderen Milieus oder unterschiedlichen Soldatentypen auseinanderzusetzen, ist eher gering; ein Gefreiter resümiert: „Die Atmosphäre bei uns im Zug war nicht gut. Man wurde schnell als Außenseiter abgestempelt" (G3_2: 18). Ein anderer bezeichnet seine Kameraden alle als „Idioten, die es nicht schaffen mal gerade stehen zu bleiben und ihren Mund zu halten und mal das zu tun, was man ihnen gesagt hat" (L1_2: 147).

Dabei kann gerade Kameradschaft sinn- und identitätsstiftend wirken:

> „Dazu [zur militärischen Organisationskultur, Anm. RH] gehört auch eine besondere Art sozialer Beziehungen, die die Soldaten auch in aussichtslosen Situationen weiterkämpfen lässt: die Kameradschaft. Diese soll auch dann wirken, wenn Soldaten vom Sinn ihres Handelns kaum mehr überzeugt sind" (Apelt 2012a: 135).

Was – wie in diesem Beispiel – zu einer Überidentifikation mit fatalen Folgen führen kann, kann im inländischen Betriebsalltag durchaus motivierend wirken und fehlt diesem Typus weitestgehend.

*Auslandseinsätze*

Die Egotaktiker stehen den Auslandseinsätzen skeptisch gegenüber und das meist in zweierlei Hinsicht. Der Sinn und die Legitimität außerterritorialer Einsätze wird grundsätzlich hinterfragt.

> „Ich finde es eigentlich nicht gut, dass unsere Leute, also unsere Soldaten, da [nach Afghanistan, Anm. RH] hin gehen. [Es sind] jetzt nicht viele, aber immer noch ihr Leben da riskieren für Leute, die... - Es ist eigentlich nicht der eigene Staat jetzt [sic]. Es sind ja nicht jetzt irgendwelche, keine Ahnung, es sind ja keine Ausländer, die in Afghanistan sind und da hier Afghanistan einnehmen. Es sind ja dieselben, eigenen Landsleute, die da teilweise gegen uns arbeiten, wo ich sage: Hm, [das ist] eigentlich nicht so gut, eigentlich sollten die so schnell wie möglich weg" (L1_1: 76).

Diese Einstellung zeigt, dass die Egotaktiker nur bedingt hinter den organisationalen Zielen stehen. Auch eine konative Identifikation ist nicht erkennbar. Denn ein Einsatz kommt für die Befragten dieses Typs persönlich nicht in Frage. Einige Soldaten dieses Typus (vornehmlich die Selbstoptimierer) entscheiden sich daher bewusst für eine kurze Dienstzeit („Das einzige, was ich mir selber gesagt hätte: Ich habe ja genau elf Monate, weil der Bundeswehrberater gesagt hat, ab zwölf Monate kann man mit Wahrscheinlichkeit Auslandseinsatz haben [sic]. Da habe ich mir gesagt: Ne, muss nicht sein" (L1_1: 40)), um erst gar keine Einwilligungserklärung zur Auslandsverwendung unterzeichnen zu müssen. Die Alternativlosen verpflichten sich hingegen trotz der niedrigen Identifikation mit der Bundeswehr oft für mehr als 12 Monate, da sie nach einer beruflichen Perspektive in der Organisation suchen und mit einem langen FWD die Phase der sicheren Rahmenbedingungen maximal nutzen wollen. Dass sie damit theoretisch einer Verwendung im Ausland zustimmen, ist ihnen durchaus bewusst; sie erkennen es an, dass die Einsätze Teil des Berufs sind, würden sich aber auf keinen Fall freiwillig melden oder gar auf einen Einsatz hinarbeiten, wie ein Soldat, der sich für 23 Monate verpflichtete, erklärt:

> „Ich habe mir gesagt: Das [ein Auslandseinsatz, Anm. RH] gehört eben dazu. Und die Risiken sind da, aber man muss immer mit Risiken leben. Die sind eben überall unterschiedlich. Passieren kann mir auch hier was – in der Kaserne ein Unfall, das ist ja nie ausgeschlossen. Ich bin natürlich froh, wenn ich... Also, ich habe auch nichts dagegen, wenn ich jetzt nicht

müsste. Das ist ja nun auch wahr. Da bleibe ich eben auch ganz ehrlich. Das sind dann für
mich so drei Dankeschön, drei Mal Gott danken und..." (L13_1: 100).

Die prinzipielle Ablehnung der Einsätze führt aber keinesfalls zu Desinteresse.
Gerade die Egotaktiker haben oft eine klare persönliche Argumentationslinie – in
diesem Fall *gegen* die Einsätze – gefunden. Sie trauen sich eine selbständige
Meinungsbildung zu, sind im Sinne eines Staatsbürgerverständnisses aktiv in
einem Diskussionsprozess involviert und versuchen, sich auch andere Haltungen
zu erschließen:

> „Also, ich hatte mal mit einem gesprochen, der direkt in der Truppe im Moment noch ist,
> der ein oder zwei Mal im Auslandseinsatz war. (…) Und solche Gespräche haben mich
> ziemlich interessiert – wieso die Menschen in einen Auslandseinsatz gehen, weil, ich kann
> so was nicht verstehen, ich persönlich, weil, ich bin der Meinung, ich würde mein Leben da-
> für nicht aufs Spiel setzen, weil ich einfach eine geplante Zukunft habe. Ich weiß, ich will
> später Kinder haben und alles. Aber weil man das halt dadurch so wirklich aufs Spiel setzt,
> deswegen hat es mich interessiert, wieso Soldaten freiwillig, die meisten Soldaten der Bun-
> deswehr gehen ja freiwillig in den Auslandseinsatz, die werden ja nicht einfach einberufen,
> sondern die gehen alle freiwillig. Das hat mich einfach mal interessiert, wieso sie das ma-
> chen. Und das machen sie einfach vor allem aufgrund der Kameradschaft. Das ist wohl ein,
> ja, ich sage mal, wortwörtlich hat er gesagt, dass es ein geiles Gefühl ist, mit seinen Kame-
> raden... Ja, man fühlt sich total verbunden, so untereinander. Und man würde... Man kennt
> sich irgendwann so gut, dass man gegenseitig dem anderen sein Leben anvertraut und für
> den anderen auch sein Leben aufs Spiel setzen würde, wo ich mir dann auch sage: Hm, es ist
> schwer nachzuvollziehen, aber wenn man solche Gründe hört, dann kann man irgendwo an-
> satzweise vielleicht verstehen, wieso solche Soldaten dann wirklich auch freiwillig in den
> Auslandseinsatz gehen" (L2_3: 71).

Damit unterscheidet sich der Typ der Egotaktiker deutlich vom der Typ der Angepassten ist, der die Einsätze ohne klare Positionierung als etwas hinnimmt, das
eben zum Soldatenleben und zur Bundeswehr dazugehöre (siehe dazu Kapitel
7.3).

*Sinnhaftigkeit*

Das Empfinden von Sinn ist bei den Egotaktikern niedrig ausgeprägt. In der
Regel trifft das für zwei Ebenen zu: die Aufgaben und Ausbildungseinheiten
werden als wenig erfüllend angesehen; ebenso ist der Mehrwert für die eigene
Weiterentwicklung – insbesondere nach der Grundausbildung – selten erkennbar,
obwohl genau dieser für die Selbstoptimierer prinzipiell wichtig ist:

> „Aber dann, irgendwann, fing so der Alltag an und der hat irgendwann mal angepisst, wenn
> ich mal bei dieser Showsprache mal, oder, ich spreche jetzt mal Umgangssprache, mal jetzt.
> Also, der [hat] dann echt angepisst, weil Du, oder, man hat einfach so Sachen gemacht, die
> einfach unnütz waren nach meiner Meinung und die auch viele andere empfanden als unnütz
> [sic]. Man hat Fahrzeuge hier gefristet, die eigentlich nie bewegt worden sind, die dann halt
> aber trotzdem gefristet werden mussten, das heißt also, da musste in denen allen überall
> noch Schmiere, also Fett, reingemacht werden, damit die Gelenke sich wieder bewegen.
> Aber das Ding wurde nie bewegt und das Fett da drin war schon noch ganz in Ordnung und
> so. Von daher, denke ich mal, war das nur Beschäftigung, damit wir irgendwas zu tun hat-

ten" (L1_3: 7).

Gleichzeitig hat diese Gruppe eine geringe Einschätzung ihrer eigenen Selbst-wirksamkeit. Sie sehen ihren persönlichen Beitrag für die Gesamtorganisation nicht – und das spiegelt sich oftmals in einem schwachen Zugehörigkeitsgefühl wieder. Diejenigen, die schon mit niedrigen Erwartungen und eher pragmati-schen Motiven zur Bundeswehr kommen, gehen damit relativ gelassen um:

> „Ich habe das ja eigentlich als Überbrückungsjahr hier gemacht und so anders habe ich es auch nicht gesehen, eigentlich, dass es halt nur wirklich als Überbrückungsjahr gedient hat. Ich habe jetzt nicht gedacht, dass ich hier mir unbedingt den Arsch aufreißen muss, um-gangssprachlich, um hier wirklich voran zu kommen, sondern ich wusste: Bald bin ich hier wieder raus und dann kann man es an manchen Tagen mal ein bisschen lockerer angehen" (L4_3: 45).

Doch andere, die sich zumindest eine persönliche Weiterentwicklung vom FWD erhoffen, werden von dieser empfunden Sinnlosigkeit geradezu zermürbt:

> „Und ich hatte zwischenzeitlich sogar überlegt, komplett schon auszusteigen vor den sechs Monaten [Probezeit, Anm. RH], weil es einfach so ich, dass ich … Ich hatte, glaube ich, im ersten Monat [in der Stammeinheit, Anm. RH] überhaupt nichts zu tun. Und irgendwann diese Langeweile und dass man wirklich so geistig zu einem… Geistig wird man ja hier ei-gentlich gar nicht mehr gefordert. Das macht einen irgendwann dann mürrisch, das macht einen mürbe, macht einen fertig, so noch" (L2_03: 115).

Das niedrige Sinnempfinden und eine fehlende Selbstwirksamkeit finden sich vor allem zum Zeitpunkt des dritten Interviews über alle Typen hinweg. Der Unterschied ist die Deutung und der Umgang mit dieser empfundenen Sinnlo-sigkeit: Die Egotaktiker deuten den Mangel an Sinnhaftigkeit als organisations-immanent und schreiben die Ursachen dafür den strukturellen Rahmenbedingun-gen bzw. der Organisationskultur der Bundeswehr zu. In Folge entwickelt dieser Typ ein negatives Gesamtbild gegenüber der Bundeswehr, das er oder sie auch an das soziale Umfeld weitergibt („Schlechte Publicity macht sich breit, schnell. Einfach weil alle Leute, alle Kumpels sagen es zu ihren etwas jüngeren Leuten [sic]: ‚Geh' da auf keinen Fall hin! Such' Dir irgendein Praktikum, arbeite bei McDonald's oder so was, da kriegst Du mehr Geld, bist immer zu Hause, musst nicht immer in der Kaserne übernachten und Du wirst nicht abgefickt [sic]' (L1_3: 259)).

Bei den anderen Typen entsteht aus der subjektiven Sinnlosigkeit nicht unmittel-bar eine Ablehnung der gesamten Organisation. Vielmehr interpretieren sie ihre individuelle Wahrnehmung so, dass sie persönlich mit der Stelle Pech gehabt, die falsche Einheit gewählt oder gerade einen ungünstigen Zeitpunkt erwischt hätten (siehe dazu die Kapitel 7.3 und 7.4). Doch es gibt durchaus Soldaten, deren Iden-tifikationsgrad gerade wegen der fehlenden Sinnhaftigkeit im Laufe der Dienst-zeit abnimmt und die nur zum Zeitpunkt des dritten Interviews diesem Typen zuzuordnen sind (zum Beispiel L4 und L6).

*Wahrnehmung*

Die Unterstützung aus dem sozialen Umfeld, also von Seiten der Familie, von Freunden und die Selbstwahrnehmung des eigenen Stellenwerts innerhalb der Gesellschaft sind bei den Selbstoptimierern und Alternativlosen schwach. Sie begegnen Gleichgültigkeit oder sogar Skepsis im unmittelbaren Umfeld und ordnen die gesamtgesellschaftliche Stimmung als ablehnend gegenüber der Bundeswehr ein. Ein Soldat beschreibt sein subjektiv empfundenes Bild so: „In Deutschland ist es halt mehr so gesehen, dass es nicht wirklich hart wäre. Jeder macht so sein eigenes Ding, faulenzt rum beim Bund. Also, viele sehen nicht wirklich die Arbeit, die da auch dahinter steckt" (L18_1: 152).

Ein anderer resümiert im dritten Interview seine Erfahrungen:

> „Aber sonst, ja, aus dem Bekanntenkreis ist es natürlich immer unterschiedlich. Der eine sieht das so, der andere sieht das so. Viele honorieren das vollkommen, viele sagen aber auch: ,Ja, man hätte ja auch was', so ungefähr, ,Sinnvolleres machen können', weil viele das für nicht sinnvoll halten. Wenn ich denen aber dann erkläre, wieso ich das mache, ja, dann verstehen die das irgendwo. Aber trotzdem, es ist schwierig zu verstehen, weil doch ja irgendwo in der Gesellschaft, so wie ich das mitbekomme, irgendwo auch so ein bisschen Abneigung gegenüber Soldaten herrscht" (L2_3: 55).

Dementsprechend fällt es diesem Typ schwer, Gefühle wie Stolz zu entwickeln oder sich selbst als Botschafter für die Bundeswehr zu sehen. Die Legitimation, einen FWD zu absolvieren, fällt schwer und muss permanent erneuert werden. Sie leben daher in zwei Welten und trennen ihr Soldat-Sein von ihrem Privatleben. Mit dem Verlassen der Kaserne wird auch die soldatische Identität abgestreift. Sie begreifen sich selbst nur teilweise als Soldaten. Außerhalb ihres Arbeitsplatzes in Uniform aufzutreten, ist ihnen fremd und auch innerhalb der Armee sehen sie sich als FWDL nur teilweise zugehörig. Dies resultiert unter anderem daraus, dass sie keine Wertschätzung empfinden. Auf die Frage nach Anerkennung erwidert ein Rekrut:

> „L6: Das [Anerkennung] habe ich so nicht kennengelernt, nein. Also, im Gegenteil: Uns wurde ständig vorgehalten, dass wir ja nur da sind, weil wir so leicht hier gutes Geld verdienen und so halt.
> RH: Haben Sie das so empfunden?
> L6: Ich habe es so empfunden, dass sie uns nicht wirklich ernst nehmen in der Bundeswehr, sondern wie kleine Kinder, die dort halt ein Jahr spielen sollen" (L6_3: 189-195).

*Einordnung des Typs*

Den Wehrdienst als Persönlichkeitsbildung zu nutzen und sich davon einen Vorteil für das spätere Berufsleben zu versprechen, ist kein neues Phänomen. Birckenbach beobachtete in ihrer empirischen Studie 1985 zur Wehrbereitschaft junger Männer einen ähnlichen Typus und schreibt diese Deutungen gerade denjenigen zu, die sich wenig mit den Missionszielen und dem Militärischen identifizieren:

> „Mit der Ableistung des Wehrdienstes wird die Erwartung verbunden, dieser verleihe Männlichkeit und damit Berechtigung und Kraft zur Ausübung einer natürlichen Herrschaftsrolle. (…) Den Jugendlichen gelingt es, die Wehrpflicht zu einer beruflichen Chance umzuinterpretieren und so ihre Wehrdienstbereitschaft zu zivilisieren und ihre Anti-Kriegshaltung und zivile Grundorientierung insgesamt trotz ihrer Bereitschaft zum Wehrdienst aufrechtzuerhalten. (…) Der Wehrdienst wird so als Übung für ein lohnabhängiges, zugleich aber selbständiges, zufriedenes Leben mit Verantwortung für sich selbst interpretiert. Erwartet wird die Ausrüstung mit Durchhaltevermögen, kommunikativ-vermittelnden Fähigkeiten und der Fähigkeit zur Unterordnung und Selbstbeherrschung" (Birckenbach 1985: 230f.).

Ähnliche Befunde liefert Treiber in seiner Studie von 1973:

> „Zu der ihm aufgezwungenen Rolle ist der Rekrut kritisch eingestellt, wenn nicht gar distanziert. Dennoch ist er bereit, aus seiner Militärzeit jene ‚soldatischen Tugenden‘ mit nach Hause zu nehmen, deren ‚Wert‘ er bereits im zivilen Leben erfahren hat: er möchte ein ordentlicher, zuverlässiger und pünktlicher Mensch sein" (Treiber 1973: 73f.).

Ein Erklärungsansatz könnte der gesellschaftliche Wandel hin zu einer postmaterialistischen Wertorientierung sein. Weder ideelle noch ökonomische Aspekte geben den entscheidenden Anreiz, sondern sehr individualistische Einstellungen, die auf die eigene Entwicklung abzielen. Hurrelmann und Quenzel bezeichnen die Handlungsmuster dieser Jugendlichen, die die Generation der letzten Jahre prägen, als „selbstbezogen und ‚egotaktisch‘"; sie seien vor allem auf „individuelles Vorankommen" bedacht (Hurrelmann und Quenzel 2012: 206f.). Erstaunlich ist, dass dieser Typus unter den Freiwilligen immer noch vorkommt. Schließlich hätten die jungen Leute in der Regel durchaus andere Optionen – zumindest den Selbstoptimierern ist dies auch bewusst.

Gerade die Selbstoptimierer, denen eine Reihe von Alternativen für ihren weiteren Bildungs- und Berufsweg offen stehen, können sich einen Verbleib in der Bundeswehr nicht vorstellen. Die lange Verpflichtungszeit, die Unsicherheit des Arbeitsortes sowie das Gefühl, sich auf Zusagen, beispielsweise bezüglich der Verwendung, nicht verlassen zu können, sind ausschlaggebende Gründe. Dazu kommt die grundlegende Annahme, dass eine Ausbildung in der Bundeswehr in der zivilen Arbeitswelt als minderwertig angesehen und ein Wechsel zurück in die freie Wirtschaft schwer werden würde. Dieses Empfinden spiegelt implizit wider, dass die Egotaktiker eine kritische Grundeinstellung der Gesellschaft bezüglich der Bundeswehr empfinden. Die Organisation hat in ihrer Wahrnehmung nicht den Ruf, ihre Mitglieder zu guten Fachkräften zu qualifizieren.

Solange der eigene Nutzen überwiegt, kommt ein (vorzeitiges) Ausscheiden für Selbstoptimierer und Alternativlose nicht in Frage. Nur eine konkrete Alternative, beispielsweise eine Zusage für eine zivile Ausbildung, bewöge sie zum Abbruch. Verzögert sich jedoch der Studienbeginn oder ist die Frage nach der beruflichen Zukunft zu Ende des Wehrdienstes immer noch unklar, ist für die Selbstoptimierer sogar eine Verlängerung des FWD durchaus eine Option,[133] denn die als gut empfundene Bezahlung gemessen an der geringen Arbeitsbelastung in der Stammeinheit,[134] wiegen Langeweile, fehlende Sinnhaftigkeit und ein schwach ausgeprägtes Zugehörigkeitsgefühl auf.

Ist dieser Typ schon mit geringen Erwartungen an die Tätigkeiten und ohne ideelle Motive in die Bundeswehr eingetreten und verbleibt auf diesem niedrigen Identifikationsgrad,[135] ist die „Fallhöhe" nicht hoch. Anders steht es um diejenigen, die mit einem größeren Identifikationsgrad und dementsprechend anderen Erwartungen kommen. Sie brechen den Dienst entweder vorzeitig ab (z.b. G3), oder verlassen die Bundeswehr zum Ende enttäuscht, womit sich in der Regel das Gesamtbild der Organisation zum Negativen gewandelt hat. Doch auch eine gegenteilige Entwicklung kommt vor, nämlich, dass der Identifikationsgrad über die Zeit zunimmt, insbesondere während der Grundausbildung, die das Selbstvertrauen einiger Rekruten stärkt (z.B. L3, L13, L7 und L9).

Der FWD ist also für die Egotaktiker eine strategische Wahl, bei der es weniger um Zugehörigkeit geht als vielmehr darum, was der persönliche Nutzen dabei ist – Vergleichbares bestätigt Battistellis Studie zu den Motiven italienischer Peacekeeper:

> „The question is not whether I am accepted as a member of the organization. Now it is what personal use I can make of the organization. In postmodernity, finally, I think of my relation to the organization in terms of effects on my search for my own identity" (Battistelli 1997: 469).

---

133 Soldat L18 verlängerte beispielsweise von sieben zunächst auf zwölf und dann erneut auf 23 Monate. Die Begründung dafür ist klar selbstorientiert: „Na ja die eigentliche Intention, zum Bund zu gehen, war ja, dass ich nach dem Abitur nicht wusste, was möchte ich überhaupt machen. Studieren ja, aber was genau studieren wusste ich halt noch nicht und dann nach den sieben Monaten auf die zwölf war klar, dass ich das Jahr erstmal voll habe und ich dachte halt, dass ich jetzt in diesem ersten Jahr halt darüber im Klaren werde, was ich studieren möchte, aber die Zeit ging jetzt irgendwie so schnell rum, dass ich mittlerweile mir gedacht habe: Ach na ja, kannst ja eigentlich noch ein Jahr ranhängen. Wird dir auf jeden Fall nicht schaden und dadurch ist es dazu gekommen" (L18_3: 29).

134 So zum Beispiel Soldat L2: „Und es ist einfach so: Das gute Geld lockt einen dann schon an. Ich meine, das war schon ein großer Grund jetzt auch für mich damals, hier hin zu gehen. Ich hätte auch gewiss etwas anderes tun können, aber ich dachte, na ja, man braucht auch fürs zukünftige Leben irgendwo Rücklagen, nicht? Und das ist die beste Möglichkeit, ja. Ich habe halt... Ja, ich tue wenig und kriege dafür sehr gutes Geld. Es ist an sich ungerechtfertigt, die Bezahlung, keine Frage. Es ist ungerechtfertigt. Aber irgendwie muss die Bundeswehr ihre Leute ja bekommen. Und von daher, ja, also ich würde es vielen raten. Ich rate es auch meinem Bruder, dass er es machen soll, dann. Weil, einfach für das, was man tut, bekommt man zu gutes Geld und das kann man echt nutzen dann später auch. Und man kann halt die Zeit auch wirklich nutzen, um sich zu bewerben (...)" (L2_3: 187).

135 So L1 und L18, die beim ersten und beim letzten Interview diesem Typ zugeordnet werden können.

Die Selbstoptimierer nutzen den FWD oft als „gap year", ein steigender Trend in Deutschland, dem vor allem Abiturienten folgen. Damit erreicht die Bundeswehr mit den Selbstoptimierern eine Zielgruppe, die besonders schwer zu rekrutieren ist, da sie über viele andere Möglichkeiten und hohe Ansprüche an die eigene Karriere verfügt. Zwar gelingt es der Bundeswehr nicht, diese Klientel zu halten, jedoch kann ihnen der FWD einen Einblick in und eine persönliche Verbindung zur Bundeswehr geben; das gelingt in anderen Ländern so nicht immer.[136]

Der Typ der Egotaktiker ist damit wertvoll für das zivil-militärische Verhältnis und fördert eine ausgeglichene Rekrutierung über viele Schichten hinweg. Vereinzelt finden hier nämlich auch Personen zur Bundeswehr, die zu Zeiten der Pflichtdienste wohl eher die Option des Zivildienstes gewählt hätten, nun aber auf Grund der guten Bezahlung, gepaart mit der Probezeit, die einen Ausstieg in den ersten sechs Monaten ermöglicht, dieses „Experiment" wagen.[137]

Insbesondere die Selbstoptimierer sind in der Regel kritisch und gut gebildet;[138] zwar repräsentieren auch sie (zumindest in dieser Studie) nicht alle gesellschaftlichen Milieus, denn trotz ihres Selbstbewusstseins und ihrer hohen Bildung, gehören sie zu den Jugendlichen, die Wert auf finanzielle und berufliche Sicherheit legen und einen ausgeprägten Sinn für Familie betonen, also vornehmlich den Konservativ-Bürgerlichen (Calmbach 2012) zuzurechnen sind. Sie tragen gesellschaftliche Debatten und Entwicklungen selbstbewusst in die Armee hinein und vertreten ihre persönlichen Meinungen, beispielsweise zu den Auslandseinsätzen, offen, auch wenn diese der Organisationsdoktrin widersprechen. Andersherum sind sie nicht verlegen, Missstände, die sie in der Armee empfinden, zurück in die Gesellschaft zu spiegeln.

## 7.3 Die Angepassten: Der Pflichtbewusste und der Pragmatiker

Folgende Soldaten gehören zu den jeweiligen Interviewzeitpunkten zu den Angepassten, die durch einen mittleren Identifikationsgrad gekennzeichnet sind. Sie lassen sich in Pflichtbewusste (Moratorium) und Pragmatiker (Berufsperspektive) aufteilen:

---

136 In den USA trägt die höhere Studierendenquote wohl mit dazu bei, dass die Verpflichtungsrate weißer Mittelschichtsangehöriger zwischen 1985 und 1997 um ein Drittel sank (Apt 2010: 74).

137 So zum Beispiel L7, der über seinen familiären Kontext erzählt: „Also meine väterliche Familie, von denen ist keiner bei der Bundeswehr gewesen, das sind alles mehr oder weniger Pazifisten, die haben alle grundsätzlich erstmal mit Entsetzen reagiert" (L7_1: 32).

138 Inwiefern bestimmte soziodemographische Merkmale (z.B. der Bildungshintergrund) und Werteinstellungen in direktem Zusammenhang mit der Zugehörigkeit zu einem bestimmten Typen stehen, lässt sich aufgrund der geringen Fallzahl nicht erschließen. Dies wären aber Fragen, denen man, auf die vorliegenden Erkenntnisse aufbauend, in einer Anschlussstudie mit größerer Fallzahl nachgehen könnte.

| | 1.  Interview | 2.  Interview | 3.  Interview |
|---|---|---|---|
| **Der Pflichtbewusste** | L2, L4, L6, L11 | L4, L6, L9, L11, L18 | L3, L8, L10, L11, G1 |
| **Der Pragmatiker** | L12, L16, G2, G3, G5 | L3, L12, L13, L15, L16 | L13, L14 |

*Tabelle 6: Zuordnung der Soldaten zum Typ der Angepassten.*

## Zusammenfassung

Die Angepassten weisen einen mittleren Identifikationsgrad auf. Sie kennen die Bundeswehr meist aus dem familiären Umfeld. Familienangehörige oder Freunde waren bzw. sind als Wehrpflichtige, Zeit- oder Berufssoldaten bei der Armee. Die Bundeswehr ist im sozialen Umfeld der Pflichtbewussten und Pragmatischen ein selbstverständlicher Bestandteil des Alltags, ein Teil des gesellschaftlichen Systems der Bundesrepublik, so wie die Steuerbehörden oder die Polizei. Während die Pragmatischen die Bundeswehr in erster Linie als Arbeitgeber wahrnehmen und häufig die Vorteile dieses „Unternehmens" anführen, leisten die Pflichtbewussten den Dienst als Zwischenstation ins Erwachsenenleben, weil es für sie – oft familiär bedingt – irgendwie dazugehört zu dienen.

Im Zeitverlauf dominiert dieser Typ: Diejenigen, die mit einer höheren Identifikation eintraten, entwickeln sich im Laufe der Stammeinheit mitunter zu Pflichtbewussten oder Angepassten (so L8, L10, L14 und G1), da ihre hohen Erwartungen nicht erfüllt wurden und sie nun einfach versuchen, das Beste aus der verbleibenden Zeit zu machen. Diejenigen, die mit einem niedrigen Identifikationsgrad in die Bundeswehr eintraten und zu Beginn des FWD kaum konkrete Vorstellungen hatten, was sie erwarten würde, tendieren von allen Typen am ehesten dazu, ihre Identifikation im Zeitverlauf zu intensivieren und vom Selbstoptimierer oder Alternativlosen zumindest phasenweise zum Angepassten oder Pragmatiker zu werden (so L3, L9, L13 und L18).

Planungssicherheit, geregelte soziale Verhältnisse und familiärer Zusammenhalt sind für die Angepassten besonders wichtig. In diesem Zusammenhang spielt einerseits die verlässliche und solide Vergütung eine entscheidende Rolle, die die Grundhaltung gegenüber der Bundeswehr positiv prägt und diese als attraktiven Arbeitgeber erscheinen lässt. Andererseits ist gerade der ausgeprägte Familiensinn in den späteren Interviews oft ein Grund, von einer längerfristigen Verpflichtung abzusehen. Zu groß wären die persönlichen Opfer und mögliche negative Konsequenzen für das Privatleben durch häufige Umzüge auf Grund von Versetzungen und eventuelle Auslandsverwendungen:

> „Das Problem ist wirklich, was auch ganz viele Freunde von mir haben, dass sie viel bei der Bundeswehr sind, viel rumfahren müssen, woanders stationiert sind, am Wochenende arbeiten müssen. Und das machen dann auch die meisten Freundinnen nicht mit und davor habe ich auch so ein bisschen Angst, was dann sein sollte mit meiner Freundin, wenn ich jetzt,

sage ich mal, in Hamburg oder so stationiert werden sollte. Das sind so ein paar Sachen, worüber man sich halt Gedanken macht" (L12_2: 123).

## Motive

Die Pflichtbewussten und Pragmatiker treten den FWD aus einer Mischung von intrinsischen und extrinsischen Beweggründen an. Ein Soldat, der sich überlegt, länger bei der Bundeswehr zu bleiben, beschreibt seine Suche nach einem sinnvollen und zugleich krisensicheren Beruf:

> „Ich denke mal, meine Motivation war einfach, dass ich etwas Sinnvolles im Leben machen wollte, dass ich anderen Menschen helfen wollte. Und ich habe mir halt viele Berufe überlegt, die noch wirklich Zukunft haben, also die, wo man sich wirklich zu 100 Prozent sicher sein kann: Den Beruf wird es auch noch in zehn, zwanzig Jahren geben, also, wo man sich nicht Gedanken darüber, Sorgen machen muss: Kann das sein, dass mich in fünf Jahren vielleicht ein Roboter ersetzt?" (G3_1: 29).

Ein anderer Soldat, der schon seit Jahren den Gedanken hegt, zur Bundeswehr zu gehen, sieht den FWD als willkommene Option, Bundeswehrerfahrung ohne lange Verpflichtungszeiten sammeln zu können:

> „Eigentlich hatte ich vor, Flieger bei der Bundeswehr zu werden. Also, das war so mein Kindheitstraum, aber dann habe ich mich da genauer erkundigt und 16 Jahre fand ich dann ein bisschen viel, weil, irgendwann will ich dann auch Familie und was weiß ich was alles. Und 16 Jahre dann verpflichtet zu sein, das zu machen, wollte ich dann doch nicht. Und dann habe ich das Thema Bundeswehr eigentlich ganz abgehakt. Aber dann so in der Endphase meines Abiturs, als alle schon so überlegt haben, was sie studieren wollen und so, hatte ich noch überhaupt keinen Plan, was ich machen will und habe mir dann überlegt, dass ich erst mal ein Jahr zur Bundeswehr gehe und mir jetzt hier in der Zeit überlege, was ich danach dann mache, also sprich: Was ich danach studieren will" (L6_1: 24).

Ähnlich ist es bei diesem Soldaten, auch hier spielen extrinsische und intrinsische Motive zusammen:

> „Na, früher, also eigentlich wollte ich das schon seit der zehnten oder neunten [Klasse]. Da habe ich mir so gesagt: ‚Ich geh mal zum Bund', weil, da war es ja noch Pflicht. Da musste ich da hin und dann war es halt freiwillig, und da habe ich gesagt: Da gehe ich trotzdem hin. Ich bin nicht so der beste Schüler, also, hatte immer zu tun, habe fast nie gelernt. Und deswegen ist der Schnitt auch ein bisschen schlechter, so dass ich dadurch auch ein paar Wartesemester sammele und auch ein bisschen Geld, damit ich mir eine Wohnung finanzieren kann und auch damit ich dann danach studieren kann" (L11_1: 25).

Auf Nachfrage, warum genau die Bundeswehr immer eine Option für ihn war, bezieht sich Soldat L11 schnell auf die Grundwerte, Normen und Tugenden, die er mit der Organisation verbindet und grenzt diese dabei dezidiert vom Zivilen (nämlich von der Schule) ab. Er zeigt damit eine affektive Identifikation mit der Bundeswehr:

> „Man lernt so Normen und Werte. Also, ich bin schon gut so erzogen, aber trotzdem, so in manchen ... Umgang halt, mit Menschen und, eben habe ich es auch gemerkt, mit den Lehrern, wie man da umgegangen ist. Das war anders, als würden wir hier jetzt mit unseren

Vorgesetzten reden. Man lernt einfach ein bisschen mehr, auch dann ein bisschen mehr, sich zu benehmen halt, und auch zu gucken, wo man halt... Man hängt nicht nur rum, so umgangssprachlich, sondern man hat zu tun und hat seinen Plan" (L11_1: 33).

Struktur ist etwas, was diesem Typus entgegenkommt. Sie nehmen Vorgaben gerne an, da sie nicht zu den Gestaltern in der Gesellschaft gehören.

*Zugehörigkeit*
Die Angepassten finden den Focus ihrer Identifikation oft im Team. Sie identifizieren sich vor allem mit den Kameraden und genießen das Miteinander auf der Stube, sehen sich als Teil der Mannschaftsdienstgrade. Vergleicht man diesen Typ mit bürgerschaftlich Engagierten, würde man hier wohl von einer ausgeprägten Geselligkeitsorientierung sprechen (Gensicke und Geiss 2013: 125). Dieser Typ macht sich wenig Gedanken über das Verhältnis zu den Vorgesetzten. Denn die hierarchischen Strukturen einer Armee werden als gegeben akzeptiert, umso wichtiger ist ihnen der Zusammenhalt unter den Mannschaftsdienstgraden.
Zudem vertreten die Angepassten Kernelemente der militärischen Organisationskultur wie Disziplin und Kameradschaft aus Überzeugung und erachten diese Grundwerte auch im Zivilen als wichtig. Dabei messen sie Tugenden wie Durchhaltevermögen, Disziplin und Gehorsam einen Mehrwert für ihre persönliche Weiterentwicklung (wie die Egotaktiker) bei und sprechen diesen Eigenschaften darüber hinaus einen positiven Eigenwert zu, unabhängig von ihrem Nutzen für das eigene Fortkommen in der Gesellschaft. Einige sind der Überzeugung, jeder (insbesondere männliche) Staatsbürger sollte einen Grundwehrdienst durchlaufen. Sie betonen damit den Sozialisationsauftrag, den die Bundeswehr ihrer Meinung nach in der Gesellschaft wahrnehmen sollte:

> „Ich finde, jeder Mann sollte irgendwie den Grundwehrdienst machen. Also, ich finde das schade, dass es jetzt freiwillig geworden ist, weil man viel lernt über den Umgang mit Vorgesetzten und auch mit der Einstellung zum Putzen oder zum Aufräumen oder einfach Gehorsam. Einer der schönen Momente war... Also, es gibt viele. Wenn man sich so unterstützt und dann merkt, dass die Kameradschaft da ist, alle so füreinander da sind..." (L11_2: 3).

Selbstwirksamkeit und Bewusstsein, Teil eines Ganzen zu sein, scheint stellenweise auf, ohne dass es unmittelbar in Stolz umschlägt, da mehr die Gesamt- als die Einzelleistung gesehen wird:

> „Wie sage ich das? Naja, ich habe schon so ein gewisses Gefühl, das mir sagt: ‚Ja, ich tue was hier, für Deutschland halt.' Aber stolz [bin ich] jetzt noch nicht. Also, nach dem ersten Tag, wenn wir so in einer Formation oder so stehen, denke ich schon: ‚Ja, cool, wir sind jetzt so, wir laufen jetzt hier so, marschieren...' Aber das kommt, glaube ich, erst mit der Zeit, dass man so sagt: ‚Ich kann stolz auf mich sein, stolz, in der Bundeswehr zu sein'" (L11_1: 141).

Das erklärt die subjektiv empfundene Stellung innerhalb der Armee gut: Dieser

Typ sieht sich als Schüler, als junger Mensch, der geformt und aufs Leben vorbereitet wird. Sie lassen sich auf diesen Prozess ein und vertrauen darauf, dass die Organisation – einst „Schule der Nation" – weiß, wie sie mit ihnen umgeht. Die Äußerung eines Soldaten, der sich über Schlafmangel beklagt, jedoch sofort hinterherschiebt, dass er auf die Erfahrung der Ausbilder vertraue und sie sicher wüssten, was sich mit den Rekruten machten, steht dafür exemplarisch:

> „(…) gestern sind wir um 23 Uhr ins Bett gegangen, um fünf wieder aufgestanden - sechs Stunden Schlaf sind eigentlich zu wenig, behaupte ich. Zu Hause habe ich immer versucht, acht Stunden zu schlafen, weil das am gesündesten ist. Und bei der Anstrengung hier sind eigentlich sechs Stunden zu wenig, das bemängle ich so ein bisschen. Aber die wissen bestimmt schon, was sie machen. Wir sind ja nicht die ersten, die hier sind. Also, es ist ja noch keiner an Übermüdung gestorben, bestimmt" (L11_1: 193).

Die Angepassten sind also deutlich unkritischer als die Egotaktiker und haben zugleich weniger Ansprüche an ihre Selbstwirksamkeit als die idealen Soldaten. Sie fühlen sich als kleines Rädchen in einer großen Organisation und nehmen diese Rolle gleichmütig an. Während dieses Hinnehmen bei den von Beginn an Angepassten wohl schon aus der familialen Sozialisation und grundsätzlichen Lebenseinstellung resultiert, ist es bei den Soldaten, die den FWD mit einem höheren Identifikationsgrad begonnen haben, eher als Resignation zu deuten.

*Auslandseinsätze*

Gegenüber Auslandseinsätzen zeichnet sich bei diesem Typ eine generelle Akzeptanz ab. Die Einsätze werden als selbstverständlicher Teil des Soldatenberufs angesehen. Ambivalent ist die Positionierung hinsichtlich einer eigenen Auslandsverwendung. Vor allem die Soldaten, die die Einsätze (insbesondere Afghanistan) als gefährlich ansehen und nicht als rein humanitäre Hilfsmissionen kategorisieren, würden nicht freiwillig gehen. Sie würden jedoch ihrer Pflicht nachkommen und zu ihrer Verpflichtungserklärung stehen, wenn sie dazu aufgerufen würden:

> „L6: Naja, ich musste ja unterschreiben, dass ich an Auslandseinsätzen teilnehme, auch wenn es sehr unwahrscheinlich ist, weil man einfach mit der ganzen Nachbereitungs- und Vorbereitungszeit in einem Jahr das gar nicht alles rein packen könnte. Aber wenn es jetzt plötzlich hart auf hart kommen würde und ich ins Ausland müsste, das wäre schon so ein bisschen ein Schock, glaube ich, weil ich damit so überhaupt nicht gerechnet habe.
> RH: Wie stehen Sie zu den Auslandseinsätzen insgesamt?
> L6: Es ist halt der Job der Bundeswehrsoldaten, dieses zu machen und da müssen die durch. Das wussten die von vornherein." (L6_1: 108-116).

Ebenso spielt es eine große Rolle, wie die Familien zu den Einsätzen stehen. Oft ist es genau der Punkt, der bei den Angehörigen auf Skepsis gegenüber dem FWD stößt, insbesondere bei den FWDL, die sich für zwölf Monate oder länger verpflichten:

„L12: Also, meine Eltern waren erst hin- und hergerissen. Meine Mom war erst dafür, mein Papa dagegen. Dann auf einmal war es andersrum, keine Ahnung. Aber dann haben wir uns noch mal alle hingesetzt, und die fanden es eigentlich ganz vernünftig. (…) Also, wenn ich mich so lange verpflichte, kann es ja passieren, dass ich ins Ausland muss und ja, da hat meine Mom dann doch ein bisschen was dagegen gehabt. Aber gut...
RH: Wie sehen Sie selbst das?
L12: Mit dem Ausland? Gut, ich denke mal, wenn ich Soldat bin, dann muss ich mich dafür auch bereit erklären. Also, ich habe mich mit dem Gedanken schon mal auseinander gesetzt. Noch nicht jetzt ausführlich, weil, [es] ist ja bestimmt noch ein bisschen hin bis dahin. Aber sollte es dazu kommen, dann würde ich auch gehen, also, ich würde keinen Rückzieher machen oder so, weil, ich denke mal, das ist für eine gute Sache als Soldat, in [solchen] Ländern zu helfen" (L12_1: 56-68).

Diejenigen, die gerne an einem Einsatz teilnehmen würden, sehen diesen vor allem als persönliche Lernerfahrung an, wobei hier nicht der Abenteuercharakter, sondern eher eine Horizonterweiterung, ein Rückbesinnen auf gewisse Werte fokussiert werden:

„Ich verpflichte mich ja für 23 Monate,[139] weil ich ins Ausland will, weil man dann da auch mal sieht, wie das Leben auch da draußen so ist, sage ich mal so, ‚da draußen‘, also jetzt Afrika oder Afghanistan. Also, ich würde gerne nach Afrika, muss ich sagen, weil ich dann wahrscheinlich Politik und Wirtschaft studieren will und dann nach Afrika in die Entwicklung will. Und dann will ich schon mal gucken [nach] Afrika, wie das da so abläuft. Und dann sieht man auch mal, wie in anderen Kulturen halt damit umgegangen wird. Und dann schätzt man vielleicht... Dann sitzt man nicht mehr so auf den materiellen Werten. Dann schätzt man vielleicht das Leben ein bisschen mehr und sagt nicht: ‚Scheiße, ich habe bloß 1.000 Euro heute zur Verfügung‘, sondern man sieht halt da, wie die halt mit zehn Cent am Tag leben müssen und gucken müssen, wo sie bleiben, und nichts zum Anziehen haben und so, und wir hier meckern schon, wenn uns eine Hose zu groß ist oder so. Das ist halt ein bisschen anders hier. Und deshalb bin ich... Da ändere ich mich vielleicht ein bisschen dann" (L11_1: 109).

Diese Ansicht relativiert sich bei genau diesem Soldaten im zweiten Interview, weil die eigene körperliche Unversehrtheit auf dem Spiel steht:

„Ich bin eigentlich her gekommen, um ins Ausland zu gehen, aber mit der Zeit so, wie man sich so erzählt, wir kriegen ja hier, als öffentliche Menschen, nicht so viel mit. [Es] passiert ja viel auch, als eigentlich so in der Öffentlichkeit steht. Und es bringt mir nichts, wenn ich mit 20 nach Afghanistan [gehe] und dann mit einem Arm zurückkomme oder mir fehlen zwei Finger oder so. Das bringt mir einfach nichts. Und die Gefahr dafür ist ganz schön hoch. Und deswegen ist Ausland keine gute Idee" (L11_2: 123).

Die Innenansicht der Organisation ändert seine Einstellung also. Das deutet darauf hin, dass die Gesellschaft abgekoppelt von der Einsatzrealität ist und wenig konkrete Informationen hat – sei es aus mangelnder Verfügbarkeit oder mangelndem Interesse; dem *Insider* präsentiert sich eine andere (subjektive) Wirklichkeit als dem *Outsider*:[140] Nimmt der Soldat die Einsätze beim ersten Ge-

---

139  Der Soldat verpflichtete sich zunächst für zwölf Monate, erwog von Anfang an eine Verlängerung auf 23 Monate und stellte kurz nach der Grundausbildung einen entsprechenden Antrag.

140  Das unterstreicht, dass die Bundeswehr eine geschlossene Institution ist, von deren Handeln die

spräch noch stark als Hilfsmissionen wahr, die in seiner Beschreibung mehr einem Entwicklungshilfeeinsatz denn einem militärischen Engagement ähneln (über den Auftrag der Bundeswehr sagt er im ersten Interview: „Also, Sicherung des Friedens, (...) , dass anderen Minderheiten geholfen wird und Dritte-Welt-Ländern" L11_1: 121),[141] wandelt sich diese Einschätzung und damit seine persönliche Bereitschaft, diese Missionen zu unterstützen. Denn trotz seines Pflichtbewusstseins, als Staatsbürger seinen Teil zur Sicherheit Deutschlands beizutragen, hat dies klare Grenzen, wenn es um die eigene Unversehrtheit geht. Insgesamt hat dieser Typ oft keine differenzierte Einstellung zu den Auslandseinsätzen oder traut sich keine selbständige Meinungsbildung zu:

> „Na gut, ich denke mal, darüber können sich die Politiker dann streiten. Ich meine, es ist unser Beruf. Wenn wir uns dafür verpflichten, sage ich mal, zwölf Jahre hier zu dienen, dann müssen wir das natürlich machen, was uns die Vorgesetzten sagen. Und was wir nun machen, das, denke ich mal, liegt in der Hand von den Politikern und da müssen wir jetzt nicht so groß Mitrederecht haben, sondern machen das einfach, was die uns sagen" (L12_1: 96).

Die Angepassten sehen es nicht als ihre Aufgabe an, sich hierzu eine Meinung zu bilden. „Die Politiker" entscheiden, bei genauerem Nachfragen wissen die Soldaten dieses Typs mitunter nur vage, wie die Zustimmungs- und Entscheidungswege im politischen System Deutschlands verlaufen. Das spielt für sie auch keine große Rolle, denn sie sehen sich vornehmlich als Auftragsempfänger.

*Sinnhaftigkeit*
Die Angepassten stellen sich die Sinnfrage von allen Typen am wenigsten. Sie bewerten die Rahmenbedingungen (Bezahlung, heimatnaher Verwendung, etc.) wichtiger als die Sinnhaftigkeit des Dienstes. In Hinblick auf die Aufgaben gilt es zu differenzieren. Diejenigen, die als ideale Soldaten in die Bundeswehr eintraten und im Laufe des FWD im Alltag der Stammeinheit eine Ernüchterung erfuhren, kritisieren die Befehlspraxis mitunter, haben sich inzwischen jedoch damit abgefunden. Als nun Pflichtbewusste führen sie die Aufgaben aus und versuchen, sich mit der Situation zu arrangieren:

> „Man hat natürlich immer seine Meinung über Befehle oder Anweisungen et cetera. Da wird natürlich auch im Kameradenkreis darüber diskutiert. Das verurteile ich auch nicht. Aber die Befehle werden trotzdem ausgeführt. Also, mit sinnlosen Befehlen kenne ich mich auch aus. Also, ich hatte auch schon Anweisungen, wo ich mir einfach nur dachte: ‚Das ist totaler Humbug und ich werde wahrscheinlich in zwei, drei Tagen den Mist davon ausbaden können oder genau das Gegenteil ausführen.' Aber es wird halt gemacht" (L14_3: 179).

Diejenigen, die zu keinem Zeitpunkt höhere Erwartungen an den Dienst hatten und bereits mit der Erwartung antraten, dass die Aufgaben in der Stammeinheit

---

Öffentlichkeit nur punktuell – meist über mediale Berichterstattung – erfährt.
141 Dies ist vornehmlich eine Interpretation der derzeitigen Afrika-Missionen; denn den ISAF-Einsatz bezeichnet dieser Soldat an anderer Stelle als „Krieg".

nicht sehr fordernd sein würden, nehmen das deutlich gelassener hin. Ihr Haupt-
anliegen ist es, einen geregelten und vorhersehbaren Tagesablauf zu haben:

> „L18: Ja also meine Aufgabe ist Sporthallenwart, also ich bin in der Turnhalle den ganzen
> Tag; betreue dort die Turnhalle. Achte halt darauf, dass es sauber bleibt; dass der Sportun-
> terricht vernünftig durchgeführt wird. Ich gebe Geräte raus wenn sie gebraucht werden;
> nehme sie wieder entgegen, wenn der Sportunterricht fertig ist; warte die Geräte ab und zu
> mal. Ja, das ist eigentlich meine Aufgabe hier. (…)
> RH: Und entspricht das so Ihren Erwartungen?
> L18: Na ja, was heißt Erwartungen? Also sicherlich nicht den Erwartungen, die ich gehabt
> habe, bevor ich zur Bundeswehr gekommen bin. Da hab ich mir natürlich gar nicht vorge-
> stellt, dass es überhaupt diesen Posten hier gibt. Ich dachte halt - na ja, wie man es halt so
> kennt von der Bundeswehr so nach außen hin, also viel - weiß ich nicht - viel üben, schie-
> ßen, und so weiter. Aber ich bin jetzt nicht böse darüber, dass es halt nicht so ist. Also ich
> bin zufrieden, so wie es ist" (L18_3: 9-17).

*Wahrnehmung*
Vor allem der Rückhalt der Familie ist für die Angepassten wichtig. So beschreibt ein Soldat das Gelöbnis als wichtigen Moment, da er seinen Eltern damit
seine Stärke und sein Durchhaltevermögen beweise:

> „Aber so, das war auch schön, mal so den Eltern so zu beweisen, so: Guck mal, hier bin ich,
> und ich bin jetzt auch bei der Bundeswehr. Es war halt schön. Also, ich fand es schön für
> mich und für meinen Vater, dem ich dann damit halt auch zeigen konnte: ‚Du kannst stolz
> auf mich sein und ich pack' das'" (L16_2: 79).

Der hohe Stellenwert der familiären Unterstützung spiegelt sich auch in den
anderen Dimensionen wider, insbesondere bei der Einstellung zu Auslandseinsätzen. Nicht nur die eigene Einstellung wird thematisiert, sondern auch, wie
sich die Familie zu einer möglichen Auslandsverwendung positioniert. Darüber
hinaus ist diesem Typ die Wahrnehmung in der Gesellschaft wichtig und er hat
meist das Empfinden, dass es mehr Wertschätzung für Soldaten geben müsse.

> „L11: Wenn man im Krieg[142] ist, sticht halt nie ein einziger raus. Das ist ja immer die Ge-
> meinsamkeit. Man sagt ja immer ‚die Bundeswehr' und nicht ‚Axel' oder so. Das ist dann
> eher die Gemeinschaft. Und dann sagen die halt: ‚Ja, cool, die haben halt da ein Menschen-
> leben gerettet', aber das wird meist nie so in den Medien so gesagt. Die haben vielleicht ei-
> nen gerettet, also, so wie hier, sondern die sagen halt eher das Negative: ‚Hier sind schon
> wieder zwei gestorben in Afghanistan oder zwei schwer verletzt', das heben die eher so her-
> aus. Und dass wieder aufgestockt wird, 100.000 mehr, aber die sagen... Ich habe noch nie

---

142 Interessant ist, wie im Zusammenhang mit dem Afghanistan-Einsatz der Begriff „Krieg" verwendet wird. Gerade der ISAF-Einsatz wird sehr unterschiedlich interpretiert, was die Sinnhaftigkeit, die Ziele, die Intensität des Konflikts und die Gefahrenlage für die deutschen Soldaten
angeht. Die Deutung dieser Einsatzrhetorik steht in dieser Arbeit nicht im Mittelpunkt, könnte
aber durchaus in einer Zweitverwertung des empirischen Materials einen wertvollen Beitrag zur
Wahrnehmung der Auslandseinsätze in der Bundeswehr leisten und an die Arbeit von Dörfler-
Diercken (2012) anschließen, die in ihrem Beitrag den Wandel des Sprachgebrauchs von Soldaten, Politkern und Kirchenvertretern bezüglich des Afghanistaneinsatzes analysiert.

eigentlich etwas Gutes darüber gehört, bloß, dass die dann irgendwann abziehen wollen, 2013. Das war das Einzige, was sie dazu mal in den Nachrichten gebracht haben. Stolz sind die, die Eltern oder Freunde, die dann ihre Schützlinge wieder zurück haben, gesund. Die sind, glaube ich, bloß stolz. Die anderen eher nicht, die davon keine Ahnung haben und denen nichts erzählt wird.
RH: Und wie beurteilen Sie so die relativ negative Berichterstattung?
L11: Darüber denkt dann die Allgemeinheit auch negativ, weil, die Presse ist halt wichtig und die Medien. Was die verbreiten, verbreitet sich halt. Und ihre Meinung ist halt auch die Meinung von der Allgemeinheit, sage ich mal so. Und ja, das ist... Eigentlich ist das nicht gut, weil... Dadurch werden halt immer mehr davon so abgeneigt. Also, wenn die Eltern auch sowas sehen in den Nachrichten, dann sagen die halt: ‚Nein, Sohn, bleib hier.' Und dann verliert die Bundeswehr halt auch an Soldaten, irgendwann, glaube ich mal" (L11_1: 145-149).

Dieses Empfinden transportiert das eigene positive Bild von der Bundeswehr, macht aber auch deutlich, dass die Fremdwahrnehmung, der Stellenwert der Bundeswehr in der Gesellschaft für die Angepassten eine entscheidende Rolle spielt. Insbesondere, wenn es um die Frage nach einer möglichen längeren Verpflichtung geht. Ein Soldat (L11), der sich über alle Interviews hinweg dem pflichtbewussten Typ zuordnen lässt, äußert sehr deutlich, dass er davon ausgehe, die Ausbildung als Soldat würde ihm langfristig im Zivilen wenig weiterhelfen und vermittelt klar, dass das Ansehen des Soldatenberufs in der freien Wirtschaft eher gering sei:

„RH: Wären Sie auch als Zeit- oder Berufssoldat zur Bundeswehr gegangen?
L11: Nein. Einerseits, also, ich will ja später auch noch was erreichen. Ich habe ja da keine Ausbildung dabei. Ich bin ja dann bloß Soldat [von] Beruf und dann habe ich aber nichts gelernt. Also, wenn ich dann mich verletze oder halt danach keine Lust mehr habe, dann habe ich einfach nichts. Dann bin ich 25 oder so, und dann müsste ich gleich eine Ausbildung anfangen oder ein Studium und das ist zu spät. Man will ja auch irgendwann eine Familie gründen und ein bisschen Geld verdienen" (L11_1: 43-45).

Die Wahrnehmung, wie die Bundeswehr in der Gesellschaft gesehen wird, hat daher Auswirkungen auf Zukunftsentscheidungen. Der unmittelbare Rückhalt durch die Familie und das soziale Umfeld beeinflussen die Identifikation während des FWD: Gibt die Familie Rückhalt, reicht das meist als Legitimation für die eigene Entscheidung. Aber nur, wenn das gesellschaftliche Klima so gedeutet wird, dass der Soldatenberuf auf Respekt stößt und Zukunftschancen eröffnet, wird eine längere Verpflichtung als Berufs- oder Zeitsoldat erwogen.

*Einordnung des Typs*
Dieser Typ ist für die Organisation relativ leicht zu bedienen. Die Erwartungen sind nicht überzogen: Diese Soldaten sind – wie die Bezeichnung der Typen schon andeutet – sehr anpassungsfähig. Sie wägen stetig zwischen Aufwand und Nutzen ab und neigen nicht zum Aufgeben. Selbst wenn sie von der Bundeswehr enttäuscht werden, gebietet es das Pflichtbewusstsein, den FWD wie anvisiert zu

beenden. Gleichzeitig weisen sie kaum emotionale und ideelle Bindungen auf. Sie bringen sich weniger aktiv in Diskussionen ein als die anderen beiden Typen und nehmen Rahmenbedingungen und Aufträge als Gegeben hin.

Sowohl die Pflichtbewussten als auch die Pragmatiker wägen die Vor- und Nachteile einer längerfristigen Bundeswehrkarriere ab und kommen dabei zu unterschiedlichen Schlüssen. Während für den Pflichtbewussten die – oftmals persönlichen sowie familiären – Nachteile überwiegen, gewichtet der Pragmatiker die Vorteile der finanziellen Sicherheit, einer klaren Berufsperspektive sowie weitere Annehmlichkeiten wie ein kostenloses Studium oder den Berufsförderungsdienst zu Ende der Soldatenzeit als entscheidend. Hinzu kommt die Einschätzung, welche Möglichkeiten sich sonst böten: Sieht ein Freiwilliger aus dem Typus der Angepassten seine Chancen auf dem freien Arbeitsmarkt als schwierig an, kommt ihm eine Karriere in den Streitkräften deutlich attraktiver vor als demjenigen, der sich in der freien Wirtschaft oder im öffentlichen Dienst gute berufliche Aussichten verspricht.

Zusammenfassend stimmt für diesen Typ das Gesamtpaket, zumindest für die derzeitige Lebenssituation. Ob das Modell Soldat-Sein zur weiteren Lebensplanung passt, hängt stark vom familiären Umfeld und den alternativen Möglichkeiten ab.

Entgegen der Entwicklung hin zu einer postmaterialistischen Wertegesellschaft, ist insbesondere dieser Typ noch deutlich materialistisch geprägt. Finanzielle Sicherheit ist ein wichtiges Thema. Diejenigen, die keine längerfristige Karriere bei der Bundeswehr anstreben, bewerben sich häufig für Beamtenlaufbahnen (z.B. Polizei) oder duale Studiengänge, suchen also auch Karrieremöglichkeiten mit einer hohen Sicherheit bezüglich finanzieller Absicherung und Planungshorizont. Zugleich zeigt die ambivalente Einstellung zu den Auslandseinsätzen, genauer zur eignen Verwendung in einem Einsatz, den großen Stellenwert vor physischer und psychischer Unversehrtheit. Damit weist der Typ viele Merkmale des Adaptiv-Pragmatischen Milieus auf (Calmbach 2012).[143]

Bezugnehmend auf die Funktionen, die dem FWD von unterschiedlicher Seite zugeschrieben werden, dürften die Angepassten vor allem als Rekrutierungspool geeignet sein, denn die meisten denken über eine längerfristige Verwendung nach. Die Angepassten lassen sich von der Bundeswehr bereitwillig sozialisieren. Was die Kultur der Freiwilligkeit angeht, verkörpern insbesondere die Pflichtbewussten einen Typ von Freiwilligen, der dem neu geprägten Begriff der „Bürgerpflicht" (Enste et al. 2012: 9) aus der aktuellen Engagementstrategie der Bundesregierung entspricht: Sie dienen weniger aus intrinsischer Überzeugung,

---

143 Auf Grund der qualitativen Anlage und der geringen Fallzahl kann diese Beobachtung nicht verallgemeinert werden, könnte aber in einer Folgeuntersuchung aufgegriffen werden.

denn aus einem Pflichtgefühl heraus.

Die Pragmatiker hingegen entsprechen umfänglich Moskos' *Occupation*-Modell (Moskos 2010) und passen in die aktuelle Strategie von Verteidigungsministerin von der Leyen (Dausend 2014; von der Leyen 2014), die Bundeswehr als ganz normalen Arbeitgeber zu positionieren.

Für die Organisation im alltäglichen Ablauf zwar leicht zu bedienen, ist die Haltung der Angepassten für die Organisationskultur durchaus problematisch. Insbesondere im Hinblick auf das Konzept der Inneren Führung ist es schwierig, wenn Verantwortung weg delegiert wird und die Grundeinstellung dahin geht, „[wir] machen das einfach, was die uns sagen" (L12_1: 96).

## 7.4  Die idealen Soldaten: Der dienende Staatsbürger und der überzeugte Soldat

Folgende Soldaten lassen sich zu den jeweiligen Interviewzeitpunkten dem Typus des idealen Soldaten zuordnen, der durch einen hohen Identifikationsgrad ausgezeichnet ist. Er untergliedert sich in den dienenden Staatsbürger (Moratorium) und den überzeugten Soldaten (Berufsperspektive):

|  | 1.   Interview | 2.   Interview | 3.   Interview |
|---|---|---|---|
| Der dienende Staatsbürger | L8 | L7, L8 | L17 |
| Der überzeugte Soldat | L5, L10, L14, L15, L17, G1, G7, G8 | L5, L10, L14, L17, G1, G5, G7, G8 | L5, G5, G7, G8 |

*Tabelle 7: Zuordnung der Soldaten zum Typ der idealen Soldaten.*

*Zusammenfassung*

Die idealen Soldaten haben eine klare Vorstellung von der Bundeswehr. Diese wandelt sich zwar mitunter im Laufe der Zeit und hält dem Realitätstest nicht immer Stand. Dennoch ist sie von Beginn an differenziert, da dieser Typ über umfassende Informationen von Familie und Freundeskreis verfügt und meist schon seit Jahren über einen Lebensabschnitt in der Bundeswehr nachdenkt. Die Werte der Bundeswehr werden durchwegs geteilt. Sie kommen von allen Typen dem Ideal der organisationalen Selbstdarstellung der Bundeswehr aus ihrer Kampagne „Wir. Dienen. Deutschland" am nächsten.[144] Daher werden sie in der

---

144 Bei der Vorstellung der Kampagne erklärt die Bundeswehr den Claim „Wir. Dienen. Deutschland": „Das ‚Dienen' ist der Kern des Selbstverständnisses. Alle Angehörigen der Bundeswehr dienen freiwillig für Frieden und Sicherheit, und es erfüllt sie mit Stolz. Jeder leistet seinen individuellen Beitrag hierzu" (Projektteam WDD 2013).

Typologie als „ideale Soldaten" bezeichnet,[145] auch wenn sie für manche Funktionen, beispielsweise die integrative Kraft, durch ihre hohen Ansprüche an den Dienst und an ihre Kameraden kontraproduktiv wirken können. An diesem Typus wird zudem deutlich, dass ein zu hoher Identifikationsgrad negative Auswirkungen auf das zivil-militärische Verhältnis haben kann. Durch eine starke Identifikation mit den Kameraden und einer Internalisierung der militärischen Hierarchiestrukturen verlieren zivile Werte und Autoritäten teilweise an Bedeutung, was im Widerspruch zum Konzept der Inneren Führung sowie dem Staatsbürger in Uniform steht.

*Motive*

Die idealen Soldaten treten der Bundeswehr aus Überzeugung bei. Gefühle wie Stolz und Ehre spielen dabei eine große Rolle und es ist dem idealen Soldaten wichtig, seine Zeit sinnvoll einzusetzen bzw. der Gesellschaft etwas zurückzugeben:

> „Also in meinen Augen ist es eine Ehre, für die Bundeswehr zu arbeiten. Beispielsweise meine gesamte Familie, wir sind ja, also meine Eltern kommen aus Polen, beide. Und ich bin eigentlich der erste so aus der Familie, der wirklich so seine Schulbildung hier in Deutschland erworben und hier sich halt auch wirklich als deutscher Staatsbürger nennen kann, also das, weil ich ja auch schon, ich kenne nichts anderes außer Deutschland, speziell halt Berlin. Und deshalb, ich will meinem Land auch was zurückgeben. Das ist auch so eine Motivation für mich, dass ich sage, ich trage jetzt den Adler [zeigt auf das Trikot der Fußballnationalmannschaft, das er trägt, Anm. RH] und kann sagen, ja, das erfüllt mich mit Stolz" (L10_1: 19).

Es ist für diesen Typ eine Selbstverständlichkeit, zumindest eine Zeit lang der Bundeswehr zu dienen. Zu Zeiten der Wehrpflicht wäre eine Verweigerung nicht in Frage gekommen. Ein familiäres Umfeld, in dem zumindest alle männlichen Verwandten dienten,[146] zeichnet diesen Weg vor, auf dem die Bundeswehr als fast natürlich erscheinende Station der Sozialisation begriffen wird:

> „RH: Sie sagen, Sie wollten schon immer zur Bundeswehr. Woran lag das? Was war da die Motivation?

---

145  Denn die idealen Soldaten verbinden also den Gedanken des Dienens mehr mit Stolz als mit Pflichtbewusstsein (wie die Angepassten) und mit dem Anspruch, einen individuellen Beitrag zur Sicherheit Deutschlands zu leisten.

146  In einzelnen Fällen verweisen Soldaten auch auf weibliche Familienangehörige, die dienten: „Ja, man muss sagen, meine Familie hat eine recht lange Tradition, was Bundeswehr, was Militär angeht. Ja, und von daher... Mein Opa [war] Berufssoldat. Mein Cousin ist auch Berufssoldat. Mein Bruder war auch bei der Bundeswehr. Großes Umfeld. Onkel, Tanten, alle waren sie bei der Bundeswehr. Auch Zeitsoldaten und halt auch einige als Berufssoldaten" (G7_1: 65). Die Frage nach dem Rollenverständnis und der Bundeswehr als männliche Sozialisationsinstanz (Apelt 2004) wäre spannend, steht aber nicht im Zentrum dieser Arbeit. Das Interviewmaterial würde diesbezüglich eine Zweitauswertung zulassen und könnte gewinnbringend zur Frage beitragen, wie sich die Geschlechterbilder in der Bundeswehr entwickeln.

L14: Ich weiß nicht. Vielleicht, am Anfang, war es so typisch Junge, männliche... Ich weiß auch nicht. Es hat mich schon immer gereizt. Ich fand es schon immer sehr interessant. Mein Vater war da, eigentlich sämtliche männlichen Angehörigen meiner Familie waren dort. (…) Aber es war immer irgendwie für mich... Also, ich wollte das freiwillig machen, ich habe mich jetzt nicht aus meiner Familie heraus irgendwie reingedrückt gefühlt. Es war einfach etwas, was ich erachtet habe, was irgendwie so ein bisschen auf so Pflicht, irgendwie so... Also, ich habe das auch früher, als das noch Wehrdienst war, irgendwie nicht als irgendwas Bedrückendes empfunden, dass man einberufen wird, sondern ich dachte immer: ‚OK, es zählt halt dazu.' So wie manche Leute den Zivildienst dann irgendwie machen, mache ich halt Wehrdienst oder sowas. Also, das war recht selbstverständlich, dass man irgendwie nach seiner Ausbildung das macht" (L14_1: 24-30).

Dieses Selbstverständnis ist gepaart mit klaren Vorstellungen, zu welchen Rahmenbedingungen man sich den Dienst vorstellen könne, welche Vorteile es bringt, seien es Wartesemester, eine als solide empfundene Bezahlung oder die Möglichkeit, vor einer Offizierslaufbahn das Leben als Mannschaftssoldat kennenzulernen:

„Ja, ich wollte ja schon immer Soldat werden. Also, ich habe eigentlich nur den FWD gemacht, weil ich persönlich der Meinung war, dass, bevor man irgendwie in irgendeine Laufbahn einsteigt, also ob es jetzt Feldwebel oder Offizier ist, dass man vorher irgendwie als Mannschaftsdienstgrad irgendwie eine gewisse Vordienstzeit doch vorweisen sollte, also, was ich auch nach wie vor [für] vernünftig halte" (L14_3: 55).

Damit verbindet sich der Anspruch, mit dem individuellen Einsatz einen Beitrag zu leisten: „Meine Motivation für die Bundeswehr ist einfach, dass ich ziemlich stolz auf die Bundeswehr bin. Auch, was wir leisten im Ausland oder auch im Inland" (G8_1: 106).

Vor allem für die überzeugten Soldaten ist es wichtig, dass die Rahmenbedingungen des Soldatenberufs mit dem Privatleben (auch längerfristig) vereinbar sind, denn sie planen schon von Beginn an, länger bei der Bundeswehr zu bleiben und haben bereits zu Beginn des FWD eine dezidierte Vorstellung bezüglich ihrer Laufbahnentwicklung und haben meist auch bereits umfängliches Wissen über die Möglichkeiten, die ihnen innerhalb der Bundeswehr offen stünden:

„RH: Also, Sie können sich vorstellen auch nach dem Freiwilligen Wehrdienst bei der Bundeswehr zu bleiben...
L15: Ja, definitiv. Als Feldwebel irgendwo, vielleicht sogar in den nächsten zehn Jahren, dann vielleicht als Offizier irgendwo. Ja, ich hoffe natürlich heimatnah, wenn das möglich ist. Also, eigentlich ist es mein Plan, zu gucken, ob ich irgendwo erst mal die Feldwebellaufbahn [durchlaufen kann]. Und dann, vielleicht, es gibt ja die Möglichkeit, aus dem Feldwebelfachdienst ihn den Offizier, noch mal über ein kurzes Studium, dann darüber rein zu gehen. Vielleicht in Dresden als Offizier, [das] wäre schon schön. Ob das realisierbar ist, ist die andere Frage. Aber auf alle Fälle in einem höheren Dienstgrad bei der Bundeswehr" (L15_2: 183).

## *Zugehörigkeit*

Die idealen Soldaten fühlen sich wohl in der Truppe und haben großes Interesse an den gesamtorganisationalen Zusammenhängen. Ihre affektive Identifikation mit den übergeordneten Zielen der Bundeswehr drückt sich beispielsweise in der Wahrnehmung von Zeremonien aus:

> „RH: Anfang September wurden hier ja Soldaten nach Afghanistan verabschiedet. Wie haben Sie das erlebt?
> L10: Na, also, persönlich kannte ich eine Person davon. Das war ein Ausbilder von uns, der ist jetzt auch nach Afghanistan, und ja... Wie habe ich das aufgenommen? Auf jeden Fall bin ich stolz auf die Jungs, dass die halt den Schritt gehen. Und na ja, das Verabschiedungsappell, ich wusste gar nicht, dass sowas überhaupt gemacht wird. Das fand ich eigentlich auch eine tolle Geste, dass dann auch dort Politiker gekommen sind und alles. Und (...) dort waren Stationen aufgebaut, verschiedenste, und da konnte man zum Beispiel auch an einer Station sehen, wie die Soldaten halt in so einem Feldlager leben. Das hat natürlich auch uns Einblicke gezeigt [sic], auch den gesamten Familien der Angehörigen, die halt nach Afghanistan gehen... Auf jeden Fall, also, da stehe ich dahinter" (L10_2: 113-119).

Das Zitat macht zum einen die emotionale Bindung des Soldaten an die Organisation ersichtlich, sein Zugehörigkeitsgefühl zu nicht persönlich bekannten Kameraden drückt sich in einem freundschaftlichen „ich bin stolz auf die Jungs" aus. Zum anderen zeigt er großes Interesse daran, was die Bundeswehr wirklich macht. Er ist an einer Innenansicht der Organisation interessiert und aktiv darum bemüht, ein *Insider* zu werden.

Vertrauen, Anerkennung und ein Begegnen auf Augenhöhe sind entscheidend, damit sich ein Soldat zugehörig fühlt. Vor allem das Verbundenheitsgefühl mit der eigenen Einheit, den Kameraden, die den Alltag teilen, wird so intensiviert und hat eine positive Auswirkung auf den Identifikationsgrad.

> „Und, also, [da] kann ich einfach nur sagen: Es ist wirklich richtig positiv, das auf jeden Fall, und auch ein Stück weit, ja, familiär. Also, man hat wirklich, man spürt das auch, und man merkt das auch, dass der Andere Vertrauen in [einen] hat und dass jeder mit dem Anderen zusammen arbeitet und dass die Feldwebel einen auch, oder die Vorgesetzten allgemein, eine[m] auch sehr weit Vertrauen schenken. Und das ist, also für mich, auf jeden Fall eine richtig gute Motivation, weil ich dann genau weiß, dass, ja, dass sie sich halt auf mich verlassen und dass ich dann einfach keinen Scheiß bauen soll" (G5_3: 131).

Die Werte der Bundeswehr werden von diesem Typen umfänglich geteilt, als erstrebenswert erachtet und das Spezifische der Bundeswehr wird klar gegen das Zivile abgegrenzt. Das Zugehörigkeitsgefühl wird durch die Praxis der Abgrenzung verstärkt:

> „Ja, also, [die] Bundeswehr - kann man sagen - ist eine große Familie. Also, wenn man irgendwo hinkommt und man trifft einen Kameraden, dann ist man sofort dicke mit dem. Man kann sich auf den anderen verlassen. Und ich finde es sehr wichtig heutzutage, sich auf anderen Menschen verlassen zu können. [Denn] sowas hat man einfach heutzutage in der freien Wirtschaft nicht mehr. Dort gibt es Mobbing, starkes Mobbing. Das mag es vielleicht auch in der Bundeswehr geben. Aber im Großen und Ganzen kann man sagen: Diese Kameradschaft, wie es bei der Bundeswehr ist [sic], gibt es nirgendwo anders in Deutschland und das, finde ich einfach, ist etwas sehr Großartiges" (G7_1: 145).

Der ideale Soldat lässt sich voll auf die neue Lebenswelt ein. Was zu einer starken Identifikation mit der Organisation führt, kann im Extrem eine Entfremdung von der zivilen Welt bedeuten und so das Konzept des Staatsbürgers in Uniform untergraben. Es kommt fast zu einer Überidentifikation und es scheint etwas auf, das Paul Parin als „Clangewissen"[147] (1978: 92ff.) bezeichnen würde:

> „(…) Wenn man jetzt so pausenlos auf dem Flur mit so 20, 30 Jungs untergebracht ist, da wird man schon stumpfer, was die Themen und so angeht. Einfach, wie in so einem großen Ferienlager (…). So stell ich mir das vor, so war es bei uns auch irgendwie, dass man auch innerlich so ein bisschen verroht, jetzt nicht von den Werten oder so was, aber einfach so was, so manche Sachen, die einem früher im Zivilen wichtig waren. Zum Beispiel früher hätte ich nie so auf dem Rückweg in der S-Bahn über manche Themen einfach so aus Anstand etwas leiser geredet oder einfach so den Mund gehalten, wenn ich mit Freunden rede oder sonst was. Und jetzt, wenn sich irgendwelche Zivilisten aufregen, dann ist es egal, weil dann sagt man denen, das ist einfach so ein bisschen… Man hat nicht mehr so die Augen auf die Mitmenschen, sag ich jetzt mal, man guckt so im Kameradenkreis und wenn da jetzt sonst irgendeiner meint, er muss was sagen, dann ist es einfach so, das geht halt irgendwie so am Kopf vorbei" (L14_2: 22).

Die starke Identifikation mit den Kameraden führt unter anderem dazu, dass sie sich von der zivilen Sphäre entfernen und sich dabei durchaus über alltägliche Gepflogenheiten hinwegsetzen, was auf eine Entfremdung von ihrer „früheren" Welt schließen lässt.

Neben der ausgeprägten Gruppenidentität, weist dieser Typus ebenso eine Identifikation mit der gesamten Organisation auf, ein Focus, der sich in dieser Intensität nur bei den idealen Soldaten findet. Das Funktionieren der Bundeswehr als Ganzes ist mit im Blick dieses Typus, denn ihm geht es nicht nur um das persönliche Fortkommen, wie die Begründung zur Weiterempfehlung des FWD exemplarisch zeigt:

> „Also, Freiwilliger Wehrdienst ist quasi nur wie so ein Schnupperkurs, so würde ich das beschreiben. Allerdings ist es wirklich wichtig für die Existenz der Bundeswehr, würde ich jetzt mal so behaupten, weil, würden diese Leute jetzt wegfallen, dann hätten wir große Probleme, weil, es gibt immer Leute, die diese ganzen Aufgaben, also einfach Aufgaben, die sonst keiner machen will, einfach übernehmen. Und das ist… Sonst kriegt man auch nicht so viele Mannschafter her, weil Mannschafter, das will eigentlich keiner sein. Die meisten wollen Feldwebel oder Offizier sein. Und deshalb, weil man einfach mit dieser kurzen Dienstzeit nur Mannschafter sein kann, ist das mit dem Freiwilligen Wehrdienst, ist das was Gutes, was der Bundeswehr eigentlich nur was bringt" (G7_3: 139).

Dass er darauf abhebt, dann „hätten *wir* große Probleme [Hervorhebung RH]", zeigt, dass er sich als Teil der Organisation sieht, also eine enge Bindung und

---

147 Parin bezeichnet damit eine Anpassung, bei der „äußere Autoritäten oder Institutionen zeitweise oder vorübergehend an die Stelle eines verinnerlichten Überich" (1978: 93) gesetzt werden und damit eine Kollektividentifikation das eigene Gewissen überformt. Damit wird das eigene Gewissen entlastet und Verantwortung delegiert beziehungsweise normabweichendes Verhalten gerechtfertigt. Als Beispiel führt Parin unter anderem den „Soldat im Krieg, der ohne Gewissensqual tötet" (1978: 93) an.

Zugehörigkeit ausgebildet hat. Ebenso hat der ideale Soldat das Schicksal der Gesamtorganisation im Blick und sieht den Sinn des FWD aus dieser Perspektive und nicht nur aus dem persönlichen Kosten-Nutzen-Kalkül. Auch in der Einstellung zu den Auslandseinsätzen wird die Identifikation mit den übergeordneten Zielen und Missionen der Bundeswehr deutlich, wie der nächste Abschnitt zeigt.

*Auslandseinsätze*

Auslandseinsätze gehören für diesen Typen zur Kernaufgabe eines Soldaten. Egal, wie sie persönlich zum politischen Auftrag im jeweiligen Einsatzland stehen, ist es für sie keine Frage, dass sie an den Missionen teilnehmen würden. Die kollektive Identität bzw. das Clangewissen wiegen stärker als mögliche persönliche Vorbehalte.

> „Also, ich stehe absolut hinter der Truppe. Also, alles, was die Truppe macht, das unterstütze ich. Politisch finde ich einfach...[sic]. Da möchte ich mich eigentlich nicht so politisch dazu äußern, weil das ist [ein] zu großes Thema, um das einfach...[sic]. Da gehen die Meinungen einfach auseinander. Und ich stehe einfach hinter den Soldaten, die das tun und das nicht... also vielleicht schon hinterfragen... also die das einfach machen müssen und das durchstehen [sic]. Hinter denen stehe ich einfach. Und da hat die Bundeswehr vollste Unterstützung. Weil die Bundeswehr ist letztlich auch nur ein Instrument der Politik. Und insofern wird das gemacht, was befohlen wird" (G7_1: 129).

Oftmals ist es sogar ein ausdrücklicher Wunsch der idealen Soldaten, da diese Erfahrung in ihrer Interpretation entscheidend ist, um den Soldatenberuf umfänglich kennenzulernen und um sich ein eigenes Bild machen zu können. Ein Soldat sieht seine Position in der Armee so: „(...) also irgendwas Infanteristisches, wo ich dann eventuell auch ins Ausland könnte. Weil, ein Einsatz, das war jetzt nicht das, was ich unbedingt machen wollte, aber was irgendwie dazu gehört." (L14_1: 102).

Die Erfahrung eines Auslandseinsatzes verbinden sie einerseits damit, zu *Insidern* und vollwertigen Organisationsmitgliedern zu werden, andererseits geben genau diese Einsätze dem Soldatenberuf in ihren Augen Sinn:

> „Man will, man brennt natürlich auch darauf, wenn man jetzt pausenlos ausgebildet wird und immer, dass man sich halt irgendwie auch soldatisch beweisen will, sage ich jetzt mal so. Das, denke ich mal, versteht auch jeder Soldat. Und ich hab mich ja jetzt auch freiwillig gemeldet für einen Einsatz. Und na ja, selbst, das ist so... Ich denke, das ist einfach so was wie: Man weiß, das ist im Grunde genommen eigentlich nicht das Richtige, aber man macht es einfach, weil man es halt macht. Es ist, wie wenn ich rauchen gehe. Ich weiß, es bringt mich irgendwann um, aber ich mache es halt, weil ich es... Keine Ahnung" (L14_3: 211).[148]

---

148  Soldat L14 ist zum Zeitpunkt des dritten Interviews dem pragmatischen Typ zugeordnet. Doch sein Identifikationsgrad nahm unter anderem deswegen ab, weil ihm der Wunsch, an einem Auslandseinsatz teilzunehmen, (bisher) verwehrt blieb, obwohl er sich aktiv darum bemühte. Daher erscheint dieses Zitat in der idealtypischen Darstellungsweise für die Illustration des Typus der idealen Soldaten einschlägig.

Im Gegensatz zu den Angepassten ist dieser Typ sehr gut über die Einsätze informiert. Es werden unterschiedliche Missionen im Ausland angesprochen. Viele Soldaten dieses Typs haben über Freunde und Verwandte bereits Einsatzerfahrungen aus erster Hand bekommen und speisen ihr Wissen nicht allein aus den Medien. Das führt mitunter zu einem sehr differenzierten Bild, aber auch dazu, dass sie sich eine hohe Urteilskraft zutrauen und der Ansicht sind, durch ihren Wissensvorsprung eine Deutungsmacht zu haben, die sie gerade zivilen Mitbürgerinnen und Mitbürgern teilweise absprechen:

> „Also, ich denke, man kann nur wirklich die Einsätze kritisieren, wenn man teilweise da war. Also, ich könnte zum Beispiel irgendwelche Afghanistan-Gegner, die jetzt so hier auf den Straßen rumlaufen, und die dann aber irgendwie jetzt sich nicht näher damit beschäftigt haben oder nicht da waren oder nicht irgendwie Teil des Ganzen, also wirklich irgendwie sich damit verbunden fühlen... Also, [denen] will ich nicht das Protestrecht absprechen, aber irgendwie so das Verständnis dafür. Also, ganz im Gegenteil, ich finde, irgendwelche Soldaten, die dann zurückkommen, und davon gibt es ja auch einige, oder viele, die dann auch jetzt vielleicht unter sich sagen, dass es irgendwie mehr oder weniger sinnlos ist, das finde ich schon, [das] hat Sinn und ist auch berechtigt und [da] sollte man auch deutlich mehr darauf hören" (L14_1: 110).

Diese Einschätzung macht noch einmal deutlich, dass durch eine starke Identifikation der Bezug zur Zivilgesellschaft mitunter aus dem Blick geraten kann, da Abgrenzungs- und Entfremdungsmechanismen aktiviert werden.

*Sinnhaftigkeit*

Mit einer ausgeprägten intrinsischen Motivation angetreten, haben die idealen Soldaten hohe Erwartungen an den FWD. Sie wollen der Gesellschaft etwas zurückgeben und sich dabei selbst als „richtiger" Soldat weiterentwickeln:

> „Und ich finde, wenn man schon die zwei Jahre Soldat macht, dann sollte man irgendwie auch irgendwas Sinnvolles machen, was man erlernt hat. Und ich könnte mich jetzt nicht damit abfinden, wenn ich jetzt meine 23 Monate nur im Büro sitzen würde. Es wäre dann halt OK, ist halt so passiert, aber es wäre im Endeffekt ein bisschen schade um die Zeit gewesen, würde ich sagen. Also, ich würde es wahrscheinlich nicht bereuen, aber trotzdem wäre es schade gewesen" (L14_1: 90).

Sie stecken sich oft ganz konkrete Ziele, beispielsweise die Teilnahme an einem Auslandseinsatz. Damit wollen sie ihren Beitrag zur organisationalen Gesamtmission leisten und gleichzeitig selbst Erfahrungen sammeln, die sie in der Bundeswehr (die überzeugten Soldaten) oder persönlich (die dienenden Soldaten) weiterbringt.

Wirklich erfahren haben diese Sinnhaftigkeit punktuell vor allem die Soldaten, die im Frühsommer 2013 während des Hochwassers eingesetzt wurden. Wie wichtig der Stellenwert dieses Erlebnisses ist, kommt in einigen Interviews zum Ausdruck:

> „Also, es gab ja auch ein Helferfest, wo ein paar Kameraden und ich dort waren, vor, glaube

ich, zwei oder drei Wochen. Und dann hat sich die Stadt Freilassing noch mal bei uns Soldaten extra ausführlich bedankt und auch beim Kommandeur, für den Einsatz, und da waren
wir schon ein Stück stolz darauf, dass wir auf jeden Fall mithelfen konnten, auf jeden Fall,
und dass wir natürlich dieses Feedback von den Menschen zurück bekommen haben. Ja, die
haben sich auch bei uns bedankt und fanden das sehr gut und haben... Wir haben dadurch einen dicken Pluspunkt davon gewonnen. Aber mir persönlich ging es nicht einfach darum,
sondern es ging mir einfach darum, den Menschen zu helfen, was zu tun. Dafür bin ich auch
zur Bundeswehr gekommen – nicht, um irgendwie Abzeichen zu verdienen oder einen
Dienstgrad oder sonst irgendwie was, sondern, um auch was für die Bevölkerung zu tun"
(G5_3: 155).

In jenen Momenten erfahren die FWDL ihre Selbstwirksamkeit und schöpfen
daraus viel Motivation, die sie nachhaltig an die Organisation und ihre Aufgaben
bindet.

*Wahrnehmung*

Die starke Identifikation und ein umfängliches Annehmen der Soldatenrolle
lassen die idealen Soldaten mitunter ein Überheblichkeitsgefühl gegenüber der
zivilen Umwelt entwickeln. Die Normen und organisationskulturellen Besonderheiten gelten im Zivilen weiter, unter den Kameraden entfacht sich eine Eigen-
dynamik. Hierarchien und Autoritäten werden an formalen Diensträngen festgemacht:

„(…) Man hat nicht mehr so die Augen auf die Mitmenschen, sag ich jetzt mal, man guckt
so im Kameradenkreis und wenn da jetzt sonst irgendeiner meint, er muss was sagen, dann
ist es einfach so, das geht halt irgendwie so am Kopf vorbei. Das merken wir auch selbst, also man hört noch so, was die höheren Dienstgrade sagen und das tut man dann einfach
stumpf, irgendwie, wenn dann irgend so ein Handwerker jetzt reinkommen würde, der keine
Uniform hätte und nichts auf den Schultern und dir dann was sagen will, dann wäre erst mal
‚Äh, ne man, ist nicht, geht weiter.' Das merkt man also schon so ein bisschen im Zivilen"
(L14_2: 22).

Der Soldat erklärt wie es seiner Ansicht nach zu solchen Dynamiken kommt:

„Man lebt so ein bisschen wie in einer zweiten Welt, finde ich. Man hat ganz klar so hier gesagt, wer für einen zuständig ist und was wir genau machen und von wem die Befehle kommen, die gültig sind und im zivilen ist das ein bisschen so, da hat man noch diese Struktur
vom Dienst drin und dann hat man voll die Lücke, weil man hat natürlich keinen Vorgesetzten im zivilen Leben und wenn man dann noch mit Kameraden unterwegs ist, dann ist das so
wie wenn man im Dienst wäre und meilenweit kein Vorgesetzter da, so ein bisschen"
(L14_2: 26).

Hier beschreibt der Soldat organisationskulturelle Besonderheiten, die an Cha-
rakteristika einer „totalen Institution" (Goffman 1972) erinnern. Für die
Fremdwahrnehmung bedeutet das, dass sie eine untergeordnete Rolle spielt. Die
Soldaten haben ausreichend Selbstbewusstsein und geben sich gegenseitig Aner-
kennung, so dass sie auf die Meinung der Gesellschaft nicht angewiesen sind.
Eher werden Einstellungen anderer Soldatentypen kommentiert und kritisiert:

„Also man sollte schon, wenn man herkommt die Motivation haben, die Überzeugung, dass man zur Armee geht und nicht Bundesfreiwilligendienst macht oder so und halt nur die Uniform trägt. Also ich kann auch nicht die Leute verstehen, die wegen 7 Monaten oder 10 Monaten herkommen, da finde ich irgendwie, also entweder macht man so was wie 15 Monate oder zwei Jahre, sonst ist es irgendwie, also das kann ich nicht nachvollziehen, solche Leute irgendwie" (L14_2: 91).

Trotz der hohen Identifikation sind die idealen Soldaten nicht darum verlegen, Missstände anzuprangern und Kritik an der Organisationskultur zu üben. Diese Kritik zielt insbesondere auf eine wahrgenommene Zivilisierung des Militärischen ab, die dem Bundeswehr-Bild der idealen Soldaten zuwider läuft:

„Also, ich habe öfters mal jetzt mit Reservisten zu tun gehabt, die jetzt häufig ihre Wehrübungen machen, die auch schon gesagt haben: ‚Ja, also, die Bundeswehr, die wir jetzt haben, ist zum Beispiel mit der Bundeswehr, die man vor der Wiedervereinigung hatte, auch so was Kampfkraft und Disziplin betrifft, das ist überhaupt nicht mehr vergleichbar. Eigentlich ist es so was wie ein Kindergarten geworden', also jetzt denen ihrer Meinung nach [sic]. Und ich persönlich finde das auch" (L14_3: 195).

*Einordnung des Typs*

Legt man das Selbstverständnis der Werbekampagne für den Freiwilligen Wehrdienst „Wir. Dienen. Deutschland" (Akademie der Bundeswehr für Information und Kommunikation 2011) zugrunde und vergleicht diesen Typ mit der politischen Intention, die den Freiwilligen Wehrdienst „im Sinne eines staatsbürgerlichen Engagements" (Deutscher Bundestag 2011: 11343) sieht, kommt dieser Typ dem Ideal wohl am nächsten. Denn der ideale Soldat wählt den Dienst, um „was für die Allgemeinheit, also für die Gesellschaft, fürs Vaterland" (L14_2: 91) zu tun. Daraus erwachsen jedoch auch Erwartungen und Ansprüche.

In der organisationkulturellen Realität ist dieser Typ daher schwer zu handhaben. Die Erwartungen an die Bundeswehr, an die Aufgaben, die Selbstwirksamkeit im Sinne des „Helfen wollen" sind hoch. Darüber hinaus führt die starke Identifikation mitunter zu einer *Über*identifikation, die durchaus nicht-intendierte Konsequenzen haben kann. Beispielsweise bringt insbesondere der Typ des überzeugten Soldaten wenig Verständnis für Kameraden auf, die den FWD als Moratorium betrachten. Zu kurze Verpflichtungszeiten oder in ihren Augen halbherzige Bekenntnisse zum Soldat-Sein stoßen auf große Kritik an den jeweiligen Kameraden und an der Organisationskultur, die diese Soldaten-Typen zulässt oder sie gar noch fördert:

„Ja, wie zum Beispiel ein Stubenkamerad oben, der gestern Abend wieder gekommen ist vom Lehrgang und bestanden hat, der eigentlich aber hätte niemals auf diesen Lehrgang gedurft. Das ist natürlich so was, was mich wieder sehr ärgert, weil der Kamerad einfach Ende des Jahres ausscheidet [sic], und dann einfach so einen Lehrgang kriegt, weil der eigentlich sich auch noch parallel für die Berufsfeuerwehr beworben hat, na ja. Und wenn er diese Stelle, Feuerwehr, kriegt, dann wird er natürlich zur Feuerwehr gehen. Aber er hat jetzt diesen Lehrgang gekriegt, ist Freiwillig Wehrdienstleistender, und ja, für den ist das... Dem bedeutet... Also, ich habe das Gefühl, dass ihm das nicht so viel bedeutet wie anderen Leuten. Deshalb finde ich das wirklich sehr schade und das macht mich auch schon ein bisschen sauer, ja. Das mag ich nicht. Also, entweder ganz oder gar nicht, ja? Wenn ihm das gefällt, dann soll er das ordentlich machen und nicht einfach nur quasi ausnutzen. So sehe ich das ein bisschen" (G7_3: 43).

Es kommt also zu einer Abgrenzung unter den FWDL und einer Gruppenbildung; Identität entsteht bei diesem Typen maßgeblich über Distinktion. Die einen fühlen sich den anderen überlegen und empfinden ihre Motivation und Einstellung als die einzig richtige. Abgrenzungsmechanismen sind zum einen gegenüber anderer Soldatentypen zu beobachten, wie das bereits angeführte Zitat zeigte, zum anderen im Hinblick auf die zivile Gesellschaft mit ihren spezifischen Werten und Normen. Dies kommt einer „Diskulturation" (Goffman 1972: 24) gleich, also einer Entfremdung, bei der die Soldaten ihre „alte" Sozialisation abstreifen und zivile Normen und Handlungsmuster nicht mehr selbstverständlich anwenden können oder wollen, weil sie überformt wurden.

Leonhard zeichnet in ihrer Studie zur soldatischen Identität einen ganz ähnlichen Typus wie den des idealen Soldaten. Sie nennt ihn ‚Soldatsein als Mission‘ und schlussfolgert, dass dieser dem postulierten Ideal am nächsten komme und stellt fest, dass er für die Organisation eine Herausforderung darstelle: Denn er identifiziert sich zwar

„direkt mit dem übergeordneten Auftrag der Bundeswehr und reflektier[t] am ausführlichsten die politische Implikation [seiner] Arbeit. Gleichzeitig scheint es für die Militärorganisation besonders schwierig zu sein, die Motivation von Soldaten mit einer solchen Berufsauffassung dauerhaft aufrecht zu halten" (Leonhard 2010: 9).[149]

Im Hinblick auf die Funktionen des FWD verkörpert dieser Typ wie kein andere die Kultur der Freiwilligkeit, denn er nimmt das „dienen" ernst. Damit kommt er einer individuell empfundenen Staatsbürgerpflicht nach und trägt fast selbstverständlich zum Sicherheitskonzept Deutschlands bei. Für das zivil-militärische Verhältnis sind die idealen Soldaten hingegen mitunter problematisch. Oft identifizieren sie sich zu stark mit der militärischen Organisationskultur und sind im sozialen Umfeld überwiegend mit Gleichgesinnten umgeben, so dass der Austausch mit dem Zivilen in den Hintergrund rückt.

---

149 Dies dürfte bei den FWDL noch schwieriger sein als bei anderen Laufbahnen, denn der FWD ist bezüglich der Dienstgrade und Verwendungen deutlich eingeschränkt. Betrachtet man den Befund von Leonhard für unterschiedliche (Unter-)Offizierslaufbahnen, deutet vieles darauf hin, dass dies kein spezifisches Problem des FWD ist, sondern wohl ein organisationsimmanentes Dilemma. Die Organisationskultur bzw. -struktur lässt es nicht zu, spezifische Fähigkeiten passgenau einzusetzen, um Personen individuell zu fördern und zu fordern. In der Folge werden Erwartungen enttäuscht und gerade die anfangs hoch motivierten Mitglieder scheiden mittelfristig aus der Organisation aus.

## 7.5    Vergleich der Typen

Biehl und Leonhard gehen in einer Studie zum Soldatenberuf davon aus, „dass die Zustimmung zu und die Identifikation mit den Aufgaben der Bundeswehr von Bedeutung für die Entscheidung waren, sich bei der Bundeswehr zu verpflichten." (Leonhard und Biehl 2012: 413) Sie konstatieren also, dass ein Mindestmaß an Identifikation mit dem Arbeitgeber Voraussetzung sei, sich für diesen zu entscheiden. Trifft dies auch auf die Freiwillig Wehrdienstleistenden zu? Es bedarf eines differenzierten Blicks: Ein zumindest geringer Grad an Identifikation ist bei allen Typen vorhanden, auch wenn sich dies oftmals auf einzelne Werte und Tugenden (z.B. Disziplin) beschränkt. In den wenigsten Fällen ist eine umfängliche Identifikation mit der Organisationskultur und den übergeordneten Zielen der Organisation vorhanden. Auch zeigen die sechs unterschiedlichen Typen, dass die Bundeswehr, zwar wohl nicht alle gesellschaftlichen Schichten, jedoch ein breites Spektrum an unterschiedlichen Menschen erreicht. Was aus einer rekrutierungstaktischen Sicht erfreulich ist und dem politischen Interesse, „junge Menschen aus allen Schichten der Gesellschaft [zu] erreichen und für einen Dienst [zu] gewinnen" (Deutscher Bundestag 2011: 11354), entsprechen dürfte, erweist sich für den organisationalen Zusammenhalt als Herausforderung. Die Typen treten mit einem unterschiedlichen Soldatenbild an und dieses wandelt sich im Laufe der Zeit. Während die idealen Soldaten ein normativ aufgeladenes Berufsverständnis haben, das sich zwischen Moskos' *Calling*- und *Profession*-Modell orientiert, sehen die Angepassten das Soldat-Sein als *Occupation* (Moskos 2010). Sie verhalten sich gegenüber der Organisation loyal, solange die Rahmenbedingungen für sie persönlich stimmig sind, gehören aber nicht zu den Gestaltern oder Verantwortungsträgern in der Organisation. Die Egotaktiker hingegen bleiben auf Distanz zur Bundeswehr. Sie haben vornehmlich ihre individuelle und berufliche Entwicklung im Blick, wählen den FWD also strategisch mit bestimmten Erwartungen an den persönlichen Nutzen des Dienstes. Werden diese Erwartungen nicht erfüllt, ist die Hemmschwelle, die Organisation zu verlassen, niedrig. Gerade weil sie sich kaum und vor allem nicht ideell an die Bundeswehr gebunden fühlen, sind sie offen in ihrer Kritik an und gegenüber der Organisation. Damit können sie durchaus wie die ehemaligen Wehrpflichtigen zu einer „‚Zivilisierung' des Militärischen" (Naumann 2010: 102) beitragen und eine Funktion übernehmen, welche die anderen beiden Typen nicht bedienen.

Diese unterschiedlichen Auffassungen, welche die Typen vom Soldat-Sein haben, harmonieren untereinander nicht immer. Die Erwartungen und Ansprüche sind sehr verschieden, die Bundeswehr ist aber auf Konformität ausgerichtet. Individuelle Bedürfnisse zu bedienen, ist in dieser Organisationskultur nicht

vorgesehen. Während die einen froh sind, dass es nicht mehr so „übelst anstrengend" (L5_2: 187) wie zu Zeiten der Wehrpflicht ist, sind andere von der fehlenden (vor allem körperlichen) Herausforderung enttäuscht: „Mir hat ein bisschen
das Sportliche mehr [sic] gefehlt. Also, ich bin eigentlich her gekommen, um
mich ein bisschen an der Leistungsgrenze... Um mal zu gucken, wo die ist. Aber
viel haben wir da nicht gemacht" (L11_2: 23). Die hohen Ansprüche, insbesondere der idealen Soldaten, führen zu einer weiteren Hürde für die Bundeswehr.
Van Dick spricht von der Gefahr, dass sich unterschiedliche Foci der Identifikation gegenseitig behindern können. Er führt folgendes Beispiel an: „If an individual identifies strongly with his working unit, but not as much with his organization as a whole, norms in the working unit who partly contradict the goals of
the organization will be more easily followed" (van Dick 2001: 277). In den
Interviews scheint dieser Zielkonflikt in die andere Richtung auf: Gerade die
idealen Soldaten, die sich stark mit den Zielen der Organisation identifizieren,
fühlen sich unter ihren (auch hauptberuflichen) Kameraden unwohl, werfen
diesen mangelnde Ernsthaftigkeit und zu wenig Einsatzbereitschaft vor, denn sie
legen hohe Maßstäbe an sich und ihren Dienst an und messen daran ebenfalls
andere Mitglieder der Organisation:

> „Aber wenn ich mir jetzt vorstelle, dass da jetzt Leute hin kommandiert würden, auf so rich-
> tiger Befehlsebene, so aus Truppenteilen wie in Berlin [gemeint sind hier Stabseinheiten im
> BMVg, Anm. RH], die dann da ankommen mit ihren, na ja, so sportlichen Leistungen, die
> ich gar nicht unbedingt irgendwie erwähnen würde... Oder auch so generell, so einmal im
> Jahr gehen die Schießen, das wäre einfach nur peinlich, nicht nur für den gesamten militäri-
> schen Standort Berlin, sondern generell für die Bundeswehr" (L14_3: 115).

So zeigt ein FWDL Unverständnis für Kameraden, die seit Jahren Dienst im
BMVg tun und in deren Alltag, seiner Meinung nach, entscheidende soldatische
Tugenden völlig verkümmert sind. Ähnliches beobachtet er auch an sich selbst,
was zu einer tiefen Unzufriedenheit und einem Rollenkonflikt führt; denn so hat
er sich das Soldat-Sein nicht vorgestellt und es fällt ihm schwer, diesen Dienst-
alltag mit seinen idellen (wenn vielleicht auch unrealistischen) Ansprüchen zu
vereinbaren:

„Also, zum Beispiel ich habe extrem so nachgelassen [bezogen auf die ‚soldatischen' Fertigkeiten, Anm. RH]. Also, ich würde nicht sagen, [ich bin] unbedingt stolz auf das, was ich mache, also, bin ich nicht unbedingt. Also, wenn ich wirklich Leuten sagen müsste, was ich den ganzen Tag mache und die Dienstzeit so, dann würde ich mich eigentlich in Grund und Boden schämen, so mehr oder weniger" (L14_3: 111).

Ein anderer Soldat, als überzeugter Soldat angetreten und im Verlauf des FWD zum Pflichtbewussten geworden, äußert sich ebenfalls sehr enttäuscht von dem Bild, das ihm die Bundeswehr in seiner Stammeinheit bietet:

„Hm, na ja. In erster Linie, grob gesagt: Mehr Schein als Sein. Also, wie gesagt, ich konnte es nur von meiner Kompanie aus betrachten. Das ist natürlich ein Sonderfall, weil meine Kompanie halt am Ende des Jahres aufgelöst wird, aber es sind ja nicht nur wir Mannschafter, die teilweise nichts zu tun haben. Auch ältere Personen, wie halt zum Beispiel Stabsfeldwebel, Oberstabsfeldwebel. Ich verstehe eigentlich teilweise gar nicht, was die überhaupt machen, also so gesehen. [Die] trinken Kaffee den ganzen Tag, quatschen, und da denke ich mir: Dafür arbeiten Leute auf der Straße hart und die machen eigentlich gar nichts, so. Also, ich... Natürlich, ich kriege hier auch viel mit, auch direkt was Einsatzplanung und so anbelangt. [Das] kriege ich ja auch alles mit. Das ist ja [eine] direkte Quelle dort. Davor habe ich auch Respekt. Was im Einsatz läuft und alles, das ist wirklich hart. Was mir dort so erzählt wurde (...) Aber teilweise so, diese[r] allgemeine Routinedienst in der Kaserne, das ist... Teilweise kann ich das nicht nachvollziehen, dass da einfach wenig gemacht wird, weil einfach nichts anfällt. Es fällt einfach nichts an. Und na ja, das hat man sich natürlich ganz anders vorgestellt. Das ist aber wahrscheinlich auch so, weil wir halt hier in der Kompanieführung sind. Und dort ist halt viel Papierkram. Wenn überhaupt, dann haben wir halt oft nur mit Papierkram zu tun, ja" (L10_3: 131-135).

Diese Ernüchterung, welche mit dem Revidieren der eigenen Wirklichkeit von der Bundeswehr einhergeht, kann als Entfremdung von der Organisation und ihren Mitgliedern interpretiert werden. Sie schlägt sich in der empirischen Analyse in einem sinkenden Identifikationsgrad nieder. Diese Entwicklung ist vornehmlich bei Soldaten zu beobachten, die den FWD mit konkreten und ideellen Ansprüchen wählten. Das heißt also, dass es der Bundeswehr im Format des FWD besonders schwer fällt, diejenigen zu bedienen, die dem organisationalen Idealbild am nächsten kommen.

Diese Ausführungen machen deutlich, dass der Identifikationsgrad nicht bei allen FWDL über den gesamten Zeitraum stabil bleibt. Aus den empirischen Daten lassen sich Muster ablesen, wie sich die befragten Soldaten in Bezug auf die Typenzuordnung entwickeln. Welche Bewegungen zwischen den Typen analysiert wurden, wird in den folgenden Abschnitten anhand dreier Fallvignetten dargestellt. Der Fokus liegt dabei auf den Momenten, die als ausschlaggebend für einen Typenwechsel angesehen werden.

## 7.6    Längsschnittbetrachtung: Die Typen im Zeitverlauf

Wie die Darstellung der Typen schon andeutete wechseln die meisten Soldaten im Verlauf des FWD von einem Typus in einen anderen. Die Analyse im Längsschnitt gibt wertvolle Hinweise darauf, wie sich bestimmte Typen herausbilden, in bestimmten Ausbildungsabschnitten wieder verändern und was die entscheidenden Momente beziehungsweise Anstöße für diese Prozesse sind. Das ist ein Mehrwert gegenüber anderen Studien, die nur zu einem Zeitpunkt einen Status quo abbilden, wie beispielsweise die SOWI-Untersuchung zur „Beruflichen Identität von Soldaten" (Leonhard 2010: 11). Abbildung 11 fasst zusammen, wie sich der Identifikationsgrad der 26 Befragten über die Zeit verändert. Die gestrichelten Linien geben eine steigende, die hellen Linien eine gleichbleibende und die dunklen Linien eine sinkende Identifikation mit der Bundeswehr im Verlauf des FWD wider. Die Operationalisierung bzw. Quantifizierung des Identifikationsgrades ist in Kapitel 6.1 ausführlich dargelegt.

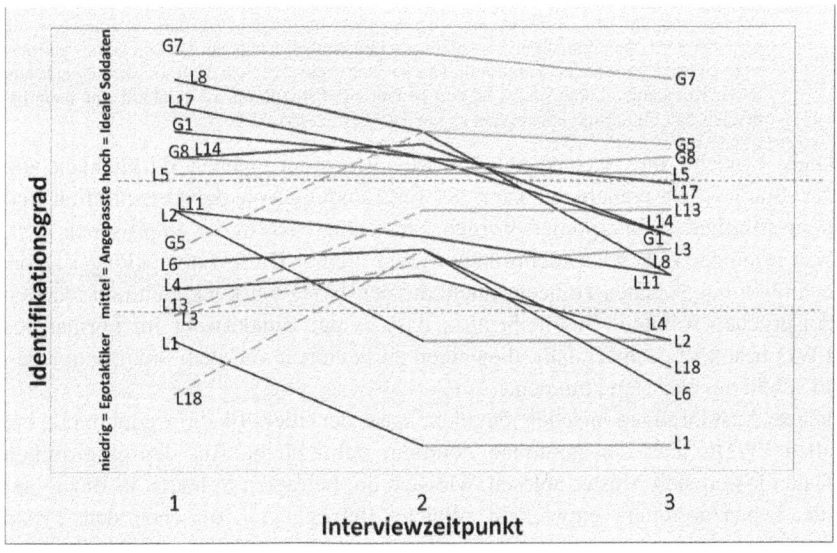

*Abb. 11: Entwicklung des Identifikationsgrades der Soldaten zu den drei Interviewzeitpunkten.*

Ließe sich vermuten, dass mit Dauer der Zugehörigkeit zu einer Organisation die identifikatorische Bande zunimmt, zeichnet sich bei den befragten FWDL mehrheitlich das Gegenteil ab. Bemerkenswert ist, dass bei der überwiegenden Zahl der Interviewteilnehmenden der Identifikationsgrad im dritten Interview im Vergleich zum ersten Interview niedriger ist. Ein paar wenige bleiben konstant, in Einzelfällen nimmt die Identifikation mit der Bundeswehr im Zeitverlauf zu. Dieses Muster tritt ausschließlich bei Soldaten auf, die mit einer sehr niedrigen Identifikation in die Armee eingetreten sind.

Woran liegt das? Welche Erlebnisse und Erfahrungen führen zu diesen Prozessen im Laufe der Dienstzeit und was bedeutet das für die Organisationskultur und die unterschiedlichen Funktionen des FWD?

Hierfür werden die individuellen Identifikationsverläufe dreier Soldaten über die drei Interviews hinweg als Fallvignetten dargestellt (Langer 2013). Dies gibt dem Leser als Ergänzung zur ergebnisorientierten Typendarstellung einen tieferen Einblick in den Interpretationsprozess. Somit kommt der Vignette eine explorative Funktion zu (Langer 2013: 128). Zudem hat die Fallvignette an dieser Stelle einen paradigmatischen Charakter, da sie die wesentlichen Forschungsergebnisse noch einmal kondensiert (Langer 2013: 128) und den Prozess des Identifikationsverlaufes darstellt. Für diese Arbeit wird die Darstellungsweise von ausgewählten Forschungsergebnissen als Fallvignette also gewählt, um den Forschungsprozess lebendig und reflexiv zu vermitteln. Zum anderen verbindet sich damit die Hoffnung, einen tieferen Einblick in eine alltagsferne Lebenswelt zu geben, mit der die meisten Leserinnen und Leser dieser Arbeit wohl selten in direkten Kontakt kommen. Die Darstellungsweise als Fallvignette eignet sich für dieses Anliegen besonders gut:

> „Indem die Fallvignette die Irritationen auslösende Beziehungsdynamik in der Forschungssituation als eine Art Leitfaden zur Erschließung des im Interview begründeten Sinnzusammenhangs schreibend reflektiert, wird die Leserin/der Leser zu einer Partnerin/einem Partner des Deutungsprozesses" (Langer 2013: 127).

Jede der drei Vignetten stellt einen *Typ der Veränderung* bzw. in einem Fall der *Nicht-Veränderung* dar: Die erste Vignette porträtiert einen Soldaten mit gleichbleibender Identifikation (G7), die zweite einen mit zunehmender (L13). Die dritte Vignette zeichnet einen abnehmenden Identifikationsgrad (L10) nach. Die drei Verläufe sind hier noch einmal graphisch veranschaulicht:

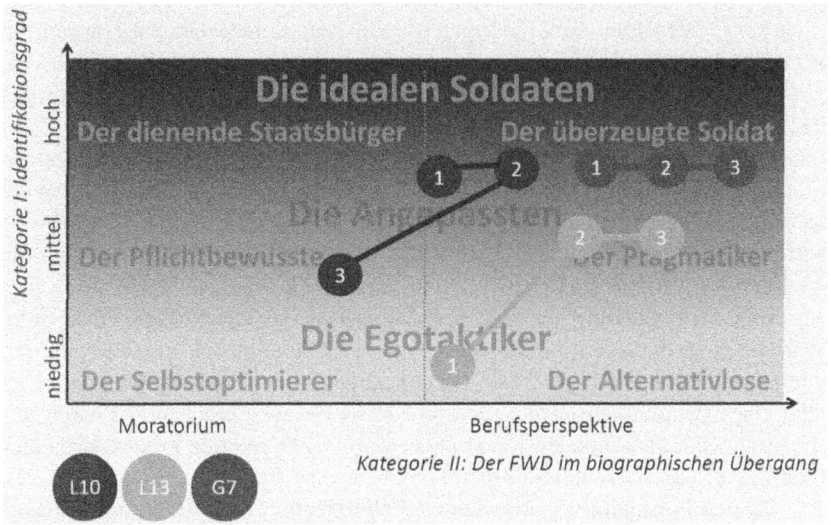

Abb. 12: Typenveränderungen während des Freiwilligen Wehrdienstes der Soldaten L10, L13 und G7.

### 7.6.1    Vignette I: Ein Soldat mit Leib und Seele

Das dritte Interview beginne ich nach einem kurzen Vorgespräch mit einer Frage nach dem Alltag in der Stammeinheit. Während mir die meisten daraufhin einen groben Überblick über ihre Aufgaben geben und eher auf die individuelle Wahrnehmung dieses Diensttalltags fokussieren, setzt Soldat G7 zu einem fast zehnminütigen Monolog an und beschreibt mir äußert detailreich, wie ein durchschnittlicher Tag als Gebirgsjäger aussieht, begonnen mit dem Aufstehen um 5:45 Uhr bis zum Dienstende um 15:30 Uhr. Großen Teilen seiner Ausführungen kann ich kaum folgen, da sie gespickt sind mit Abkürzungen, internen Dienstbezeichnungen und einem Detailwissen, so dass ich diese Informationen kaum dechiffrieren kann. Er erklärt mir, wie „man den S-Draht wegsprengen kann" (G7_3: 03) und welche Rolle dem „Gamsbock" im Spähtrupp zukommt.

Schon da merke ich: Wir leben in zwei unterschiedlichen Welten. Doch trotzdem schaffen wir es, wie schon in den beiden ersten Interviews, gut miteinander zu kommunizieren und eine Verständigungsebene zu finden, auf der wir uns begegnen können.

Gerade weil der Soldat auch viele Wochenenden in der Kaserne verbringt, taucht er komplett in die Welt der Bundeswehr ein. Es ist ihm bewusst, dass er in einem

Paralleluniversum lebt, er hat diesen Schritt nicht unvorbereitet vollzogen, beispielsweise seine sozialen Kontakte schon vor dem FWD minimiert. Er reflektiert erstaunlich offen über die Distanzierung zur zivilen Welt:

> „Diese Zeit, diese drei Monate, in denen sich eigentlich das komplette Leben von einem jungen Soldaten eigentlich komplett auf den Kopf stellt [sic]. Das heißt, man hat einfach kein Privatleben mehr von null auf hundert. (…) Also, das war am Anfang, den ersten Monat, wie im Knast. Man hat nichts mitgekriegt, was draußen passiert ist" (G7_2: 3 und 259).

Er kommt auf die Zeit der Grundausbildung im dritten Interview erneut zurück. Wie er die Bundeswehr hier wahrnimmt, erinnert unmittelbar an die Charakteristika, die Goffman der „totalen Institution" (Goffman 1972: 17) zuschreibt:

> „Ja, wo ich dann wirklich Monate, wirklich einen Monat lang in der Kaserne war, da wurde ich einfach... Da war... Das war nicht schön. Also, da wurde ich dann, keine Ahnung... Da kam mir dann alles draußen so fremd vor, [da] dachte ich: ‚Wo bin ich denn hier gelandet?' Das war halt so was, dass man sich da halt so sehr entfernt hat" (G7_3: 283).

Doch da er diesen Schritt bewusst gewählt hat, kann er mit diesen Rahmenbedingungen umgehen. Für ihr gehören sie selbstverständlich zum Soldat-Sein dazu und er ist bereit, sich dieser Sozialisationsmaßnahme, gerade während der AGA, zu fügen und sich zum Soldaten formen zu lassen.[150]

Denn gezielt hat sich der 20-Jährige dafür entschieden, aus seiner norddeutschen Heimatstadt in den Süden zu gehen, um dort Gebirgsjäger zu werden. Für ihn ist unmittelbar nach dem Abitur schon klar, dass er der Bundeswehr beitreten will, er nimmt sich allerdings noch einige Monate Bedenkzeit, um zu entscheiden welche Laufbahn und welche Einheit er wählt. Sein Opa, ein ehemaliger Berufsoffizier bei der Marine, will, dass er in seine Fußstapfen tritt. Doch er selbst wolle lieber etwas Infanteristisches machen und „das sollte schon etwas anspruchsvoller sein" (G7_1: 5). Die Infanterie assoziiert er mit „(…) Kämpfern, Leute, die kämpfen und sich durchsetzen" (G7_2: 247). Das heißt, das Körperbetonte prägt sein Soldatenbild. Das kommt an unterschiedlichen Stellen in allen drei Interviews zum Tragen. Er greift damit das Soldatenbild des „Kämpfertyps" auf, das in traditionalistischen Kreisen in der Bundeswehr hochgehalten wird. Im weiteren Gesprächsverlauf zeigt sich jedoch, dass man ihm unrecht tun würde, ihn diesen Kreisen, die auch als „oppositionelle Kräfte gegen die Innere Führung" (Bald 2009: 15) angesehen werden, zuzuordnen.

Die sehr bewusste Entscheidung zeigt, dass er zu Beginn des FWD schon umfänglich mit der Bundeswehr vertraut ist. So ist es für ihn klar, dass der FWD mehr ist als ein „Schnupperkurs" und schon am zweiten Tag des FWD hat Soldat

---

150 Ein sozialpsychologischer Forschungsansatz mit biographischen Interviews könnte an dieser Stelle herausarbeiten, inwiefern die Bundeswehr von einem gewissen Soldatentyp als Sehnsuchts- oder Zufluchtsort verstanden wird, der ein Entkommen aus der bisherigen sozialen Wirklichkeit ermöglicht.

G7 den militärischen Sprachgebrauch internalisiert:

> „Also, mein Vertrag bisher im Rahmen des Freiwilligen Wehrdienstes geht bis 2014. Mein
> Ziel ist es natürlich jetzt ein Gesuch an meinen Vorgesetzten zu schreiben, in dem ich ihm
> halt mein Anliegen mitteile, dass ich gerne bei der Bundeswehr studieren möchte und auch
> bereit wäre, mich für zwölf Jahre zu verpflichten" (G7_1: 09).

Während des FWD würde er „natürlich gerne viel mehr über den Beruf Gebirgsjäger lernen" (G7_1: 25) und unterstreicht damit, dass er das Soldat-Sein als
„profession" im Sinne von Moskos wahrnimmt (Moskos 2010). Dies hat wohl
auch mit seiner Sozialisierung zu tun. Zwar schlagen die meisten Freunde einen
anderen Weg ein, doch gerade die Familie hat eine lange militärische Tradition,
so dass es für ihn schon fast ein klar vorgezeichneter Weg ist, ein „Wunsch",
Teil der Bundeswehr zu werden:

> „G7: Aus meinem Freundeskreis bin ich eigentlich so gut wie der Einzige. Also es gibt zwei
> Kameraden, die auch noch [bei der Bundeswehr] sind. Aber sonst sind die meisten eigent-
> lich in Ausbildungsberufen oder im Studium. Oder halt eben ‚Work and Travel'. Das sind
> sehr viele. (…) Mein bester Freund zum Beispiel, der ist Berufssportler (…) und er sagt...
> [sic] Also, er würde es [zur Bundeswehr gehen, Anm. RH] auch sehr, sehr gerne tun. Und ja,
> also, es kommt auch so [eine] Bewunderung, weil das schon immer mein Wunsch war und
> dass ich das so durchgezogen habe [sic].
> RH: Woher kam dieser Wunsch, den Sie schon immer hatten?
> G7: Ja, man muss sagen, meine Familie hat eine recht lange Tradition, was Bundeswehr,
> was Militär angeht. Ja, und von daher... Mein Opa [war] Berufssoldat. Mein Cousin ist auch
> Berufssoldat. Mein Bruder war auch bei der Bundeswehr. Großes Umfeld. Onkel, Tanten,
> alle waren sie bei der Bundeswehr. Auch Zeitsoldaten und halt auch einige als Berufssolda-
> ten" (G7_1: 61-65).

Die Anerkennung von Freunden, „dass ich das so durchgezogen" habe, macht
ihn sichtlich stolz. Denn trotz der intrinsischen, ja fast selbstverständlichen, Motivation und des enormen Rückhalts durch die Familie, ist es für Soldat G7 eine
Genugtuung, Anerkennung von Vorgesetzten und der Gesellschaft zu bekommen. Da er aus Norddeutschland kommend derjenige ist, der am Standort B am
weitesten angereist ist, wird er im Zuge des Gelöbnisses vom Kommandeur und
in der anschließenden Medienberichterstattung gewürdigt. Dieses Ereignis greift
er dreimal hintereinander auf im Gespräch und macht damit deutlich, wie wichtig
ihm diese Wertschätzung ist:

> „Und dann wurde ich auch noch in der Rede erwähnt vom Kommandeur. Das war natürlich
> dann eine besondere Ehre. Und dann nochmal durch die Zeitung. (…)
> Ja, also dadurch, dass ich halt von so weit weg komme und diese Strecke auf mich nehme
> und diese Entfernung. Und diese Entbehrungen, die ich quasi auch für die Bundeswehr
> quasi hingenommen hab, dass das dann gewürdigt wurde [sic]. Und das war wirklich ein
> sehr guter Moment, weil das interessiert sonst keine Sau, wo man herkommt. Und dann
> stand das sogar noch in der Zeitung, das war dann auch nochmal eine besondere Ehrung (…)
> Das war so ein sehr schöner Moment, dass es gewürdigt wurde. Weil die anderen konnten
> jedes Wochenende nach Hause fahren. Und insofern hat sich das auch alles so ein bisschen
> anders entwickelt bei mir, weil man einfach komplett keinen Abstand hat[te] und einfach

nur noch für die Bundeswehr gelebt hat" (G7_2: 171; 175; 181).

Er betont immer wieder, dass es große „Entbehrungen" seien, die er auf sich nähme. Trotzdem zweifelt er nicht an seiner Entscheidung. Für ihn ist klar, das Soldat-Sein ist Teil seines Lebensinhaltes und da gehören gewissen Rahmenbedingungen dazu. Zudem sieht er einen Sinn in seiner Aufgabe; er unterstützt die Missionen der Bundeswehr bedingungslos „Ich stehe absolut hinter der Truppe. Also, alles, was die Truppe macht, das unterstütze ich" (G7_1: 129), denn er ist überzeugt, damit Menschen helfen zu können.

> „G7: (...) Weil den Leuten geht es richtig scheiße da unten [in Mali, Anm. RH]. Genauso wie in Syrien, wo ich einen Schulkameraden habe, der aus Syrien kommt. Und sein Vater [wurde] einfach auf dem Flughafen festgenommen und einfach mal monatelang im Knast gefoltert.
> RH: Und haben Sie das Gefühl, dass Sie als Teil der Bundeswehr – oder überhaupt die Bundeswehr – da positiv einwirken können auf die Konflikte?
> G7: Ja, natürlich. Ja. Also, was ich mir sowieso wünschen würde, dass [die] Politik der Bundeswehr etwas mehr Freiheiten einräumt. Weil so, wie die Bundeswehr jetzt zum Beispiel Befehle hatte wie im Kosovo, ist nicht gut. Weil, wenn man die Mittel hat, dann soll man sie auch nutzen. Patronen sollen nicht einfach nur im Magazin [he]rumflaggen. Die sollen ja auch [et]was bewirken, wozu sie gemacht sind [sic]" (G7_2: 279-283).

Wenn es nach Soldat G7 ginge, könnte die Bundeswehr deutlich mehr sicherheitspolitische Verantwortung, auch in Gestalt robuster Mandate,[151] übernehmen und er würde nicht zurückschrecken, diese persönlich mitzutragen. Dabei spielt auch die Abenteuerlust eine große Rolle:

> „Ja, ich würde überall hingehen. Mir ist es völlig egal. Umso mehr Action, umso besser. Ja, also, Afghanistan ist ja auch nicht mehr... Was mich jetzt mal reizen würde, wäre zum Beispiel so was wie Syrien oder Mali oder so was, Dschibuti, ach, alles so was. Da hätte ich Bock drauf, da würde ich sofort... Wo ich auch ziemlich[e] Lust darauf hätte, auf so einen Combat-Survival-Lehrgang [zu gehen], irgendwie Französisch-Guayana, da, Dschungelkampf-Ausbildung, das wäre schon ziemlich cool, halt einfach mal was sehen, was mitmachen. Man bekommt ja auch als Soldat die Chance, die Welt mal aus einer anderen Perspektive zu sehen als die meisten Leute. Also, das heißt, ja, wenn man jetzt in einem Krisengebiet ist, dann kriegt man halt nämlich immer das Schöne serviert, wie ein Urlauber" (G7_3: 99).

Solche Einstellungen rufen fast reflexartig ein Unwohlsein bei mir hervor. Sofort denke ich an den viel beschrieben Abenteurer- und Kämpfertyp, der mitunter an die Wehrmachttradition anschließt (Bald 2009) oder sich selbst als eine Art Söldner sieht, der fern jeglichen Wertegerüsts in den Krieg zieht. Beides passt nicht mit den Vorstellungen eines Staatsbürgers in Uniform zusammen und wi-

---

151 „Ich finde, Soldaten sollten mehr da ihre Freiheiten kriegen. Also, Freiheiten nicht, aber wenn man Mittel hat, dann sollte man sich auch verteidigen dürfen. Aber natürlich nur verteidigen. Allerdings habe ich auch jetzt ein Beispiel vom Afghanistan-Einsatz gehört, dass dort mal ein richtiger Kampfeinsatz ziemlich lange wohl für Frieden gesorgt hat. Also da war dann erst mal Ruhepause. Aber ich finde, die Armee sollte auch mal das tun, wofür sie gemacht ist. Nicht immer nur... [sic]. Aber auch immer sichern. Sichern ist natürlich immer wichtig" (G7_2: 291).

derspricht meinem Bild des demokratischen Soldaten gänzlich. Soldat G7 verstärkt dieses stereotype Bild in meinem Kopf mit seiner Begeisterung, über die er
von seinem ersten scharfen Schuss berichtet:

> „Das war dann schon ein großer Moment. (…) Der scharfe Schuss. Und ja, da hat man dann
> erst mal sich gefühlt wie ein richtiger Soldat, der auch mal eine Waffe abgefeuert hat. Das
> [sind] natürlich die einschneidendsten Erlebnisse, die man hier so hat. […] Ja, also, zum
> Beispiel auch, der scharfe Schuss, den haben wir halt an drei Waffen durchgeführt. Das
> heißt, wir haben wirklich G36 zu Anfang geschossen, das MG und die P8. [Ich] muss sagen,
> die P8, das ist eine Waffe, die ist sehr eindrucksvoll, weil man das Feuer direkt quasi in den
> Händen hält. Also diese [sic], wo der Schuss sich löst, das ist quasi direkt an der Hand. Und
> von daher ist es mit das Angsteinflößendste, muss ich sagen, wenn man das schießt, wenn
> man [das] das erste Mal macht so. (…). Das war natürlich einer der wichtigsten Teile der
> Grundausbildung, weil das einfach… [sic]. Das ist das Handwerk des Infanteristen, was wir
> hier nahegelegt bekommen haben" (G7_2: 3 und 7).

Befremdet registriere ich solche Ausführungen und frage mich gleichzeitig,
warum ich ein ungutes Gefühl dabei habe, wenn ein Soldat den Kern seines
Handwerkes, nämlich die Anwendung von Gewalt, thematisiert. Es ist wohl der
Teil des Soldatenberufs, der in Demokratien am meisten tabuisiert und ignoriert
wird, weil die Anwendung von Gewalt unseren Grundwerten zutiefst widerspricht (Reemtsma 2008: 182ff.).[152]
Trotzdem kann ich Soldat G7 nicht einfach in die Schublade „gewaltverherrli-
chender Kämpfer" stecken. Denn er bringt bei aller Begeisterung auch den Respekt zum Ausdruck, den er vor den scharfen Waffen hat, sogar „angsteinflö-
ßend" nennt er eines der Schusserlebnisse. Er wirkt auf mich durchaus reflektiert, manchmal etwas abgeklärt, weder stumpf noch gewaltverherrlichend oder
demokratiefern. Er hat ein feines Gespür für seine Umgebung, nimmt Kleinig-
keiten im Alltag wertschätzend wahr und ist dankbar, ja sogar demütig, für das,
was er erlebt:

> „Aber das finde ich eben auch hier in Deutschland so lustig, wenn sie immer reden und mei-
> nen, sie könnten die Welt verbessern, hätten die große Ahnung. Tja, aber das bekommt man
> halt als Soldat geboten, dass man halt mal Dinge aus einer anderen Perspektive sieht und
> quasi auch die Welt, in der man lebt, dass man das sehr wertzuschätzen lernt. Also, das ist
> gut. Es lehrt einen oft, glaube ich, sehr viel Demut. (…) Freitag auf Samstag, bin ich hier auf
> den Hohenstaufen geklettert mit einem Kameraden. (…) dann sind wir halt abends da hin,
> haben uns dann im Schlafsack da oben ans Gipfelkreuz gelegt, haben dann da oben einfach
> geschlafen. Das war cool, und dann… Das war wirklich… Alles von oben sehen, das ist na-
> türlich was Gutes und es macht das auch… [Das] braucht man auch manchmal, damit man
> wieder weiß, warum man eigentlich hier ist" (G7_3: 107-111).

---

152 Dass die Bundeswehr eine staatliche legitimierte Gewaltagentur ist, gerät dabei manchmal aus
dem Blick (von Bredow 2008b: 19f.). Auch das könnte als „freundliches Desinteresse" gedeutet
werden, denn bestimmte Aufgaben, nämlich die Anwendung von Gewalt in klar umrissenen Situationen, wird delegiert und damit die Verantwortung, wie die Soldaten mit dieser Aufgabe
umgehen, ebenfalls ausgelagert.

Bei all der Abenteuerlust und dem körperbetonten Soldatenbild, das er vermittelt, wirkt er daher nicht wie der stereotype Kämpfertyp und zeigt durch seine Kritik an unserer konsum- und selbstorientierten Gesellschaft – auch das ein Element, welches sich durch alle drei Interviews zieht – ein Wertegerüst, das ihn abhebt von den Egotaktikern (Hurrelmann und Quenzel 2012: 206) und Pragmatikern (Köcher et al. 2013: 13) seiner Generation. Schon als Jugendlicher ist er bei der freiwilligen Feuerwehr und in einer Naturschutzorganisation aktiv, denn er findet, als Bürger in der Demokratie habe „man diese Verantwortung" (G7_1: 181), die durch Wahrnehmen des Wahlrechts und durch gesellschaftliches Engagement zu erfüllen sei.

Soldat G7 hat insgesamt hohe Ansprüche an sich selbst und an den Dienst. Bevor er als Offizier womöglich die Verantwortung für viele Kameraden im Einsatz tragen wird, will er diese Einsatzerfahrung als Mannschaftssoldat machen. Denn er hat ein klares Bild, wie der ideale Soldat aussehen solle und daran misst er auch andere Kameraden.

> „Und ich habe halt selbst an mich den Anspruch gestellt, wenn ich Offizier bin, möchte ich halt wissen, was ich da tue. Und auch ein bisschen Kampferfahrung mitbringen. Weil es nützt ja nichts, wenn man zwei Jahre lang studiert hat [sic] und kommt dann nach dem Studium direkt in den Einsatz und soll da 20, 30 Leute in den Einsatz führen, wo es dann auch gefährlich wird. Und das will ich nicht tun, wenn ich gar keine Ahnung davon habe. Und Sie haben ja hier wahrscheinlich schon einige Leutnants, höhere Dienstgrade gesehen, [bei denen] Sie sich wahrscheinlich gar nicht vorstellen können, dass diese Leute kämpfen. Also, wirklich so kleine Lollies" (G7_2: 115).

Diese individuelle Bewältigungsstrategie, Identität durch Abgrenzung zu stiften (Keupp et al. 2008: 95ff.), ist unter Soldaten verbreitet und geschieht immer wieder entlang ihrer Einsatzerfahrung. Das wurde bereits mehrfach empirisch belegt (u.a. Seiffert 2005, 2012; Tomforde 2010). Die bewusste Distinktion von anderen Soldatentypen kann durchaus einen „Riss in der Truppe" (Seiffert 2012: 95) befördern, aber auch zu einer starken *in-group* Identifikation beitragen. Gerade Auslandseinsätze gelten unter den Kameraden häufig als Initiationsritus und die spezifische Erfahrung, ob ein Soldat als Kämpfer oder im Lager eingesetzt wurde, spielt dabei eine zentrale Rolle. Unterschiedliche Selbstverständnisse prallen hier aufeinander und es wird deutlich, dass Soldat G7 auf jeden Fall zur „Generation Einsatz" (zitiert nach Seiffert 2012: 79) dazugehören will:

> „Das ist natürlich, was ich gemerkt habe, und gerade auch, was dort draußen passiert, dass das nicht für jeden leicht zu verkraften ist, und dass es da wirklich... [Da] sollte man keine Angst vor Leichen haben und so. Also, dort, was ich dort für Bilder zu Gesicht bekommen habe, also, die waren krass. Aber so was gehört dazu, so was sollte man sich immer vor Augen halten und sich dessen bewusst sein, weil, wenn man das nicht kann, dann ist man hier einfach falsch. Und das ist sowieso auch noch mal ein Unterschied zwischen jetzt Freiwillig Wehrdienstleistenden und Zeitsoldaten, weil, die Zeitsoldaten, die gehen irgendwann in so einen Einsatz und diese Freiwillig Wehrdienstleistenden nicht. Insofern entsteht dort schon irgendwann [sic], gerade auch die Leute, die jetzt mehrfach aus dem Einsatz [gekommen]

sind, dass die einfach einen ganz anderen Stellenwert haben. Es gibt quasi auch eine Hierarchie unter den Mannschaftern, einfach an Erfahrung und Dienstzeit" (G7_3: 203).

Im Umkehrschluss zeigt er wenig Verständnis für andere Soldatentypen, die seinem persönlichen Ideal nicht entsprechen. Fast abfällig, inzwischen selbst schon Zeitsoldat, redet er über „diese Freiwillig Wehrdienstleistenden", die nicht in den Einsatz gehen und degradiert sie zu Mannschaftssoldaten zweiter Klasse. Damit spricht er indirekt das aus, was andere FWDL in den Interviews genauso empfinden, nämlich dass sie im Vergleich zu SaZ schlechter gestellt seien (so zum Beispiel L6, L8, L10, G8).

Zugleich lässt das angeführte Zitat durchblicken, dass er keinen verklärten Blick auf die Auslandseinsätze hat. Er ist sich umfänglich bewusst, welches Risiko diese mit sich bringen und was das im Endeffekt für seine persönliche Unversehrtheit bedeuten könnte. Doch die Bundeswehr ist nun einmal sein neues Umfeld. Für diese „Familie" (G7_1: 145), wie er die Organisation nennt, hat er sich bewusst entschieden. Dafür nimmt er in Kauf, dass seine Bande zur zivilen Welt geschwächt wird.

Zum Ende des zweiten Gesprächs gibt der Soldat kleine Einblicke in sein Privatleben. Er habe jetzt eine Freundin, die er an einem Wochenende zu Hause kennengelernt habe. Das sei sehr schön. Doch er wüsste auch, dass es schwer werde, so eine Fernbeziehung zu führen. Und die Prioritätensetzung zwischen Bundeswehr und Privatleben ist ganz klar:

> „G7: Ja, aber Bundeswehr geht natürlich noch vor. Also, ich würde jetzt nicht nach [Norddeutschland] ziehen wieder, nur weil ich da eine Freundin habe. Das würde ich nicht tun.
> RH: Kommt die denn auch mal hierher zu Besuch?
> G7: Nein, also das ist ja noch nicht so lange. Das ist ja erst ein paar Wochen. Und ja, mal sehen, wie sich das so entwickelt. Ob das überhaupt hält, weil wahrscheinlich kann so etwas eigentlich nicht halten. Ja, es ist Scheiße, aber das ist halt so" (G7_2: 303-307).

Er akzeptiert also, dass die Bundeswehr eine „greedy institutions" (Coser 1974) ist, die ihren Mitgliedern Opfer bis ins Privatleben abverlangt, die Soldat G7 freiwillig und aus Überzeugung erbringt. Die kurze Beziehung zu seiner Freundin in seiner norddeutschen Heimat ist beim dritten Interview beendet und er resümiert:

> „Das ist sowieso so schwer, irgendeine zu finden, die das alles mitmacht. Das ist unmöglich... Weil, früher oder später, ja, da ist [es] sowieso vorbei. (...) Das ist natürlich ein großer Nachteil dieses Berufes. Da hat man es in anderen, im zivilen Leben, viel leichter, ja. Das ist richtig blöd. Aber was soll's" (G7_3: 303).

Doch was genau hält seine Motivation hoch? Was treibt ihn an, so viele „Entbehrungen" hinzunehmen, auf eine Beziehung zu verzichten und sein Leben ganz dem Soldat-Sein zu widmen? Seine Einstellung fußt im Wesentlichen auf innerer Überzeugung, die wohl in seinem spezifischen familialen Sozialisationskontext begründet liegt. Für ihn scheint zudem die Balance zwischen Geben und Nehmen stimmig zu sein. Anders als viele seiner Kameraden, die gerade die Zeit in der Stammeinheit als monoton und langweilig empfinden, gelingt es ihm, das zu bekommen, was er will, denn ihm wird eine persönliche Weiterentwicklung ermöglicht:

> „Genau. Ich wollte jetzt aber erst mal schauen, dass ich jetzt das alles hinkriege, diese ganzen Lehrgänge abarbeite. (…) Ja, das ist schon cool, wenn man weiß, dass es voran geht. Das ist, auch, wenn ich das nicht hätte, dann würde mich hier nichts mehr halten. Also, wenn [die] Ausbildung und alles gut läuft, dann ist man auch einfach zufrieden. Und das sollte man auch wirklich zu schätzen wissen, weil, es kostet auch den Staat sehr viel Geld, wenn man auf so einen Lehrgang gerade geschickt wird. [Das] kostet sehr, sehr viel Geld. Deshalb macht mich das auch wütend, wenn halt so ein Lehrgang, der echt teuer ist, quasi verpulvert wird. Na ja, ist halt so." (G7_3: 63).

Ausschlaggebend hierfür dürfte sein, dass er das System gut kennt. Er verfügt über das nötige *Insider*-Wissen, um genau die Schritte einzuleiten, die ihm zu seinen Zielen verhelfen. Er hat sich schon zu Beginn eine körperbetonte Einheit ausgesucht und dafür eine weite räumliche Distanz zu seiner Heimat in Kauf genommen, wohingegen einige andere Soldaten in den Interviews berichten, eine heimatnahe Verwendung der Wunscheinheit vorgezogen zu haben. Weiter wechselt er frühzeitig in eine andere Laufbahn, wird Soldat auf Zeit für vier Jahre. Denn er weiß, nur dieser Schritt ermöglicht ihm, an einem Auslandseinsatz teilzunehmen und entsprechende Lehrgänge zu besuchen. Das deutet im Umkehrschluss darauf hin, dass die Bundeswehr ihr Ausbildungsangebot nach einem rein wirtschaftlichen Kosten-Nutzen-Kalkül an die Soldaten richtet, die noch möglichst lange in der Organisation bleiben. Eine Investition in die individuelle Persönlichkeitsentwicklung und Zufriedenheit oder ein Lehrgang als Zeichen der Anerkennung für das freiwillige Engagement in den Streitkräften sind hingegen nicht vorgesehen.

Zudem findet er in der Bundeswehr einen Ersatz für das, was er im Zivilen dafür aufgibt. Sie wird zu einer Ersatzfamilie. Das lässt er an vielen Stellen beiläufig einfließen: „Ja, also, [die] Bundeswehr – kann man sagen, ist eine große Familie. (…) Diese Kameradschaft, wie es bei der Bundeswehr ist [sic], gibt es nirgendwo anders in Deutschland und das finde ich einfach, ist etwas sehr Großartiges" (G7_1: 145). Da er diese Kameradschaft als einzigartig wahrnimmt, gibt es für ihn keine Alternative zu dieser Organisation. G7 fühlt sich wohl wirklich berufen und ist mit Leib und Seele dieser Berufung gefolgt. Im Sinne einer „greedy institution" hat es die Bundeswehr geschafft, seine Rollenidentität ganz auf das Soldat-Sein zu fokussieren und damit Rollenkonflikten vorzugreifen:

> „[C]onflicts arising from contradictory expectations are being effectively minimized because outside role-partners have, so to speak, been surgically removed or because their number has been limited. [...] Members must be so fully and totally committed to them that they be-

come unavailable for alternative lines of action" (Coser 1974: 7f.).

Was für die Organisation und hinsichtlich der Loyalität des Soldaten G7 ihr gegenüber wohl erstrebenswert ist, ist aus einer demokratietheoretischen Perspektive, oder einfach aus Sicht eines *Outsiders*, durchaus bedenklich: Der Soldat lebt in einer Parallelwelt zur Gesellschaft, er hat sich vom Zivilen weit entfernt und fasst das selbst ganz gut zusammen:

> „Ich weiß ja gar nicht mehr, wie sich ein ziviles Leben anfühlt. [...] Also, ich könnte mir das gar nicht vorstellen jetzt, irgendwie wieder irgendwas Ziviles zu machen. Das könnte ich nicht, weiß ich gar nicht, ob ich das will" (G7_3: 251-255).

Die einzige Alternative, die er sich momentan zur Bundeswehr vorstellen könnte, „wären Söldnertruppen oder Legionen" (G7_3: 267). Durch seine völlige Identifizierung mit der Institution Militär ist bei ihm so etwas wie eine „Diskulturation" von seinem zivilen Leben zu beobachten. Goffman definiert dies als „ein[en] Verlern-Prozeß, der den Betreffenden zeitweilig unfähig macht, mit bestimmten Gegebenheiten der Außenwelt fertig zu werden, wenn und falls er hinausgelangt" (Goffman 1972: 24). Genauso beschreibt G7 zeitweise seine Wahrnehmung:

> „G7: Ja, das ist ein merkwürdiges Gefühl. Auch wenn man zum Beispiel die Kaserne verlässt nach den ersten Wochen, dann kommt man sich vor wie ein Fremder. Ja, das ist richtig verrückt. Auch zu Hause fühlt man sich manchmal wie ein Fremder. Also ich zumindest.
> RH: Und warum genau?
> G7: Das weiß ich nicht. Weil man einfach so von diesem zivilen Leben sich so weit entfernt hat, dass man einfach.... Man lebt in einer ganz anderen Welt. Das ist einfach so" (G7_2: 15-19).

Durch diese „Diskulturation" entfernt er sich so weit von seiner zivilen Identität, dass er kaum eine andere Wahl hat, als sich eng an seine neue „große Familie" (G7_1: 145) zu binden. Er verdeutlicht mir wie kein anderer Gesprächspartner, wie unterschiedlich die Bundeswehr im Vergleich zu allen anderen Organisationen ist, die ich bisher kennengelernt habe. Obwohl wir uns eine gute Kommunikationsebene aufbauen können, bleibt mir Soldat G7 als Person bis zuletzt fremd.

### 7.6.2    Vignette II: Vom Alternativlosen zum Pragmatiker

Der 19-jährige Abiturient ist in Ostdeutschland in der Nähe von Frankfurt/Oder aufgewachsen. Er lebt seit einiger Zeit beim Vater und dessen Freundin. Die Eltern sind geschieden. Die Mutter spielt im Verlauf der drei Interviews kaum eine Rolle, die restliche Familie aber durchaus. Denn es ist ihre Anerkennung, die dem Soldaten wichtig ist.

> „Also, mein Vater hat mich da sehr unterstützt, genauso wie seine Freundin. Auch mein Bruder, mit dem ich sehr engen Kontakt habe, hat mich da unterstützt. Als ich es meiner

Tante zum Beispiel erzählt habe, da war sie auch ganz fröhlich, meinte: ‚Ja, genauso wie dein Cousin. Du schaffst das.' Also, da sind wirklich alle hinter mir, mit denen ich eben darüber rede" (L13_1: 48).

Die Familie scheint aus der klassischen Mittelschicht zu kommen, der Soldat erzählt im Vergleich zu den anderen Gesprächspartnern auffällig fiel über seine Familienangehörigen:[153]

„Mein Vater ist Bundespolizist, [meine] Mutter ist Betriebswirtin. Mein Bruder ist Grafik-, also Mediendesigner, [meine] Schwester bei der Bank. Also, väterlicherseits ist es eher polizeimäßig und mütterlicherseits eher technisch gesehen, so Aufbauen von Häusern" (L13_1: 40).

Er hat keine hohen Erwartungen an den FWD, will nicht zu Hause herumlungern. Das betont er vor allem retrospektiv nach der Allgemeinen Grundausbildung: „Ich wollte ja auch nicht blöd zu Hause rumstehen und gammeln und da war die Bundeswehr eigentlich gut" (L13_2: 131). Gleichzeitig schwingt dabei eine Wertehaltung mit: Nichtstun ist keine Option; eine Auszeit im sozialen Umfeld also offensichtlich nicht legitim; eine lange Reise, ein Jahr *Work and Travel* kämen für ihn nicht in Frage. So, wie er seine familiäre Sozialisation beschreibt, scheint er aus einem Milieu zu kommen, in dem (immer noch) eine materialistische Wertorientierung dominiert und eine sichere berufliche Zukunft einen hohen Stellenwert hat. Er habe sich neben der Bundeswehr noch für duale Studiengänge beworben, aber bisher nur Absagen bekommen. Auch seine Bewerbung für die Offizierslaufbahn ist gescheitert. Daher wählt er den FWD als Alternative, von dem er sich zudem einen Reife- und Entwicklungsprozesses verspricht:

„Ich sehe es [die Zeit in der Bundeswehr, Anm. RH] als Hürde für den Menschen, als letzte Gelegenheit für den Menschen, noch mal wirklich an sich zu arbeiten, bevor er in die freie Welt kommt - charakterlich wie auch körperlich, und dann eben noch mal im Zuge geistige Reife bekommt" (L13_1: 73).

Er beschreibt den FWD als „Hürde" zwischen sich und der „freien Welt". Er deutet damit an, dass er die Bundeswehr, insbesondere die AGA, eher als ein notwendiges Übel, denn als eine selbstgewählte Aufgabe wahrnimmt. Dazu passt auch das, worauf er sich am meisten freut: „Auf den vierten Monat, wo ich dann aus dem stressigen Umfeld der Grundausbildung in einen geregelten Arbeitsablauf komme" (L13_1: 76). Insbesondere vor den klassischen soldatischen Ausbildungseinheiten hat Soldat L13 großen Respekt, er ist sich unsicher, ob er den körperlichen und psychischen Herausforderungen gewachsen ist. Daher ist die

---

153 Wie in Kapitel 4.4 dargestellt, wurden bewusst kaum Fragen zur Biographie und Familie gestellt. Einige wenige Soldaten gingen von sich aus genauer auf ihr familiäres Umfeld ein. Die meisten beließen es dabei, über ihren Bildungsabschluss, ihre regionale Herkunft und ihre Pläne nach dem FWD zu sprechen.

Kündigungsoption durchaus präsent:

> „Den Aspekt lässt man ja nicht außen vor. Man zieht ja auch gerne mal zurück, wenn man weiß, man ist überfordert, oder man weiß, man hat vielleicht die Traumstelle im Beruf dann gefunden. Dann möchte man das ja auch gerne vielleicht nutzen und dann nicht vergeben" (L13_1: 92).

Zum Abschluss des ersten Gesprächs geht er noch einmal auf diesen Aspekt ein:

> „L13: Vielleicht bin ich auch in drei Monaten gar nicht mehr hier, kann auch passieren.
> RH: Sondern?
> L13: Keine Ahnung, dann habe ich aufgehört" (L13_1: 188-192).

Das „keine Ahnung" lässt vermuten, dass er keine unmittelbare Alternative hat und trotzdem ist er sich selbst nicht sicher, ob er den Anforderungen standhält und die Bundeswehr die richtige Entscheidung für ihn war. Im Nachsatz schiebt er zwar ein, dass er in der Regel schon der Typ sei, der Dinge, die er sich vorgenommen habe, durchziehe. Trotzdem, auch bin ich mir unsicher, ob ich diesen Soldaten beim zweiten Interview noch einmal treffe und kann schwer nachvollziehen, warum er sich ausgerechnet für die Bundeswehr entschieden hat und sich sofort für 23 Monate, also die maximale Länge des FWD, verpflichtete. Er wirkt unsicher, schüchtern und hält während des ganzen Gesprächs keinen Blickkontakt. In seinen Ausführungen hingegen ist er präzise, durchaus auskunftsfreudig und wirkt – auch politisch und was seine Rolle als Staatsbürger angeht – im direkten Vergleich mit seinen Kameraden sehr informiert. Ich nehme ihn in keiner Weise als blauäugig wahr, was beispielsweise das Thema Auslandseinsatz angeht. Er setzt sich bewusst damit auseinander und wägt offensichtlich für sich die Kosten und Nutzen gegeneinander ab. Schließlich nimmt er das kleine Restrisiko, in den Einsatz zu müssen, für sich in Kauf, vor allem jedoch, weil er keinen anderen Weg sieht und nicht aus innerer Überzeugung:

> „Es war schon eine Hürde [die Verpflichtungserklärung für eine Auslandsverwendung zu unterzeichnen; Anm. RH], aber auch wiederum selbstverständlich. Ich habe mir gesagt: Das gehört eben dazu. Und die Risiken sind da, aber man muss immer mit Risiken leben. Die sind eben überall unterschiedlich. Passieren kann mir auch hier was, in der Kaserne ein Unfall, das ist ja nie ausgeschlossen. Ich bin natürlich froh, wenn ich... Also, ich habe auch nichts dagegen, wenn ich jetzt nicht müsste. Das ist ja nun auch wahr. Da bleibe ich eben auch ganz ehrlich. Das sind dann für mich so drei Dankeschön, drei Mal Gott danken und..." (L13_1: 100).

Als ich ihn zum zweiten Interview treffe, tritt mir ein anderer Mensch entgegen: selbstbewusst und mit offenem Blick, geradezu fröhlich und beschwingt. Er ist glücklich, die Grundausbildung bestanden zu haben und resümiert, dass es nicht so anstrengend gewesen sei wie befürchtet. Was andere Soldaten als Enttäuschung einstufen, da sie die körperlichen Grenzerfahrungen bewusst suchten, ist für ihn ein Grund zur Freude und gibt ihm Selbstvertrauen:

„[…] ich habe [die Grundausbildung] ja bestanden. Und jetzt freue ich mich eigentlich, dass es jetzt wieder entspannter wird, die nächsten 20 Monate. Das ist ja jetzt eigentlich so, dass jetzt bessere Zeiten sind. Also, immer pünktlich Schluss, später anfangen. Aber die Zeit werde ich jetzt nicht mehr vergessen, das steht schon mal fest, und die Leute, die hier sind" (L13_2: 3).

Dass er die Grundausbildung besteht, ist für ihn nicht selbstverständlich. Die Zweifel, die Anforderungen könnten zu hoch sein, plagen ihn von Anfang an. In seiner Wahrnehmung schüren manche seiner Ausbilder diese Angst zusätzlich, da sie an seinen Fähigkeiten zweifeln:

„Weil ich, das war im ersten Biwak... Da habe ich ein, zwei Fehler gemacht. Da hat er auch meines Erachtens übertrieben, weil er immer gesagt hat, ich bin der Schlechteste, aber ich war nicht immer der Schlechteste. Ich habe bloß zwei, drei Fehler hintereinander gemacht, die aber jeder gemacht hätte oder fast jeder gemacht hat und dadurch hatte er [der Ausbilder; Anm. RH] mit mir ein Einzelgespräch und meinte, ich [sei] nicht gut genug. Aber am Ende habe ich es trotzdem gekonnt. Dadurch, wenn er mir das nahe legt [aufzuhören], dann muss ich auch darüber nachdenken, denn das war ein persönliches Gespräch. Man denkt darüber nach, wenn der Ausbilder zu einem kommt. Aber ich habe dann gesagt: ‚Nein, nach einem Tag, das ziehe ich durch. Vielleicht meint er es bloß als Ansporn', und habe es dann durchgezogen. (…) Ich empfand es als ungerecht. Vertrauensvoll war es ja auch nicht, weil, er hat mir dargelegt, aufzuhören und mir irgendeinen anderen Beruf zu wählen, hat dann x-beliebige Berufe genommen, wo er mir eigentlich auch gezeigt hat, dass er keinen Respekt hat, vor diesen Berufen. Aber wie soll ich es sagen, natürlich hat er sich [sic] gesagt: ‚Suche Dir was, was Dir liegt', aber es könnte natürlich auch ein Ansporn gewesen sein, ich weiß es nicht. Er ist auch nicht mehr da, ich kann auch nicht mehr nachfragen. Er hat noch öfter, also ein, zwei Mal noch danach, dann gesagt, dass ich mich verbessern müsste. Das habe ich auch versucht, habe ich auch getan" (L13_2: 39-41).

Diese als harsch und ungerecht empfundene Kritik hätte andere Rekruten vielleicht gebrochen oder zum Aufhören bewogen. Doch gerade weil dieser Soldat keinen Plan B hat und es für ihn nicht in Frage kommt, ohne Beschäftigung zu Hause Zeit zu überbrücken, wächst er an seinen Aufgaben. Was ihn in diesen Situationen stärkt und ihm Vertrauen gibt, sind vor allem die Kameraden. Er erzählt viel über die gelebte Kameradschaft, über das gemeinsame Stubenleben, das Soldat L13 offensichtlich genießt und resümiert:

„Sie [die Kameraden] waren die ganze Zeit auf meiner Seite. Sie haben gesagt: ‚Mach' Dir nichts draus, mach weiter. Du schaffst das', das sagen sie einem öfter. ‚Du musst darauf nicht hören, zieh' durch, komm' zu uns' (L13_2: 47).

Außerdem scheint seine Familie wohl durchgehend hinter ihm gestanden und ihm die Anerkennung gegeben zu haben, welche ihm von den Ausbildern verwehrt blieb. Denn Anerkennung ist für viele Rekruten, so auch für Soldat L13, sehr wichtig, auch wenn sie es selten explizit formulieren. Die – meist wenigen – Momente, in denen sie aus unterschiedlichen Gründen Anerkennung und Aufmerksamkeit erfahren, werden in den Gesprächen häufig thematisiert. Es sind genau diese Erlebnisse, die mit dem Gefühl des Stolzes konnotiert werden:

„Also, ich fand es fantastisch, da zu stehen. Ich hatte wirklich so innerlich die Freude, die konnte ich ja so äußerlich nicht raus lassen, aber es war wirklich fantastisch, schon zu wissen, dass da [meine] Familie steht, die mich unterstützt. Und ich wusste auch, dass im Fernsehen viele meiner Freunde zugucken und ich war eigentlich voller Stolz, da mitzuwirken und auch davor und danach mit den Kameraden zu stehen und zu wissen, wir sind hier, uns guckt man zu, wir repräsentieren viele, viele neue Rekruten. Das war eigentlich ein gutes Gefühl. Und das wird man auch nicht mehr vergessen. [...] Mein Bruder hat sich extra mal Zeit genommen, weil er eigentlich noch anderes zu tun hatte. Mein Vater hat extra noch mal die Arbeit ausfallen lassen. Das war eigentlich wunderbar" (L13_2: 79 und 99).

Solche Wahrnehmungen verstärken die affektive Bindung an die Bundeswehr und geben dem Soldaten Selbstvertrauen. Diese Augenblicke sind es, die seine Identifikation mit der Bundeswehr intensivieren.

Warum sein Identifikationsgrad nach der Grundausbildung in der Stammeinheit auf diesem mittleren Niveau stabil bleibt und keine Entfremdung gegenüber der Bundeswehr wie bei einigen seiner Kameraden eintritt, liegt wohl vor allem an seiner pragmatischen Grundhaltung, die die Erwartungen von Beginn an niedrig hält. Denn er macht schon im zweiten Interview deutlich, dass er nicht mit großen Herausforderungen rechnet, was seinen Tätigkeitsbereich angeht: „Aber es steht ja nun mal in der Verwendung, dass ich Nachschub bin und dann werde ich mal gucken. Vielleicht werde ich ja Rollstuhlranger. [...] Oder Kaffeekocher, wer weiß. Vielleicht mache ich dann guten Kaffee" (L13_2: 139-147). Er wird in einer Akademie der Bundeswehr, also einer zentralen Ausbildungseinrichtung ohne typischen Kasernencharakter arbeiten. Zudem wird er sehr heimatnah verwendet, das ist für ihn maßgeblich. Da er gleichzeitig seinen Beitrag zum gesamtorganisationalen Auftrag bescheiden einschätzt, blickt er diesem beschränkten – und nicht gerade „typisch soldatischen" – Aufgabenspektrum gelassen entgegen: „Ich sehe mich eher so als unterstützendes Mitglied, was jetzt versuchen wird, seine beste Arbeit zu machen. Und mal gucken, wo ich dann eingesetzt werden kann und meine Befehle so gut wie möglich ermögliche [sic]" (L13_2: 135).

Über die drei Interviews hinweg wird immer deutlicher, dass der Soldat die Bundeswehr in erster Linie als Arbeitgeber wahrnimmt. Als ein Arbeitgeber, der in seiner Region ansässig ist, von dem er sich gute Ein- und Aufstiegschancen verspricht und der sein individuell hohes Bedürfnis nach sicheren Rahmenbedingungen bedient. Diese Rahmenbedingungen gehen über die rein finanzielle Absicherung hinaus und schließen weitere Leistungen ein, die der Soldat als „Rundum-sorglos"-Paket wahrnimmt:

„Na, erst mal habe ich da eigentlich ein sicheres Arbeitsverhältnis. Also, ich weiß, ich bin abgesichert. Wenn ich einmal drin bin und meine Arbeit auch erledige, dann komme ich da auch nicht mehr raus. Also, dann komme ich eben, wie soll ich es sagen, dann passiert mir erst mal nichts Schlechtes, die nächsten Jahre, wo ich dann in der Bundeswehr bin. Denn dann habe ich für alles gesorgt. [Das] Geld ist sicher, Versicherung ist sicher. Man muss sich um kaum etwas kümmern. Also, die Versorgung ist dann eins A. Und das ist erst mal das Positivste. Außerdem kann man jederzeit ja noch irgendwelche Weiterbildungen machen. Das ist eben das Reizvolle" (L13_3: 13).

Diese Ausführung folgt im dritten Interview unmittelbar auf eine Gesprächspassage, in der der Soldat seine Enttäuschung darlegt, nur Tische schleppen zu müssen, obwohl ihm etwas ganz anderes versprochen wurde. Doch die Prioritätensetzung ist klar: Der Sicherheitsaspekt hat für ihn einen wesentlich höheren Stellenwert als Selbstverwirklichung und Sinnhaftigkeit in seinem Beruf. Damit gehört er in seiner Generation eher zur Minderheit. Denn auch wenn 64 Prozent einen sicheren Arbeitsplatz anstreben, ist es für über 70 Prozent der 15- bis 24-Jährigen gleichzeitig wichtig, dass der Beruf Spaß macht und 50 Prozent suchen eine Beschäftigung, die ihren eigenen Fähigkeiten und Neigungen entspricht (Köcher et al. 2013: 31). Soldat L13 hingegen bewertet den FWD nach einem sehr rationalen Kosten-Nutzen-Kalkül und in seiner momentanen Situation, zumal er derzeit keine alternative Idee für seine berufliche Zukunft hat, überwiegt der Nutzen (strukturierter Alltag, gute Bezahlung, heimatnahe Verwendung). Daher kann er sich gut mit den Kosten (monotone Tätigkeiten, Tische schleppen[154]) abfinden.

Auch habe er die Prüfung für die Offizierslaufbahn zum zweiten Mal nicht bestanden, so dass dieser Weg ihm erst einmal nicht mehr offen steht. Nun strebe er eine Laufbahn als Feldwebel an. Gleichzeitig schaue er sich im zivilen Bereich nach Alternativen um, dabei kämen für ihn vor allem Beamtenlaufbahnen in Frage. Das zeigt deutlich, dass es ihm weniger um typisch soldatische Grundfertigkeiten geht und dass keine weltanschaulichen oder idealistisch motivierten Ziele im Vordergrund stehen. Vielmehr erachtet er den Job als sicher und solide bezahlt, sieht das Soldat-Sein also als Lohn-und-Brot-Erwerb. Er versucht nicht, seine Einheit zu wechseln, um beispielsweise interessantere Aufgaben zu bekommen. Zwar kommen ihm punktuell Zweifel an der Sinnhaftigkeit, so dass er kurz überlegt, sich innerhalb der Bundeswehr anders zu orientieren:

> „Also, ich würde gerne, ich habe mir auch schon überlegt, auf vier Jahre zu verlängern und dann wirklich mich in eine Einheit versetzen zu lassen, wo ich dann auch ins Ausland gehen würde. Also, ich bin als Soldat... Ich meine, man wird nicht Soldat, um Tische zu schleppen, sondern man wird Soldat, um wirklich was Sinnvolles zu machen und nicht bloß blöd rumzustehen" (L13_3: 135).

Doch es bleibt bei diesem kurzen Gedanken, ohne dass die Möglichkeit weiter verfolgt würde. Eher versuche er in der eigenen Einheit „noch eine Versetzung zu kriegen, vielleicht in einen anderen Bereich, das reicht ja schon. Hier gibt es ja so was wie, das nennt sich ‚Teppichetage', und da sind die ganzen Bürojobs und da würde ich dann auch hin gehen wollen" (L13_3: 19). Da er keine großen

---

154 „Man hat mir nicht gesagt, dass ich Möbel schleppen soll und [dass] das eben eigentlich meine Hauptaufgabe ist" (L13_3: 11).

Erwartungen hat, freut er sich über unerwartete „Highlights" umso mehr und zehrt von ihnen, um seine Identifikation stabil zu halten:

> „Dann durfte ich hier noch im selben Raum frühstücken wie der Herr Verteidigungsminister [der zu einer Tagung Gast an der Akademie war, Anm. R.H.]. Das hat mich wirklich sehr gefreut. Das nehme ich wirklich mit, und da kann ich wirklich sagen: ‚Das passiert nicht jedem'" (L13_3: 151).

Zusammenfassend zeigt Soldat L13 eine realitätsnahe Einstellung, insbesondere, was die Erwartungen an den Dienst nach der Grundausbildung betrifft. Daher erlebt er kaum Enttäuschungen. Zudem nimmt er den FWD in erster Linie als „occupation" (Moskos 2010: 25) wahr, bei dem die Priorität klar auf „self-interest rather than in the task itself or in the employing organization" (Moskos 2010: 25) liegt. Trotz dieser Grundeinstellung zeigt er Loyalität, Leistungsbereitschaft[155] und Respekt gegenüber der Organisation. Er empfindet sein Umfeld, besonders die Vorgesetzten und Kameraden als schon „fast freundschaftlich",[156] so dass er sich im Laufe der Zeit mehr mit der Bundeswehr identifiziert, als zu Beginn des Dienstes. Der Focus seiner Identifikation liegt dabei hauptsächlich auf der eignen Gruppe und Einheit, also den Kollegen. Er hat seine Nische und seinen Platz in der Organisation erst einmal gefunden. Völlig konträr zu Soldat G7 (siehe Vignette I), vermittelt er mir das Bild, das Soldat-Sein sei ein Job wie jeder andere.

### 7.6.3   Vignette III: Vom überzeugten Soldaten zum Pflichtbewussten

Soldat L10 kommt beim ersten Interview mit breiter Brust auf mich zu. Im Trikot der Fußballnationalmannschaft[157] begrüßt er mich mit festem Händedruck. Er wirkt euphorisch, seine Augen leuchten, er versprüht geradezu jugendlichen Tatendrang. Als einer der wenigen hält er fast während des gesamten Interviews Blickkontakt und beantwortete meine Fragen mit klarer und deutlicher Stimme. Von Müdigkeit, die bei manch anderem nach der zweiten kurzen Nacht und vielen Stunden ungewohnten Stehens zu beobachten ist, fehlt bei ihm jede Spur. Es ist das siebte Interview, das ich an diesem Tag führe und er ist der erste, der mich voll und ganz überzeugt, warum er einen Freiwilligen Wehrdienst absolvieren will. Keine äußeren Zwänge, keine Alternativlosigkeit, sondern die tiefe innere Überzeugung, den Dienst *freiwillig* leisten zu wollen, vermittelt er glaub-

---

155  „(...), dass man vielleicht irgendein Talent hier noch zeigt" (L13_3: 143).
156  „Das Interagieren mit den Feldwebeln und Offizieren ist eigentlich ziemlich eng. Man versteht sich eigentlich schon fast auf freundschaftlicher Basis" (L13_3: 43).
157  Beim ersten Interview waren die Soldaten Großteils noch nicht eingekleidet, trugen also noch keine Uniform.

haft. Während sich bei einigen Soldaten die Entscheidung irgendwie so ergeben hat, scheint er den Weg bewusst gewählt zu haben:

> „Also in meinen Augen ist es eine Ehre, für die Bundeswehr zu arbeiten. Beispielsweise meine gesamte Familie, wir sind ja, also meine Eltern kommen aus Polen, beiden. Und ich bin eigentlich der erste so aus der Familie, der wirklich so seine Schulbildung hier in Deutschland erworben und sich hier halt auch wirklich als deutscher Staatsbürger nennen kann, also das, weil ich ja auch schon, ich kenne nichts anderes außer Deutschland, speziell halt Berlin [sic]. Und deshalb, ich will meinem Land auch was zurückgeben. Das ist auch so eine Motivation für mich, dass ich sage, ich trage jetzt den Adler und kann sagen, ja, gerade darauf [zeigt auf sein T-Shirt der Fußballnationalmannschaft und lacht], das erfüllt mich mit stolz" (L10_1: 10).

Er verweist explizit auf seine Staatsbürgerschaft und darauf, „meinem Land auch etwas zurückgeben zu wollen". Hier spiegelt sich eine Gemeinwohlorientierung wider (Gensicke und Geiss 2013: 120), die in dieser Deutlichkeit nur in wenigen Gesprächen zum Tragen kommt. Zudem ist die Bundeswehr in seinem sozialen Umfeld wohl angesehen und die Fremdwahrnehmung wird von ihm positiv konnotiert:

> „Und der Grundwehrdienst, ich habe halt von vielen Freunden gehört, dass das halt eine extrem positive Erfahrung ist. Es ist halt anstrengend, man muss schon auch so ein bisschen den inneren Schweinehund überwinden, aber im Endeffekt ist es halt wirklich eine große Erfahrung. (…) Aber allgemein Bundeswehr, wie gesagt, das ist halt eine Sache, wo man ziemlich viel Disziplin braucht und da sollte man sich auch nicht so leicht unterkriegen lassen und sofort aufgeben. So für Leute, die sagen, nö ich bin müde, ist das nichts. Das muss schon für Leute sein, die wirklich Einsatz zeigen" (L10_1: 8 und 26).

Das Zitat lässt durchblicken, dass seiner Ansicht nach nicht jeder für die Bundeswehr geeignet ist und schon eine gewisse charakterliche Stärke voraussetzt. Er will sich mit dem FWD neben seiner gemeinwohlorientierten Motivation selbst etwas beweisen, Grenzerfahrungen erleben und sich persönlich weiterentwickeln. Zudem fungiert dieses Narrativ als Abgrenzung zu anderen, „die sagen, nö ich bin müde". Damit ordnet er sich selbst den Personen zu, die ihren „inneren Schweinehund überwinden" und sich „nicht so leicht unterkriegen lassen" und vertritt damit einen für seine Generation nicht untypischen Wertekanon, der Ausdauer, Ehrgeiz und Durchhaltevermögen beinhaltet (Gensicke 2010: 197). Die positiv konnotierte Grundwahrnehmung der Organisation und ihrer Werte schlägt sich unmittelbar in einer hohen Identifikation nieder. Unterstützt wird dies von einer Deutung der Missionen als wichtigen und sinnvollen Beitrag der Bundeswehr für den „Weltfrieden":

> „Auf jeden Fall halt versuchen, den Weltfrieden halt herzustellen, dass halt wirklich die ganzen Kriege aufhören und dazu gehört ja, besonders bei Ländern, bzw. jetzt Nahostkonflikt, diese gesamten Länder halt zu unterstützen. Also ich sehe die Bundeswehr nicht, um irgendein Land wirklich zu bekämpfen, sondern einfach aufzubauen, sprich, zum Beispiel die Soldaten dort vor Ort auszubilden, Nahrung sichern, dass die Bevölkerung halt auch wirklich was Festes in der Hand hat, halt einfach unter die Arme zu greifen, weil viele Län-

der schaffen das halt aus eigener Hand gar nicht" (L10_1: 44).

Gerade die Einsätze bringt Soldat L10 in erster Linie mit Friedensmissionen in Verbindung und betont die Komponenten der humanitären Hilfe. Er hat Respekt vor denjenigen, die in den Einsatz gehen und zeigt auf diese Weise große Loyalität gegenüber seinem Arbeitgeber und seinen Kameraden: „Auf jeden Fall bin ich stolz auf die Jungs, dass die halt den Schritt gehen [nach Afghanistan in den Einsatz, Anm. RH]. (…) Auf jeden Fall, also, da stehe ich dahinter" (L10_2: 115 und 119).

Den Gedanken, eventuell als Zeit- oder Berufssoldat zur Bundeswehr zu gehen, hegt er schon seit der 10. Klasse. Er informiert sich bereits seit Jahren ausführlich über die Möglichkeiten einer Offizierslaufbahn und besichtigte im letzten Jahr die Bundeswehruniversität in Hamburg. Was ihn bisher noch zweifeln lässt, ist, „dass man eine Entscheidung in einem Alter trifft, was eigentlich ausschlaggebend sein kann für das, was man macht. Und sich direkt für 13 Jahre dann verpflichten ist natürlich heftig, sag ich mal" (L10_1: 8).[158]

Das heißt, Soldat L10 hat sich im Vorfeld zu seinem FWD umfassend informiert, sein Bild der Bundeswehr speist sich aus unterschiedlichen Quellen. Seine Erwartungen und Vorstellungen gründen nicht nur auf Medienberichten oder der Selbstdarstellung der Bundeswehr, sondern sind von persönlichen Erfahrungen, dem Austausch mit Freunden und dem gezielten Einholen von Informationen getragen. Er selbst fasst es so zusammen: „Also ich hab da schon sehr viele Einblicke insgesamt bekommen, es ist jetzt nicht so, dass ich zufällig hier bin und total überrascht bin. Also ich weiß schon ungefähr, wie es hier so lang geht" (L10_1: 16). Und er betont nochmal, warum er sich für diesen Weg entschieden hat:

> „Also wir tun das ja für unser Land. Gibt's natürlich immer wieder Aussagen, die sagen, nein, ich mach' das wegen dem Geld oder sonst was, oder ich weiß nicht, was ich sonst machen soll. Aber auf jeden Fall, also die meisten tun das ja aus Stolz, weil sie auch wirklich dem Land helfen wollen" (L10_1: 56).

Auffällig in diesem Zitat ist das Wir-Gefühl, das Soldat L10 transportiert. Er erlebt zum Gesprächszeitpunkt seinen dritten Tag in der Bundeswehr, trägt noch keine Uniform, vermittelt aber bereits ein selbstverständliches Zugehörigkeitsgefühl, das im Interview immer wieder aufscheint und sich – wie in dem angeführten Zitat – durch seinen Sprachgebrauch der „wir-Form" ausdrückt. Damit hebt er sich gerade im ersten Interview rhetorisch von den meisten anderen Befragten ab. Bestärkt wird dieses identifikatorische Moment durch die Resonanz aus dem

---

158 Soldat L10 greift hier eine Eigenschaft des Arbeitgebers Bundeswehr auf, die einige Soldaten während der Interviews als nachteilig oder gar bedrückend wahrnehmen. Oft lassen sie bei dieser Interpretation einen inneren Zwiespalt erkennen, nämlich den zwischen einem sicheren Beruf auf der einen und Flexibilität und Selbstbestimmtheit auf der anderen Seite.

Umfeld, ein hohes Interesse aus dem Freundeskreis, der dem Rekruten schon während der ersten Tage eine Mischung aus Bewunderung und Respekt entgegenbringt:

> „Da kommen auch Leute an, mit denen ich nicht so wirklich Kontakt habe und fragen mich, ‚Ja, wie geht's? Pass auf dich auf.' Speziell die ganzen Mädels kommen auf einmal aus allen Ecken und, ja, das ist schon cool wie man bei dem Freundeskreis angesehen wird. Also ich freu' mich auch schon auf nach dem Gelöbnis, wenn ich auch schon mit Uniform nach Hause gehen darf, das finde ich eigentlich auch ganz toll" (L10_1: 62).

Die Vorfreude auf die Uniform lässt noch einmal erkennen („Ja, ich bin echt heiß drauf [auf die Uniform, Anm. RH]" (L10_1: 64)), dass er richtig dazugehören und ein vollwertiges Mitglied der Organisation werden will, auch, um diese nach außen repräsentieren zu können.

Der Soldat L10 identifiziert sich während der gesamten Grundausbildung umfänglich mit der Bundeswehr. So zeigt sich insbesondere im zweiten Interview, dass Momente wie das Gelöbnis ihn in seiner Haltung bestärken, sein Gefühl des Stolzes und sein Selbstvertrauen intensivieren:

> „Das war sehr emotional, auf jeden Fall. Da ist die Familie von weit angereist und ja. [Es war] auf jeden Fall ein schönes Gefühl, auch was Besonderes, weil wir auch vor dem Verteidigungsministerium vereidigt wurden vom Verteidigungsminister. Das war schon auf jeden Fall ein Highlight" (L10_2: 51).

Das Gelöbnis wird auch deshalb zum „Highlight", weil der Rekrut hier noch einmal die Anerkennung der ganzen Familie erfährt:

> „Sie waren auch sehr stolz auf mich, weil sie mich, glaube ich, zum letzten Mal vor fünf, sechs Jahren gesehen hatten. Und da war es natürlich auch schön, die mal wieder zu sehen, dass die mich halt auch mal so sehen, nicht nur als Kind, sondern auch jetzt mal als etwas größeren Jungen, ja" (L10_2: 63).

Trotz kleinerer Kritikpunkte und anstrengender Wochen verstetigt die AGA bei diesem Rekruten das Zugehörigkeitsgefühl zur Armee und bestätigt das erhoffte Bild; die Sozialisation aus Sicht der Organisation ist also geglückt. In Folge verfestigt sich der Gedanke, sich länger zu verpflichten, da die Bundeswehr während der Grundausbildung für Soldat L10 als Arbeitgeber an Attraktivität gewinnt:

> „RH: Wenn Sie jetzt so auf die drei Monate zurückblicken, würden Sie sagen, dass es eine sinnvolle Zeit war und erfüllend?
> L10: Auf jeden Fall. Man lernt hier viel. Und ich will nicht nur meinen Freiwilligen Wehrdienst hier machen. Wie es aussieht, will ich mich wirklich längere Zeit hier verpflichten lassen. Also, ich bin ja beim Freiwilligen Wehrdienst hier, weil ich ja einen Einblick bekommen will und auch, wenn ich jetzt die gesamte AGA betrachte, denke ich eigentlich auch, dass der Beruf Soldat eigentlich auch zu mir passt und ich werde erst mal weiter schauen und dann eventuell mich verpflichten lassen.
> RH: Dann für zwölf Jahre?
> L10: Ja. Also, ich würde dann zum OPZ gehen, zur Offizier[bewerber]prüfungszentrale, und

> ja, dann gucken, was rauskommt. Also, probieren kann man es ja.
> RH: Ja. Und vielleicht sogar lieber als Polizei oder ist das so...?
> L10: Das war, wenn ich es so im Verhältnis sehen würde, war es bei mir davor so 70:30 für die Polizei, jetzt ist es zur Zeit 55:45 noch für die Polizei" (L10_2: 89-99).

Es sind besonders die „typischen" Erlebnisse als Soldat, die ihn während der AGA nachhaltig beeindrucken und in seinem Ansinnen, die Bundeswehr als Arbeitgeber zu wählen, bestätigen:

> „Momente, die ich sehr interessant fand, waren, als es wirklich raus ging, also zum Biwak, das erste und das zweite Biwak. Ja, das war halt endlich mal was Neues, einfach mal im Wald auskommen. Und dort haben sich ja Gruppen gebildet, also, wir waren ja vier Gruppen. Und da war wirklich dieses Miteinander und Füreinander da sein, das kannte man davor nicht aus dem zivilen Leben" (L10_1: 3).

Zudem nimmt er die Ausbildungsabschnitte, durch die er sich nach seiner Einschätzung weiterentwickelt hat bzw. die er auch im zukünftigen Berufskontext anwenden könnte, als sinnvoll wahr:

> „Definitiv die Wachausbildung. Also, wie man halt auf Streife geht und alles. Ich möchte ja später eventuell bei der Polizei arbeiten und ja, da sage ich mal, bin ich schon mal einen Schritt voraus. Da lernt man auch viel, denn bei der Wachausbildung, das ist nicht einfach nur stumpfes Lernen, da muss man selber die Persönlichkeit dafür haben, beispielsweise die Person halt so anzusprechen, dass sie auch wirklich auf einen hört. Und das ist natürlich eine extrem gute Erfahrung für mich gewesen. Das wird mir auch definitiv im weiteren Lebensverlauf [helfen], das werde ich brauchen" (L10_2: 19).

Fragen nach der Sinnhaftigkeit in Bezug auf die Missionsziele oder seinen eigenen Beitrag für die Bundeswehr stellt er sich während der Grundausbildung nicht. Für ihn steht in diesen drei Monaten die Sozialisation als Soldat im Vordergrund. Doch für die Zeit in der Stammeinheit hat er sich vorgenommen, „schon was Sinnvolles" (L10_2: 111) zu machen. Gleichzeitig schwingt bereits eine unterschwellige Angst mit, dass seine Erwartungen enttäuscht werden könnten: Denn er empfindet bereits während der AGA den Stellenwert der FWDL in der Armee als zweitrangig gegenüber den Soldaten, die sich länger verpflichten. Er würde den FWD auch weiterempfehlen, allerdings nicht jedem. Daraus lässt sich eine gewisse soziale Distinktion ablesen, auch das ein Mechanismus, der die Identifikation mit dem Soldat-Sein verstärkt. Soldat-Sein ist in seinen Augen kein Zeitvertreib, den man wählt, weil man gerade nichts Besseres zu tun hat:

> „Aber das sollte halt wirklich nur an die Leute gehen, die auch wirklich Interesse dafür haben. Das ist wichtig, weil meiner Ansicht nach, also, was ich eventuell schon ein bisschen erwähnt habe, dass unser Zug beispielsweise, dass die Motivation da nicht gestimmt hat. Und dies hat auch zur Folge gehabt, dass wir oftmals von den Ausbildern ziemlich gedrillt wurden. Also, das sollte einfach nicht so eine Art Lückenfüllerjob sein, dass man nur da hin geht, weil man nicht weiß, was man machen soll oder man sich nicht festlegen möchte, und sagt: ‚Ich geh' erst Mal zum Bund'" (L10_2: 127).

Während andere Rekruten den Dienst Freunden als gute Möglichkeit, Geld zu verdienen, anpreisen[159] oder die Botschaft vermitteln, ein FWD sei besser als zu Hause „rumzuhängen",[160] steht für Soldat L10 auch im zweiten Gespräch die intrinsische Motivation und die moralische Verpflichtung im Vordergrund. Trotzdem äußert der Soldat schon zu Ende der Grundausbildung das Bedenken, in der Stammeinheit wenig zu tun zu haben. Zwar freut er sich auf etwas ruhigere Zeiten, auf mehr Freizeit und weniger körperliche Grenzerfahrungen als in der AGA, jedoch will er auf gar keinen Fall

> „[…] in einer Kaserne abschimmeln [sic]. Also, da werde ich auf jeden Fall erst mal gucken, wie es da läuft und danach muss ich mal sehen, was ich da halt machen kann, dass ich da halt irgendwie auch eingesetzt werde. Weil, ich finde, in meinen Augen ist es so, dass man als Freiwillig Wehrdienstleistender irgendwie nicht so respektiert wird, dass man halt weiß: ‚Oh, er bleibt jetzt nur die Zeit und die Zeit und danach ist er wieder weg.' Und das merkt man irgendwie auch" (L10_2: 107).

Er sieht die Stellung als FWDL als nachteilig gegenüber SaZ an und empfindet, nicht als gleichwertiger Mitarbeiter behandelt zu werden. Doch, so empirische Ergebnisse aus den zivilgesellschaftlichen Freiwilligendiensten, genau für Freiwillige ist es von großer Bedeutung, sich selbst als Teil der Organisation zu fühlen, in Entscheidungs- und Gestaltungsprozesse mit eingebunden zu werden. Eine (gefühlte) Degradierung zum Mitarbeiter zweiter Klasse ist für diese Klientel demotivierend (u.a. Biedermann 2012; BMFSFJ 2013b; Haumann 2014). Die erste große Enttäuschung erlebt der Soldat beim Dienstantritt in seiner Stammeinheit, den Feldjägern in Potsdam: Er wird anders verwendet, als bei der Einstellung versprochen. Soldat L10 bewarb sich auf eine sehr spezielle Aufgabe (Feldjäger) aus einem ganz konkreten Grund („Ich möchte ja später eventuell bei der Polizei arbeiten") und ist nun zwar in der Einheit der Feldjäger, dort aber als Stabssoldat im Innendienst.

> „L10: Ja, also, es ist alles ein bisschen anders gelaufen, als ich es mir vorgestellt habe, ursprünglich. Also, ich wurde ja, ich bin ja eigentlich als Feldjäger zur Bundeswehr gegangen. Und, genau, also dort wurde mir halt, also schon bei der Musterung, gesagt, dass ich halt so Aufgaben wie Eskorte übernehmen werde und zum Beispiel auch bei Gelöbnissen dabei sein werde, auf Feldjägerstreife gehe, also zum Beispiel Fahrzeuge blitzen werde oder halt zum Beispiel auf dem Truppenübungsplatz halt auch mit den anderen Kameraden auch auf Streife gehen. Letztendlich bin ich als Stabsdienstmitarbeiter eingesetzt worden, arbeite im Büro, und ja, dort arbeite ich genau in der Kompanietruppführung. Dort werden halt Lehrgänge

---

159 So zum Beispiel L3: „Also, ich finde, es ist echt eine super Erfahrung, die man hier machen kann, weil, einfach schon das, alleine von zu Hause raus zu sein, und auch von dem Geld, von den anderen Perspektiven, von dem Geld auch, und von der Arbeit her. Ich meine, man sagt nicht, man macht sich jetzt kaputt oder so. Es ist eigentlich so ein super Mittelmaß, deswegen. Und wenn man jetzt wirklich nicht weiß, was man machen sollte, finde ich dieses Jahr oder so, wo man sich halt dann nochmal klar werden kann, was man will, ganz in Ordnung, also so, wie es jetzt bei mir ist" (L3_3: 67).
160 L1 schlägt seinem Umfeld den FWD als „letzten Ausweg" vor, „wenn man entweder nichts tut oder mit irgendwelchen Praktikums rumgimpt [sic] und dann Kaffee kocht und keine Ahnung, noch nicht mal Geld dafür bekommt" (L1_2: 100).

geplant und ja, dort habe ich halt auch wieder einen Unteroffizier als Teileinheitsführer und, ja, was ich da halt direkt mache: Also, wenn da halt mal was anfällt, dann sind das halt Aufgaben wie zum Beispiel irgendwas in Datenbanken eintragen, irgendwelche Blätter ordnen, nichts, was jetzt wirklich kompliziert ist.
I: Entspricht das so Ihren Erwartungen?
L10: Null, ganz und gar nicht. Überhaupt nicht" (L10_3: 3-7).

Mit dieser Erfahrung ist er nicht alleine. Nahezu alle Gesprächspartner resümieren im dritten Interview, dass sie im Vorfeld von den Kreiswehrersatzämtern bzw. Karrierecentern[161] falsch beraten worden seien. Entweder sei ihnen eine andere Verwendung zugesagt oder das Aufgabenfeld ihrer Verwendung anders beschrieben worden. Einige beklagen, konkrete Anreize, beispielsweise die Möglichkeit, einen Führerschein zu machen, seien fälschlicherweise versprochen worden.[162]

Trotz des Mangels an Aufgaben, ist die Organisationskultur der Bundeswehr so angelegt, dass gewisse Rahmenbedingungen und Vorschriften strikt eingehalten werden müssen. Anders als bei einem Praktikum in der freien Wirtschaft oder einer ehrenamtlichen Tätigkeit in einer gemeinnützigen Organisation, können die FWDL ihre Arbeitszeit nicht flexibel handhaben und beispielsweise das Büro früher verlassen, wenn keine Aufgaben zu erledigen sind:

> „Wir haben halt Dienst bis 16.15 Uhr und das gestaltet sich teilweise so, dass wir, wenn wir nichts zu tun haben und unser Chef halt vorbei läuft, dass wir halt wirklich wenigstens so tun, als ob wir irgendwas machen. Wir dürfen uns zum Beispiel, na ja... Die Mannschafter, das ist auch, na ja... Wir werden halt anders behandelt. Also, es wird immer auf uns herab gesehen und dass wir keinen Blödsinn bauen oder so. Wir dürfen uns nicht sammeln, wenn uns langweilig ist. Wir dürfen uns nicht, zum Beispiel, jetzt in anderen Büros aufhalten, jetzt mit anderen Kameraden quatschen" (L10_3: 15).

Unzufrieden mit der vorgefundenen Situation in der Stammeinheit, setzt sich der Soldat gleich in seinen ersten Tagen für eine Versetzung ein, zeigt also Eigeninitiative. Doch seine Bemühungen bleiben erfolglos:

---

161 Die Schließung der Kreiswehrersatzämter und ihre Umwidmung zu Karrierecentern finden während dem Zeitraum meiner Datenerhebung statt. Daher ist es unterschiedlich, in welcher Einrichtung die Soldaten beraten wurden.

162 So L3: „Also, ich bin Ordonnanz im Offiziersheim. Und ja, meine Aufgabe ist halt Kellnern, also, nicht wirklich was machen. (…) Na ja, eigentlich hieß es ja, ich soll eingeteilt werden als Kraftfahrer CE. Und ich hatte mir irgendwie gedacht, dass ich halt ein Jahr lang Bundeswehr mache und da ein bisschen das Soldatenleben kennen lerne und sowas alles. Aber jetzt bin ich halt Kellner und ich meine, [das] kann ich im Zivilen genauso gut machen, und irgendwie bin ich einfach nicht glücklich mit allem, wenn ich ehrlich bleiben soll. (…) Na ja, die Sache war ja, es hieß am Anfang, ich sollte ja Kraftwagenfahrer werden und als ich dann in meine Stammeinheit kam, hieß es: ,Wir zahlen nicht den Führerschein. Es lohnt sich nicht für uns, wenn Sie nicht hier mindestens zwei Jahre da bleiben. Also verlängern Sie noch um ein Jahr, und dann können Sie machen, was Sie wollen.' Da meinte ich dann: ,Ganz ehrlich, ich habe für ein Jahr unterschrieben. Ich wollte für ein Jahr Kraftwagenfahrer werden und dann brauche ich nicht irgendeine andere Verwendung jetzt, wo ich dann halt als Kellner eingeteilt bin'" (L3_3: 3, 19, 23).

„Ich habe es versucht, aber: Das habe ich sofort an meinem ersten Tag gesagt, aber dort wurden meine Erwartungen komplett runter geschraubt, weil, meine Kompanie löst sich auch auf, und da merkt man auch, dass da moralisch halt nicht, ohne jetzt irgendwie jetzt irgendjemanden da zu beschuldigen, aber da werden halt... Die Moral sinkt da schon bei einigen, auch [bei] Vorgesetzten, die teilweise schon ihr Dienstzeitende eingereicht haben, weil halt die Kompanie aufgelöst wird und die nicht einsehen, jetzt noch mal in ihren letzten Jahren irgendwo anders [hin] versetzt zu werden. Dementsprechend ist das Verhalten auch dort zu erkennen" (L10_3: 19).

Die Begründung für die andere Verwendung und die mangelnde Förderung liefert er selbst im folgenden Zitat gleich mit. Er macht seinen Status als FWDL dafür verantwortlich, der ihn vom „richtigen Soldaten" unterscheide. Damit erfährt er eine Ausgrenzung und sein Zugehörigkeitsgefühl sowie die organisationale Identifikation nehmen drastisch ab:

„Na ja, ich denke mal, das liegt an meinem Status. Ich glaube, Freiwilligenwehrdienst, das ist, in meinen Augen... Freiwillig Wehrdienstleistende, also, wir werden nicht wie richtige Soldaten behandelt. Das fängt schon an, dass... Ich habe jetzt in meinem letzten... Also, was man auch mit der Bundeswehr als Soldat auch natürlich auch in Szene setzt [sic], ist zum Beispiel auch dieses regelmäßig Schießen gehen. Der letzte Schuss, den ich gelöst habe, war im November 2012. Die Sache ist: Wir gehen oft zur Schießbahn, natürlich. Aber wir Freiwillig Wehrdienstleistende werden oft dazu eingesetzt, Absperrposten zu machen, die Munition auszuteilen und [zu] warten, bis alle Feldwebelanwärter und fertigen Feldwebel halt alle ihre Übungen geschossen haben. Dafür werden wir halt verwendet. Das ist halt unsere Verwendung und von wegen ‚ja, wir sind Freiwillig Wehrdienstleistende, an uns wird keine Munition verschwendet.' So kommt es mir rüber" (L10_3: 23).

Zu diesen tätigkeitsbezogenen Enttäuschungen kommen noch strukturelle Rahmenbedingungen, die den Soldaten dazu bewegen, die Bundeswehr nach zwölf Monaten FWD zu verlassen und sich damit gegen eine Offizierslaufbahn oder eine weitere Verpflichtung als SaZ zu entscheiden.

„Ja, da hatte ich direkt ein Gespräch mit meinem Kompaniechef. Und der hat es mir halt mehr oder weniger – aber das ist halt seine Art, das ist halt bekannt – der hat es mir mehr oder weniger versucht, auszureden, aus verschiedensten Gründen. Und ja, Hauptgründe waren auch zum Beispiel, dass ich halt die Offizierslaufbahn erst mit 21 anfangen würde. Das würde später schwer werden, wenn ich halt später Berufssoldat werden möchte, dass mein Jahrgang eventuell da schon rausfallen würde und ich mich nach zwölf Jahren komplett neu orientieren müsste. Das habe ich auch gemerkt, beispielsweise, als ich bei dem Polizeieinstellungstest war. Da habe ich mein Zimmer mit einem Hauptmann geteilt. Der hat jetzt Bundeswehr fertig gehabt nach zwölf Jahren und musste sich auch komplett neu orientieren. Und der hat mir auch mal alles aus seiner Richtung erzählt, so, wie ich es mir auch schon gedacht hatte, dass man nach zwölf Jahren, wenn man Pech hat, einfach vor die Tür gestellt wird und sich komplett neu orientieren muss. Und das war dann auch der ausschlaggebende Punkt, dass ich gesagt habe: Nein, ich mache keine Offizierslaufbahn. Das Risiko ist mir da zu groß gewesen" (L10_3: 47).

Das Zitat bringt die demoralisierte Stimmung in der spezifischen Einheit zum Ausdruck, die dazu führt, dass ihm Vorgesetzte konkret abraten, also selbst keine

Loyalität mehr zu ihrem Arbeitgeber aufbringen.[163] Hinzu kommt die Angst, nicht als Berufssoldat übernommen zu werden und sich nach zwölf Jahren neu orientieren zu müssen. Dieser mögliche Schritt wird nicht als Chance, sondern als „Risiko" interpretiert. Das zeigt zweierlei: zum einen das große persönliche Sicherheitsbedürfnis des Soldaten hinsichtlich seiner Zukunftsplanung; zum anderen erscheint ihm die Ausbildung in der Bundeswehr nicht konkurrenzfähig. Soldat L10 bewertet die Fähigkeiten und Kenntnisse, die ihm die Bundeswehr vermitteln würde, als wenig hilfreich für den freien Arbeitsmarkt. Ob es sich hier um eine subjektive Wahrnehmung oder eine Einschätzung handelt, die vom sozialen und medialen Umfeld geformt wird, bleibt an dieser Stelle offen.

Mit der abnehmenden Identifikation von Soldat L10 wandelt sich auch seine Rolle als Botschafter für die Organisation. Stehen für ihn anfangs ideelle Motive im Vordergrund, und betont der Soldat im zweiten Gespräch noch, nur solchen Personen einen FWD zu empfehlen, „die auch wirklich Interesse dafür haben", vermittelt er inzwischen eine ganz andere Botschaft in Bezug auf die Bundeswehr und den eigenen Antrieb, den Dienst nicht vorzeitig zu beenden:

> „Aber inzwischen wissen viele schon, da ich natürlich schon auch anderen so meinen Frust, den musste ich einfach ablassen [sic]... Meine Eltern wissen, was da abgeht, die wissen, dass ich mich dort langweile. Aber, na ja, wenn mich halt Leute aufheitern, dann ist es immer wieder der Punkt, dass sie halt sagen: ‚Ja, aber Du kriegst gutes Geld dafür.' Und das ist halt diese Hauptmotivation, ist einfach nur als Freiwillig Wehrdienstleister das Geld. Meine Gründe waren ja eigentlich ganz andere, warum ich da hin gegangen bin. Aber das Einzige, was mich hier jetzt wirklich noch hält, ist das Geld, weil, ansonsten bringt mir die ganze Bundeswehr und [das], was ich dort mache, überhaupt nichts" (L10_3: 59).

Das Gesamtbild der Bundeswehr wird durch seine Erfahrungen in der Stammeinheit demontiert:

> „In erster Linie, grob gesagt: Mehr Schein als Sein. Also, wie gesagt, ich konnte es nur von meiner Kompanie aus betrachten. Das ist natürlich ein Sonderfall, weil meine Kompanie halt am Ende des Jahres aufgelöst wird, aber beispielsweise... Es sind ja nicht nur wir Mannschafter, die teilweise nichts zu tun haben. Auch ältere Personen, wie halt zum Beispiel Stabsfeldwebel, Oberstabsfeldwebel, ich verstehe eigentlich teilweise gar nicht, was die überhaupt machen, also so gesehen... Die trinken Kaffee den ganzen Tag, quatschen, und da denke ich mir: Dafür arbeiten Leute auf der Straße hart und die machen eigentlich gar nichts, so. Also, ich... Natürlich, ich kriege hier auch viel mir, auch direkt was Einsatzplanung und so anbelangt. [Das] kriege ich ja auch alles mit. Das ist ja [eine] direkte Quelle dort. Davor habe ich auch Respekt. Was im Einsatz läuft und alles, das ist wirklich hart. Was mir dort so erzählt wurde..." (L10_3: 131).

Zwar versucht der Soldat, dies für sich einzuordnen und zu erklären, indem er auf die Besonderheiten seiner Einheit hinweist, die zum Jahresende im Zuge der

---

163  Im Hinblick auf das Konzept des „Staatsbürgers in Uniform" könnte man auch argumentieren, dass es durchaus positiv zu bewerten sei, wenn höhere Dienstgrade die Organisation nicht „blind" weiterempfehlen, sondern kritisch die eigene Erfahrung reflektieren und ihre Wahrnehmung an jüngere Kameraden weitergeben.

Standortschließungen abgewickelt wird. Doch lässt er immer wieder durchblicken, dass es Kameraden in anderen Einheiten gäbe, „bei denen ist es viel schlimmer. Bei mir ist es ja teilweise auch ein bisschen Büroarbeit. Ich kenne Leute, die kommen da an und sitzen den ganzen Tag auf Stube und spielen Playstation" (L10_3: 215). Er selbst hat inzwischen auch resigniert. Für die knapp drei verbleibenden Monate[164] hat er sich persönlich keine Ziele mehr gesetzt, „außer Urlaub, ganz viel Urlaub. Es ist alles noch voll mit Urlaub, ab Juni bin ich gar nicht mehr da" (L10_3: 191). Ein Lichtblick fällt ihm dann doch noch ein, wofür er extra seinen Urlaub verschoben hat, weil der Stabsfeldwebel versprochen habe, dass „wir auf die Schießbahn gelassen werden" (L10_3: 231). Dies zeigt, wie wichtig es dem Soldaten ist, seine „Grundtugenden" anzuwenden und sein persönliches Bild vom Soldat-Sein ausleben zu dürfen.

Zu Ende unseres Gesprächs richtet er einen Appell an all diejenigen, die darüber nachdenken, einen FWD zu absolvieren:

> „[E]in Tipp an die, die halt zur Musterung gehen: Die sollen sich nicht von diesen Personen, die halt die Musterung einplanen, die sollen sich nicht von diesen Leuten, sagen wir mal, volllabern lassen, weil: Mir wurde viel versprochen, viel gesagt, die haben mir alles richtig schöngeredet, aber im Endeffekt ist gar nichts eingetroffen. Da muss man wirklich extrem aufpassen" (L10_3: 199).

Er weist im weiteren Gesprächsverlauf darauf hin, dass er die Inhalte der Internetseite der Bundeswehr sowie der Werbekampagnen für irreführend halte, darauf dürfe man sich keinen Falls verlassen. Nur Informationen von „Leuten, die schon da waren" seien verlässlich. Diese Einstellung macht deutlich, dass die Bundeswehr als Institution mitsamt ihrer Selbstdarstellung bei diesem Soldaten deutlich an Vertrauen eingebüßt hat.[165]

## 7.7 Bewertung und Vergleich der Vignetten

Die drei Vignetten zeigen drei subjektive Wirklichkeiten, die auf individuellen Deutungen des – im weitesten Sinne – gleichen Geschehens, nämlich dem Erleben eines Freiwilligen Wehrdienstes, beruhen.

---

164  Das dritte Interview fand Anfang April 2013 statt und der Soldat beendete seinen Dienst Ende Juni 2013.

165  Diese Kritik scheint auch im medialen Diskurs und in Stellungnahmen der politischen Opposition immer wieder auf: Die Art und Weise, wie die Bundeswehr werbe, sei realitätsverklärend. Während insbesondere die Partie DIE LINKE und Bündnis 90/Die Grünen die Auslandseinsätze und die Ernsthaftigkeit des Soldatenberufs in der Außendarstellung der Bundeswehr verharmlost sehen (Deutscher Bundestag 2011: 11350, 2014), kritisiert Soldat L10 vornehmlich die Irreführung, was den persönlichen Aufgabenbereich angeht. Diese Einschätzung macht deutlich, wie wichtig ein wirklichkeitsnaher Erwartungsabgleich und verlässliche Zusagen zu Beginn des Dienstes sind.

Alle drei Soldaten erleben diese Monate verschieden und entwickeln sich ganz unterschiedlich, was ihre Identifikation mit der Bundewehr betrifft: Soldat G7 hält den hohen Identifikationsgrad über den gesamten Befragungszeitraum. Damit ist er eine Ausnahme in der Studie. Zu beobachten ist, dass G7 schon frühzeitig seinen Status wechselt und vom Freiwilligen Wehrdienst in eine Laufbahn als Soldat auf Zeit umsteigt. Dies könnte eine ausschlaggebende Erklärung dafür sein, warum die Organisation ihn besser integrieren und seine hohe Anfangsidentifikation stabilisieren kann. Zudem absolviert er seinen Dienst bei den Gebirgsjägern, ist also einer körperbetonten Einheit zugeordnet und wird nach der AGA nicht, wie die anderen beiden Soldaten, in den Stabsdienst versetzt.[166] Das heißt, die „typischen" soldatischen Tätigkeiten scheinen für die FWDL attraktiver zu sein, als Aufgaben, die sie so vermeintlich im Zivilen ebenso finden könnten. Dieser Befund lässt ebenso darauf schließen, dass das Bild der Bundeswehr von der vorgefundenen Wirklichkeit abweicht: Einige der Verwendungen (Ordonnanzen, Turnhallenwart), in denen die FWDL eingesetzt werden, unterscheiden sich deutlich von dem Image, das die deutschen Streitkräfte in der Öffentlichkeit von sich zeichnen.

Aus den Vignetten L13 und L10 wird zudem deutlich, dass es der Bundeswehr schwerfällt, FWDL als vollwertige Organisationsmitglieder in die Stammeinheiten aufzunehmen, sodass insbesondere in der Stammeinheit die Bindung an die Organisation abnimmt oder höchstens stabil bleibt. Das verdeutlicht Abbildung 11, die die Identifikationsverläufe aller 26 Soldaten abbildet: Während der Grundausbildung findet eine Annäherung zwischen den verschiedenen Soldatentypen statt.[167] Die AGA scheint also ihr Ziel, die Soldaten militärisch zu sozialisieren und so eine soziale Kohäsion in der Truppe sowie ein Zugehörigkeitsgefühl zur Organisation zu schaffen, zu erreichen.

Sobald die Soldaten in den Stammeinheiten sind, gelingt dies jedoch in den wenigsten Fällen und die Typen distanzieren sich wieder voneinander. Ihr Identifikationsgrad bleibt höchstens stabil, bei vielen Soldaten nimmt er ab. Eine Zunahme der Identifikation nach der Grundausbildung ist bei keinem der Befragten zu beobachten. Woran liegt das?

Auf Basis des subjektbezogenen Interviewmaterials lassen sich zentrale Rückschlüsse bezüglich der organisationalen Rahmenbedingungen der Bundeswehr ziehen, die sich in den folgenden Beobachtungen verdichten:

---

166  Aufgrund der Panelgröße von 26 Befragten ist eine Generalisierung dieses Befunds nicht möglich. Jedoch waren die Soldaten, welche in der Stammeinheit körpertonten Aufgaben nachgehen konnten, insgesamt zufriedener mit ihrem FWD als diejenigen, die beispielsweise im Stabsdienst oder als Ordonnanz eingesetzt wurden. Ob es hierbei einen unmittelbaren Zusammenhang gibt, müsste an einer größeren Stichprobe verifiziert werden.

167  Mit Ausnahme von L1, L2 und G1. L2 ist während der AGA mehrere Wochen krank und wird durch eine längere Abwesenheit zum Außenseiter. G1 und L1 brechen den Dienst vorzeitig ab.

- Die FWDL nehmen sich nicht als vollwertige Soldaten wahr. Sie fühlen sich oft gegenüber Zeit- und Berufssoldaten benachteiligt. Das äußert sich beispielsweise darin, dass sie kaum an Lehrgängen teilnehmen, selten auf die Schießbahn dürfen und ihrem Empfinden nach kaum spannende und sinnvolle Aufgaben zugewiesen bekommen. Kurz: Sie werden nicht gefördert, da die Organisation nach einem Kosten-Nutzen-Kalkül vornehmlich in die Soldaten investiert, die sich lange an die Bundeswehr binden. Was nach dem Prinzip der Wirtschaftlichkeit nachvollziehbar ist,[168] ist für die Funktion des FWD als Rekrutierungsinstrument nachteilig. Denn gerade durch diese Praxis verliert die Organisation diejenigen – meist hoch motivierten und gut gebildeten – jungen Menschen, die einen hehren Anspruch an den FWD haben und sich im Verlauf des Dienstes aufgrund von Unterforderung von der Bundeswehr abwenden.

- Aus dem vorangegangenen Befund lässt sich schließen, dass der Aspekt der Freiwilligkeit nicht gewürdigt wird. Werden beispielsweise in den zivilen Freiwilligendiensten die Bildungsseminare als Teil der Anerkennung und Wertschätzung gesehen, da sie den Freiwilligen eine persönliche Weiterentwicklung und -qualifizierung ermöglichen (u.a. Beller und Haß 2013; BMFSFJ 2013b, 2012), ist dies beim FWD nicht der Fall. Empfinden die Soldaten zusätzlich weder ihr soziales Umfeld als wertschätzend, noch ihre Aufgaben als ausreichend sinnstiftend, um daraus intrinsische Motivation zu schöpfen, stellt sich ein Gefühl der Resignation ein. Damit verbunden steigt der Druck, eine Rechtfertigung für den FWD gegenüber sich selbst und dem Umfeld zu finden.[169]

- Schon zu Beginn des Dienstes wird versäumt, Erwartungen zwischen dem Freiwilligen und der Organisation wirklichkeitsnah abzugleichen. Damit missachtet die Bundeswehr ein wichtiges Prinzip, das unter gemeinnützigen Einrichtungen als Grundlage einer gelungenen Kooperation zwischen Freiwilligen und Organisation gilt (u.a. Biedermann 2012; Beller und Haß 2013). Denn eine Beobachtung, die sich retrospektiv durchgängig in der dritten Befragung zeigt, ist die Wahrnehmung seitens der FWDL, schlecht oder falsch beraten worden zu sein.[170] Die Art und Weise, wie die Bundes-

---

168 Dies weist im Übrigen auf die Professionalisierung und zunehmende Positionierung der Bundeswehr als Unternehmen hin (Dausend 2014; Elbe und Lange 2012).

169 Im Extremfall kann das zu solch einer Wahrnehmung führen: „Also, wenn ich wirklich Leuten sagen müsste, was ich den ganzen Tag mache und die Dienstzeit so, dann würde ich mich eigentlich in Grund und Boden schämen, so mehr oder weniger" (L14_3: 111).

170 Dazu zum Beispiel G7: „Und die im Kreiswehrersatzamt, es gab ja noch Kreiswehrersatzämter zu der Zeit und jetzt mittlerweile ist es auch ein Karrierecenter [sic]. Aber die haben einen Bockmist erzählt. Es ist der Wahnsinn. Die haben einen Schwachsinn erzählt. Die sind dort und fischen die Leute auf, greifen sie ab, erzählen denen einen vom Pferd und die Leute wissen gar nicht, wie denen geschieht" (G7_2: 55).

wehr für die unterschiedlichen Dienstformate wirbt, mag dieses wirklich-
keitsferne Bild noch verstärken, da in der Außendarstellung vornehmlich interessante, abwechslungsreiche und fordernde Verwendungsprofile beworben werden, die nur *einen* Teil der organisationalen Realität abbilden. Dass
die Bundeswehr einer der größten Verwaltungsapparate unseres Landes ist
und FWDL häufig zum Erhalt der bürokratischen Strukturen eingesetzt werden, wird in der Außendarstellung nicht vermittelt.

- Die Organisationskultur fußt auf Befehl und Gehorsam und auf einer starren
  Hierarchie. Daher schafft sie es (bisher) nicht, den Freiwilligen individuelle
  Angebote zu machen, obwohl die Vielzahl an Verwendungsmöglichkeiten
  durchaus zuließe, Interessen und Neigungen der einzelnen FWDL zu be-
  rücksichtigen. Das führt dazu, dass Vorkenntnisse und persönliche Kompetenzen nicht ausreichend genutzt werden. Was aufseiten der Organisation als
  eine Vergeudung von Potenzial gewertet werden kann, führt bei den FWDL
  zu Frustration, wie ein Beispiel eines FWDL zeigt, der vor einigen Jahren
  schon einmal die Wehrpflicht durchlief. Mit 27 Jahren liegt er deutlich über
  dem Altersdurchschnitt der FWDL, bringt einige Jahre Berufserfahrung mit
  und hätte gerne mehr Verantwortung in der Organisation übernommen.[171]

- Werden Erwartungen nicht erfüllt, fühlen sich Soldaten kontinuierlich unterfordert und empfinden ihren Dienst als sinnlos, so nimmt ihre Identifikation
  ab. Sie distanzieren sich von der Organisation und ihren Werten. Das wirkt
  sich einerseits auf ihre Zukunftsplanung aus und macht die Bundeswehr als
  Arbeitgeber unattraktiv. Andererseits hat es Einfluss auf ihre Botschafterrol-
  le: Sie können ehrlicherweise kein positives Bild der Organisation (mehr)
  vermitteln.

In Anbetracht dieser Befunde ist die folgende Beobachtung aus der Längs-
schnittanalyse eine fast logische Konsequenz: Von den 26 Soldaten können sich
beim ersten Gespräch 15 grundsätzlich vorstellen, die Bundeswehr nach dem
FWD als Arbeitgeber zu wählen. Beim dritten Gespräch sind es noch sechs Personen (von noch 17 Befragten), die darüber nachdenken, über den FWD hinaus
bei der Bundeswehr zu bleiben. Interessant ist, dass kein einziger, der die Bundeswehr anfänglich als Moratorium sieht, von dieser Haltung abrückt. Eine Veränderung ist nur in die andere Richtung zu beobachten, nämlich dass Soldaten
von ihrem Gedanken, sich längerfristig an die Bundeswehr zu binden, Abstand
nehmen. Das heißt also, der Organisation gelingt es lediglich, einen Teil der
schon Überzeugten zu halten, nicht jedoch, potenzielle neue Arbeitnehmer über

---

171 „Also, manchmal wünsche ich mir, dass ich ein bisschen mehr Verantwortung habe, weil ich ja
    einer, sagen wir mal, einer der mit Ältesten jetzt hier im Zug bin" (G1_3: 23).

den FWD zu gewinnen. Damit erfüllt der FWD seine Funktion als Rekrutie-
rungsinstrument nur sehr bedingt.

# 8 Zentrale Ergebnisse und ihre Interpretation

Die Studie ist so angelegt, dass sie komplexe Fragen und Deutungszusammenhänge anhand einer kleinen Anzahl ausgewählter Fälle beantworten kann. Dabei steht die Tiefenschärfe der Analyse im Vordergrund, nicht die Repräsentativität oder Quantifizierung der Ergebnisse. Da das Sample breit genug streut, kann es trotzdem über Einzelbeobachtungen hinaus eine erste thesenartige Generalisierung vornehmen und im Sinne der *Grounded Theory* aus den Daten theoretische Erkenntnisse mittlerer Reichweite ableiten.

Die Untersuchung zeigt, dass sich ganz unterschiedliche Typen im FWD wiederfinden. Die FWDL kommen mit verschiedenen Motiven und haben folglich jeweils andere Erwartungen an den Dienst. In der Untersuchung lassen sie sich dem Typus der Egotaktiker, der Angepassten und der idealen Soldaten zuordnen.

Die *Egotaktiker* stellen ihren persönlichen Nutzen in den Vordergrund, identifizieren sich nur in geringem Umfang mit der Organisation und wählen den Dienst mehr aus strategischen denn aus ideellen Gründen. Damit repräsentieren sie eine in ihrer Generation verbreitete Haltung, die Selbstverwirklichung und Individualisierung bei gleichzeitiger finanzieller Absicherung priorisiert. Zwar zeigen sie wenig Loyalität gegenüber ihrem Arbeitgeber und empfinden die Hürde, den Dienst zu quittieren, als sehr niedrig, doch tragen sie aktuelle Gesellschaftsentwicklungen in die Bundeswehr hinein. Meist gut gebildet und über viele alternative Optionen verfügend, gehören sie wohl zu der Klientel, die für Berufsarmeen am schwierigsten zu rekrutieren ist (Magee und Nider 2002).

Die *Angepassten* sind für die Bundeswehr mit ihrer derzeitigen Organisationskultur am leichtesten zu bedienen: Sie sind loyal gegenüber der Organisation und treten den FWD mitunter aus Pflichtbewusstsein an, ohne große Erwartungen an den Dienst zu haben. Sie nehmen die Bundeswehr häufig als annähernd normalen Arbeitgeber wahr und teilen damit eine Berufsauffassung des Soldat-Seins, das Moskos' *Occupation*-Modell (Moskos 2010) entspricht. Jedoch fällt es diesem Typ schwer, Verantwortung zu übernehmen. Er zeigt in seiner Loyalität mitunter einen fast blinden Gehorsam und ist daher für das Verständnis eines Staatsbürgers in Uniform bzw. das Konzept der Inneren Führung problematisch.

Die *idealen Soldaten* identifizieren sich umfänglich mit den Werten und Zielen der Bundeswehr. Sie sind hoch motiviert und haben differenzierte Vorstellungen davon, was einen „richtigen" Soldaten ausmacht. Allerdings stoßen ihre klaren Erwartungen – an die Organisation und an ihre Kameraden – in der Wirklichkeit schnell an Grenzen. Zudem kommt es bei diesem Typus vereinzelt zu einer Überidentifikation, die zu einer Entfremdung von der zivilen Gesellschaft führt, da der Identifikationsprozess maßgeblich von einer starken Distinktion gegenüber dem Zivilen getragen wird.

Die drei Typen (bzw. sechs Untertypen) zeigen, dass es der Bundeswehr gelingt, mit dem FWD verschiedene Personengruppen anzusprechen. Darunter sind auch solche, die weder über die Wehrpflicht (z.b. Frauen) noch über eine Laufbahn als Zeit- oder Berufssoldat (z.b. L1, L7, L9, L18, G4, G6) zur Bundeswehr gekommen wären. Damit erreicht der FWD, als „flexibler Schnupperkurs" gestaltet, neue Zielgruppen. Mit seinen spezifischen Rahmenbedingungen erreicht er also eine andere Klientel als die klassischen Karriereoptionen (Zeit- und Berufssoldat) von Berufsarmeen. Allerdings zeigt sich, dass es nicht gelingt, diejenigen, die den Dienst anfangs als Moratorium sehen, für eine längerfristige Verpflichtung zu gewinnen. Das heißt, der FWD erfüllt die Funktion eines Rekrutierungsinstruments nur bedingt und die Organisationskultur der Bundeswehr wird den Anforderungen und Erwartungen der FWDL aus unterschiedlichen Gründen nur teilweise gerecht. Insbesondere die Egotaktiker und die idealen Soldaten sind von der Organisation schwer zu bedienen. Dies liegt unter anderem an den unterschiedlichen Herangehensweisen an den Dienst, die unter den Kameraden zu gegenseitigem Unverständnis führen. Zudem bewirken die heterogenen Ansprüche der verschiedenen Typen, dass die Bundeswehr mit einem standardisierten Ausbildungsablauf keiner Gruppe umfassend gerecht wird. Denn während die physischen und psychischen Belastungen für die einen an der Grenze des Akzeptablen sind, fühlen sich andere schon in der AGA unterfordert und vermissen das „richtig" Militärische in der Ausbildung.

Das Dilemma verdeutlicht sich auch an den Auslandseinsätzen: Alle FWDL, die sich für zwölf Monate oder länger verpflichten, willigen in eine Auslandsverwendung ein. Für die einen, meist die Angepassten und Egotaktiker, ist das eine Hürde. Sie wählen entweder eine Dienstzeit von weniger als zwölf Monaten oder hoffen, nicht in den Einsatz zu müssen (was in allen untersuchten Fällen der Fall war). Diejenigen, die sich länger verpflichten und einen Auslandseinsatz als Kernaufgabe des Soldat-Seins miterleben wollen, werden enttäuscht, da FWDL bisher in der Regel nicht entsandt werden. Das heißt, der FWD eignet sich in seiner momentanen Ausgestaltung offensichtlich nicht, einen Beitrag zur Einsatzorientierung zu leisten. Im Gegenteil, die Verpflichtungserklärung zum Einsatz schreckt die einen ab und enttäuscht die anderen, weil sie bei ihnen falsche Erwartungen weckt.[172]

---

172 Auf die Ausführungen aus Kapitel 2.2 zurückgreifend, steht der manifesten Funktion durch eine

Was am Beispiel der Auslandseinsätze aufscheint, ist ein Manko der Organisationskultur, mit dem alle Freiwilligentypen hadern: Die Bundeswehr ist nicht darauf eingestellt, auf individuelle Bedürfnisse einzugehen. Die Sozialisationsmechanismen sind auf Nivellierung angelegt und nicht darauf, Persönlichkeiten zu fördern. Die integrative Wirkung, die der ehemalige Wehrdienst über die gemeinsam getragene Pflicht der Soldaten, *dienen zu müssen*, entfaltet hat, scheint im Freiwilligenmodell nicht mehr gegeben zu sein und stellt die Kultur der Bundeswehr vor neue Herausforderungen.

Nimmt man den Beitrag des FWD zum zivil-militärischen Verhältnis in den Blick, kann den Egotaktikern eine wichtige Funktion beigemessen werden: Sie hinterfragen Abläufe und Routinen kritisch und können so zu einem wertvollen Austausch zwischen der zivilen und der militärischen Sphäre beitragen – vorausgesetzt, ihre Stimmen werden in der Organisation vernommen. Denn eine skeptische Einstellung kann gerade für das zivil-militärische Verhältnis gewinnbringend sein und dafür sorgen, dass zivile und militärische Werte nicht weiter auseinander driften.

Bachman und Blair schlagen für die Rekrutierung US-amerikanischer Streitkräfte in den 1970er Jahren vor, nicht nur diejenigen zu gewinnen, die dem Militär sehr positiv gegenüberstehen. Das mag auf den ersten Blick paradox wirken, doch könnte dies gesamtgesellschaftlich durchaus wünschenswert sein:

> „The approach of aiming recruitment efforts toward the more gung ho is understandably tempting to recruiters and perhaps to many others in the military. And it may appear to be successful in the short run. But in our view such a recruiting approach would be unwise in the long run. It would tend to reenforce [sic!] and heighten the tendencies we have already observed for career military men to be less than fully representative of the cross-section of civilian viewpoints. By strengthening support for some unnecessary and perhaps counterproductive military traditions and practices – or at least reducing resistance to them – this approach could gradually widen the gap between military and civilian world" (Bachman und Blair 1975: 91f.).

Misst sich die Bundeswehr an ihren Leitkonzepten, nämlich der Innere Führung und dem Ideal vom Staatsbürger in Uniform, dürften die Egotaktiker durchaus besser in die Organisationskultur passen, als die Angepassten, die ihre Aufgabe in erster Linie im Ausführen von Befehlen sehen.[173]

Das heißt, die Egotaktiker können als wichtiges Korrektiv innerhalb der Bun-

---

Auslandsverpflichtungserklärung aller FWDL mit einer Dienstzeit ab 12 Monate einen Beitrag zur Einsatzorientierung der Bundeswehr zu leisten die latente Funktion gegenüber, damit potenzielle Interessenten für den FWD abzuschrecken bzw. FWDL mit hoher Einsatzmotivation zu enttäuschen.

173 So Soldat G8: „Also, ich persönlich fühle mich so ganz wohl. Also, ich habe so... Also, ich habe mittlerweile die Einstellung: Die Politiker sollen machen, was sie für richtig halten, ich kann da nicht mitmischen. Ich muss es so hinnehmen. Und das wird dann einfach so an uns weitergegeben und wir führen den Auftrag nur noch aus. Also, mir wird das gesagt oder: Ich mache das, was mir gesagt wird. Da mache ich mir keinen Kopf drum" (G8_3: 159).

deswehr fungieren und zur demokratischen Kontrollinstanz im System avancieren, weil sie Abläufe und Aufträge hinterfragen. Gleichzeitig verkörpern sie wie kein anderer Typus die Wertorientierung der jungen Generation und konfrontieren die Bundeswehr mit dem Anspruch nach Selbstverwirklichung, persönlicher Weiterentwicklung und der Frage nach dem Sinn des eigenen Handelns. Gerade die Frage nach dem Sinn und der Selbstwirksamkeit hat bei den Freiwilligen (v.a. bei den Egotaktikern und den idealen Soldaten) einen hohen Stellenwert: Die Wahrnehmungen der FWDL in ihren Stammeinheiten zeigen, annehmbare Rahmenbedingungen, wie eine heimatnahe Verwendung, eine solide Bezahlung und geregelte Arbeitszeiten, reichen auf Dauer nicht aus, um die FWDL nachhaltig in die Organisation zu integrieren und Identifikation zu stiften. Auch die empfundene Zugehörigkeit, sinnstiftende oder persönlichkeitsfördernde Tätigkeiten sowie eine positive Fremdwahrnehmung durch das soziale Umfeld und die Gesellschaft müssen gegeben sein, damit sich die Freiwilligen mit der Organisation identifizieren. Doch scheinbar ist die Bundeswehr darauf (noch) nicht eingestellt. Denn die FWDL fühlen sich im organisationalen Alltag oft nachrangig behandelt im Vergleich zu Zeit- oder Berufssoldaten. Außerdem empfinden sie sich selbst häufig als Lückenfüller, da sie den Posten zugewiesen werden, die gerade verfügbar sind, ohne dass vorherige Absprachen, persönliche Wünsche oder individuelle Fähigkeiten bei der Zuteilung beachtet würden.

Dass die Identifikation vieler FWDL gerade in der Stammeinheit sinkt, während sie die Grundausbildung mitunter noch als identifikatorischen Moment erleben, lässt darauf schließen, dass die Freiwilligen nicht von den als typisch soldatisch empfundenen Ausbildungseinheiten und Tätigkeiten abgeschreckt werden, noch von vermeintlicher Härte und zu hohen körperlichen Anforderungen, sondern durch Langeweile, Unterforderung und nicht eingehaltenen Versprechungen in den Stammeinheiten desillusioniert werden.

Diese Erkenntnisse speisen sich aus der subjektorientierten Perspektive der befragten FWDL. Es ist ihre Wirklichkeit, die zu diesen Schlussfolgerungen führt. Der Ausblick im folgenden Kapitel skizziert, wie diese Befunde gesamtgesellschaftlich verorten werden können und welche Bedeutung dem FWD auf dieser Ebene zukommen könnte. Zudem wird das methodische Vorgehen dieser Studie noch einmal kritisch reflektiert und Perspektiven für Anschlussforschungen aufgezeigt.

# 9   Ausblick und Reflexion

Wie verortet sich der Freiwillige Wehrdienst im gesamtgesellschaftlichen System? Trägt er maßgeblich zu einem (neuen) Staatsbürgerverständnis und einer Kultur der Freiwilligkeit bei?[174] Mit weniger als 10.000 FWDL im Jahr (Feltl 2014) ist die Anzahl derer, die sich für einen FWD entscheiden, sehr gering. Gemessen an den etwa 100.000, die jährlich einen zivilen Freiwilligendienst verrichten (Jakob 2013) und den über 23 Millionen Ehrenamtlichen (Gensicke und Geiss 2013), kommt ihnen nur eine nachgeordnete Rolle in der Engagementlandschaft zu. Naumann expliziert diesen Befund: „Das institutionelle Gefüge [der Bundeswehr, Anm. RH] erscheint als zustimmungsfähig und vertrauenswürdig, während der eigene Anteil reserviert, indirekt und anonym bleibt – oder sich andere Felder der Selbstbetätigung sucht" (Naumann 2010: 102). Dieser Gedanke geht in die Richtung des viel zitierten „freundlichen Desinteresses" der deutschen Gesellschaft an ihren Streitkräften: Die Bundeswehr genießt zwar ein hohes Vertrauen und grundsätzlichen Zuspruch in repräsentativen Bevölkerungsumfragen (Bulmahn und Wanner 2013; Bulmahn et al. 2011), jedoch setzt sich kaum jemand intensiv mit ihren Themen und Aufgaben auseinander oder legitimiert die Organisation aktiv durch einen persönlichen Beitrag.

Dies unterstreichen die Befunde der Medienanalyse: Die Berichterstattung zur Abschaffung der Wehrpflicht ist erstens quantitativ sehr gering (z.b. verglichen mit der Aufmerksamkeit, die dem Wegfall des Zivildienstes und der Einführung des Bundesfreiwilligendienstes beigemessen wurde), zweitens bleibt die Qualität der Debatte oberflächlich und eindimensional. Bezeichnend sind dafür auch die Ergebnisse der Bevölkerungsumfrage 2013 zum Image der Bundeswehr. Während 55 Prozent der Befragten die öffentliche Wertschätzung der Soldaten als (eher) zu gering beurteilen, schlagen genau diese Personen als Verbesserungsstrategien mehr (positive) Berichterstattung sowie mehr Werbung und Präsenz der Bundeswehr in der Öffentlichkeit vor (Bulmahn und Wanner 2013: 47f.). Die eigene Rolle in diesem Diskurs, die Verantwortung der Gesellschaft, wird dabei delegiert und ist symptomatisch für die Grundhaltung in Deutschland gegenüber der Bundeswehr, die Münkler als „Freikaufmentalität einer postheroischen Ge-

---

174  Für die empirisch fundierte Klärung dieser Frage hätte das Design der Studie eine gesamtgesellschaftliche Wirkungsstudie zugrunde legen müssen. Trotzdem sei an dieser Stelle ein Ausblick erlaubt, der sich diesen Fragen annähert und damit gleichzeitig mögliche Felder für Anschlussprojekte aufzeigt.

sellschaft" (Münkler 2004: 239) bezeichnet.[175]
Die weitere Professionalisierung und, gerade seit Amtsantritt von Ministerin von
der Leyen, Positionierung der Bundeswehr als Unternehmen, dürfte diese „Freikaufmentalität" noch verstärken. Peter Dausend resümiert in DIE ZEIT im Mai
dieses Jahres:

> „Die selbstzufriedenen Deutschen der Jetztzeit wünschen sich eine Bundeswehr, die Kitas
> eröffnet und lange Pausenzeiten einlegt. Doch die Attraktivitätsoffensive stößt an berufsbe-
> dingte Grenzen. Anders als Bäcker oder Quantenphysiker können Soldaten bei der Aus-
> übung ihres Jobs getötet werden – und sie müssen bereit sein, selbst zu töten. Das unter-
> scheidet den Beruf von allen anderen. Der Soldat ist kein Game-Designer – und die Bun-
> deswehr kein Sorgenkind des deutschen Mittelstandes. So wichtig mehr Kitaplätze, weniger
> Pendeln und flexible Arbeitszeiten sind: Getötet werden ist nicht familienfreundlich. Die
> McKinsey-Ministerin blendet das aus" (Dausend 2014: 8).[176]

Doch genau diese gesellschaftliche Grundhaltung gegenüber der Bundeswehr
widerspricht einer postulierten „Kultur der Freiwilligkeit" (Weise et al. 2010:
12), zu deren Stärkung der FWD beitragen sollte. Denn sieht man, wie von der
Strukturkommission vorgeschlagen, den FWD als Dienst an der Gesellschaft,
vergleichbar mit einem Freiwilligen Sozialen Jahr oder Bundesfreiwilligendienst, erwächst daraus ein gewisser Anspruch auf Anerkennung seitens der
FWDL, so wie in anderen Bereichen ehrenamtlichen Engagements auch. Es geht
dabei um weit mehr als materielle Anerkennung und schließt ein, dass die Gesellschaft den Einsatz von Leib und Leben würdigt, sei es durch eine verlässliche
Nachsorge nach Einsätzen oder klar definierte Einsatzkriterien und Aufgabenzu-

---

175 Er beschreibt diese Haltung im Kontext von Söldnern in der Armee und resümiert, dass die
   Gesellschaft diese Dienstform aus dem oben genannten Grund in Kauf nehmen würde. Die Pri-
   vatisierung der Kriege hätte freilich Konsequenzen, die mit einer demokratischen Staatenfüh-
   rung nicht vereinbar wären. Denn Söldner „dürften kaum über die notwendige Disziplin und
   Korruptionsresistenz verfügen" und „die bewaffnete Macht unterläge dann nur noch schwach,
   nämlich allein gebunden an das Beschäftigungsverhältnis, der politischen Kontrolle der Staaten" (Münkler 2004: 238f.).
176 Diese „Zivilisierung" der Bundeswehr wird insbesondere von den idealen Soldaten sehr kritisch
   gesehen. Eine persönliche Einschätzung von L14 zur Unvereinbarkeit von Gleitzeitmodellen
   mit dem Soldatenberuf expliziert dies: „Ja, allein, dass ich in der Bundeswehr, in einem Bun-
   deswehrstandort Gleitzeit eingeführt habe... Ich meine, ich kann mit meiner Karte morgens um
   neun kommen und nachmittags um drei gehen. Und da habe ich so ein Stundenkonto, und das
   sind so Sachen, die hat mein Vater im Auswärtigen Amt. Ja, das ist einfach lächerlich. Ja, oder
   wenn ein Kompaniechef anordnet: ‚Ja, ich brauche für das Wochenende fünf Leute', die halt
   mal irgendwie eine verstärkte Wache stellen, dann wird die ganze Woche rumdiskutiert, bis
   sich fünf Deppen finden. Das ist ungeheuerlich, eigentlich. Wenn ich mir darüber... Das kann
   man keinem richtigen Truppenteil, oder in den Einsatzkontingenten, darf man das nicht erzählen, was einige Dienststellen so für einen lauen Dienst oder für ein Selbstverständnis haben. Also, das ist... Oder generell, dass Mannschafter so ab Obergefreiter irgendwie auch rumdisku-
   ren über irgendwelche Befehle. Also, da würde ich selbst so, jetzt sage ich mal, so als angehen-
   der Offizier, einfach mal vehement von juristischen und von truppendienstlichen Maßnahmen
   Gebrauch machen, weil, sowas ist einfach eine Schande für die Bundeswehr" (L14_3: 139).

schreibungen, die im Dialog zwischen Politik, Gesellschaft und der Bundeswehr verhandelt werden.[177] Ein Lippenbekenntnis im Koalitionsvertrag „zur Stärkung der Anerkennungskultur" (CDU, CSU, SDP 2013: 112) wird den Erwartungen gerade derjenigen Freiwilligen nicht gerecht, die den Dienst mit einer intrinsisch-ideellen Motivation antreten und genau den Soldatentyp verkörpern, der in demokratischen Gesellschaften postuliert wird.

Eine Art „zweiter Gesellschaftsvertrag" müsste hierfür die Grundlage sein, „dessen Funktion einerseits die ‚Bändigung' des Militärs nach innen ist. Andererseits erkennen eine Gesellschaft und ihre politische Führung darin die besonderen Opfer an, die Soldatinnen und Soldaten in der Ausübung ihres Dienstes bringen, und übernehmen ihnen gegenüber eine besondere Sorgfaltspflicht" (Müller et al. 2010: 1). Im Falle des FWD könnte man eine weitere Dimension der Sorgfaltspflicht anführen. Denn bei den FWDL geht es selten um den Einsatz ihres Lebens, da sie bisher in der Regel nicht entsandt werden. Trotzdem werden sie für den Ernstfall ausgebildet und signalisieren ihre *Bereitschaft* dazu, als Soldat den Kern dieses Berufs, nämlich das Töten und Getötet-Werden zu akzeptieren. Zumindest ein Teil von ihnen. Genau hier beginnt die Verantwortung der Gesellschaft, im Dialog mit der Bundeswehr und der Politik auszuhandeln, welche Soldatentypen der Freiwillige Wehrdienst ansprechen und ausbilden soll. Welche Aufgaben sollen die Freiwilligen im Gefüge der Organisation übernehmen? Welchen Anspruch und welche Erwartungen dürfen sie im Gegenzug an den Dienst haben, für den sie einige Monate oder sogar Jahre ihrer Lebenszeit investieren?

Wollen wir den Typus der Angepassten stärken, der sich damit zufrieden gibt, „Rollstuhlranger" (L13_2: 139) zu werden oder „auf der Teppichetage" (L13_3: 19) zu dienen? Oder nehmen wir billigend in Kauf, dass sich FWDL von der Gesellschaft abwenden, weil sie „halt so was wie öffentliche Resonanz, öffentliche Schätzung, [...] eigentlich gar nicht gegeben" sehen und es in Folge befürworten, „wenn sich die Bundeswehr aus der Öffentlichkeit einfach komplett zurück zieht und so Staat im Staate [wird], das ist jetzt mal übertrieben ausgedrückt, aber so was macht" (L14_3: 195)?

Es ist weder die Intention noch in Reichweite dieser Arbeit, die hier aufgeworfe-

---

177 Dass es den FWDL um mehr als finanzielle Entschädigung geht, macht zum Beispiel L14 deutlich: „Ja, ich würde einfach mal den Ansporn, den man, also auch, was man dafür kriegt, einfach viel höher stellen. Also, ich kenne viele Leute, die auch sagen: ‚Ja, ich würde da nicht nur hingehen, weil ich halt viel Geld kriege, sondern auch, weil man da ein bisschen mehr kriegen würde.' Wenn man das so ein bisschen, wie zum Beispiel aus anderen Nationen, aus Amerika, dass man da so bestimmte, nicht unbedingt materielle Sachleistungen einbringt. Zum Beispiel fände ich es sehr gut, dass wenn man mehr als zwei Jahre beim Bund gearbeitet hat oder gedient, und man hat Abitur, dass man einfach an staatlichen Hochschulen einen garantierten Studienplatz kriegt. Also, das fände ich gerechtfertigt, ja" (L14_3: 199).

nen Fragen zu beantworten. Die Darstellung der Typen kann jedoch einen ersten Denkanstoß für eine solche Diskussion geben, da die unterschiedlichen Wahrnehmungen Einblicke in die subjektiven Deutungen des Soldat-Seins und in die Interpretation ihrer Rolle als FWDL in der Bundeswehr geben. Wie die Gesellschaft beziehungsweise weitere Akteure (z.b. politische Entscheidungsträger) den FWD wahrnehmen und seine Funktionen deuten, stand nicht im Fokus dieser Arbeit.

Die Gesellschaft mit in den empirischen Forschungsprozess einzubeziehen und Sichtweisen von Akteuren außerhalb der Bundeswehr in die Analyse einfließen zu lassen, konte diese Arbeit nicht leisten. Doch das Forschungsvorhaben hat zunächst gezeigt, dass das Experiment, Vergleiche über die Grenzen der Militärsoziologie hinweg zu wagen und sich als *Outsider* in das Forschungsfeld Bundeswehr zu begeben, lohnend war. Damit soll die Studie dazu ermutigen, diesem Beispiel zu folgen und die Bundeswehr auch als *Outsider* häufiger zum Forschungsgegenstand unterschiedlicher Disziplinen zu machen. Denn die Ergebnisse verdeutlichen, dass sich FWDL in vielen Bereichen mit Freiwilligen anderer Politikfelder vergleichen lassen und ihre Motivkonstellationen und Erwartungen an die Organisation bzw. ihren Dienst durchaus Parallelen aufweisen. Daher bietet es sich in einer möglichen Anschlussstudie durchaus an, diese Vergleiche systematisch, beispielsweise unter gezielter Einbeziehung von Vergleichs- bzw. Kontrollgruppen, anzustellen. Ferner könnte eine stärkere Involvierung des organisationalen Umfelds weitere Aufschlüsse geben, welche Rahmenbedingungen einem Freiwilligendienst in der Bundeswehr zuträglich sind. Dabei könnte eine vergleichend angelegte Studie mit Soldaten unterschiedlichen Status' (u.a. Zeit- und Berufssoldaten) aufschlussreich sein, um die besonderen Bedarfe Freiwillig Wehrdienstleistender im Vergleich zu Berufs- und Zeitsoldaten herauszuarbeiten.

Diese Arbeit konzentrierte sich darauf, die bis dato unerforschte subjektive Wirklichkeit der FWDL zu ergründen. Durch diesen Fokus konnte die individuelle Wahrnehmung und Deutung in der Tiefe analysiert und zu unterschiedlichen Zeitpunkten abgebildet werden. Das ist sicherlich eine Stärke des Designs und es stellte sich als wichtig und gewinnbringend heraus, drei Befragungszeitpunkte zu wählen. Auch die Zeitpunkte der Befragung zu Beginn des Dienstes, zu Ende der Grundausbildung und in der Stammeinheit, bewährten sich, da die jeweiligen Ausbildungsabschnitte (Grundausbildung versus Stammeinheit) gänzlich verschiedene Wirklichkeiten darstellten. Die unterschiedlichen Wirklichkeiten, welche aus den Interviews extrahiert werden konnten, illustrieren das Dilemma der Bundeswehr, sich als Organisation *sui generis* oder ziviles Großunternehmen zu präsentieren, sehr deutlich. Denn die individuellen Deutungen zeigen, welch unterschiedlichen Ansprüche und Erwartungen an die Organisation und ihre Aufgaben herangetragen werden. Aufgrund der Tiefenanalyse der 26 Einzelfälle stößt die Studie an Grenzen, was die Generalisierung der Ergebnisse betrifft. Insbesondere Rückschlüsse auf Grundlage bestimmter soziodemographischer Merkmale oder die Postulierung von Zusammenhängen zwischen spezifischen Einheiten bzw. Verwendungen und einem der sechs eingeführten Soldatentypen, wären nicht valide. Trotzdem war die Anlage der Studie für das unerforschte und im Entstehungsprozess befindliche Setting geeignet und der Untersuchung mangelt es nicht an Datendichte. Im Gegenteil: Aus den 66 Interviews, die in der Summe etwa 1.000 transkribierte Seiten ergaben, ließen sich weitere Erkenntnisse gewinnen, die in dieser Arbeit außer Acht gelassen wurden. So beinhaltet das Material unterschiedlichste Deutungen der Geschlechterverhältnisse im Militär; auch verschiedene Kriegsbilder bzw. Interpretationen und individuelle Wahrnehmungen der Auslandseinsätze könnten systematisch aus den Gesprächen herausgearbeitet werden; ebenso subjektive Wahrnehmungen, welcher Stellenwert der politischen Bildung in den verschiedenen Ausbildungsabschnitten beigemessen oder wie das Konzept der Inneren Führung von den FWDL individuell ausgelegt wird. Diese Deutungsmöglichkeiten und Interpretationsschwerpunkte bleiben auch über das Abschließen dieser Arbeit hinaus bestehen. Denn die dargelegten Erkenntnisse betreffend, soll diese Arbeit als erste Interpretation der empirischen Daten gesehen werden. Im Austausch mit Kolleginnen und Kollegen aus Wissenschaft oder Praxis kann diese Interpretation im Laufe der Zeit sicher noch an Schärfe gewinnen. So können die Ergebnisse gemäß der *Grounded Theory* stetig fortentwickelt oder mithilfe eines weiteren Interpretationsrahmens ergänzt werden:

> „Er [der Forscher, Anm. RH] darf den soziologischen Blick niemals aufgeben, auch dann nicht, wenn er die letzte Zeile seiner Monographie schreibt – und noch nicht einmal nach deren Publikation. Häufig nämlich ertappt er sich im Nachhinein dabei, seine Theorie weiter auszuarbeiten und zu verbessern, da er mit zeitlichem Abstand in der Regel mehr weiß als unmittelbar nach Ende des Forschungsprozesses" (Glaser und Strauss 2005: 260f.).

# 10  Literaturverzeichnis

Abenheim, Donald, und Heiko Biehl. 2011. Die Bundeswehr als Freiwilligenarmee. Erfahrungen und Lehren der amerikanischen All-Volunteer-Force. *SOWI. Thema* 3.

Abraham, Martin, und Günter Büschges. 2009. *Einführung in die Organisationssoziologie*. Wiesbaden: VS Verlag für Sozialwissenschaften.

Akademie der Bundeswehr für Information und Kommunikation. 2011. Selbstverständnis: Wir.Dienen.Deutschland. http://wirdienendeutschland.de/selbstverstaendnis.html (Zugegriffen Juni 14, 2014).

Anheier, Helmut K. 2005. *Nonprofit organizations: Theory, Management, Policy*. Oxon und New York: Routledge.

Anheier, Helmut K., und Lester M. Salamon. 2001. Volunteering in cross-national perspective: Initial comparisons. Civil Society Working Paper 10. http://eprints.lse.ac.uk/29049/1/CSWP_10_web.pdf (Zugegriffen März 25, 2014).

Apelt, Maja. 2012a. Das Militär als Organisation. In *Handbuch Organisationstypen*, Hrsg. Maja Apelt und Veronika Tacke, 133–148. Wiesbaden: Springer Fachmedien.

Apelt, Maja. 2010. *Forschungsthema Militär: militärische Organisationen im Spannungsfeld von Krieg, Gesellschaft und soldatischen Subjekten*. Wiesbaden: VS Verlag für Sozialwissenschaften.

Apelt, Maja. 2004. Männliches Militär und die Subjektkonstruktion weiblicher Soldaten. In *Institutionen und sozialer Wandel*, Hrsg. Jürgen Delitz, Heinrich von Gyldenfeldt, und Jochen Rimek, 63–88. Hamburg: Krämer, Reinhold.

Apelt, Maja. 2012b. Militärische Sozialisation. In *Militärsoziologie – Eine Einführung*, Hrsg. Nina Leonhard und Ines-Jacqueline Werkner, 428–446. Wiesbaden: VS Verlag für Sozialwissenschaften.

Apt, Wenke. 2010. The Socio-demographic Context of Military Recruitment in Europe: A Differentiated Challenge. In *Europe without soldiers? Recruitment and retention across the armed forces of Europe*, Hrsg. Tibor Szvircsev Tresch und Christian Leuprecht, 63–81. Montreal & Kingston: McGill-Queen's University Press.

Atkinson, Paul, und David Silverman. 1997. Kundera's Immortality: The Interview Society and the Invention of the Self. *Qualitative Inquiry* 3: 304–325.

Ayass, Ruth. 2006. *Qualitative Methoden der Medienforschung*. Reinbek: Rowohlt Taschenbuch.

Bachman, Jerald G., und John D. Blair. 1975. „Citizen Force" or „Career Force"? Implications for Ideology in the All-Volunteer Army. *Armed Forces & Society* 2: 81–96.

BAFzA. 2014a. A bis Z: Bundesfreiwilligendienst.de. www.bundesfreiwilligendienst.de/der-bundesfreiwilligendienst/bfd-von-a-bis-z.html#c177 (Zugegriffen September 8, 2014).

BAFzA, 2014b. BFD im Dienst Juni 2014. www.bafza.de/fileadmin/redaktion/downloads/Abt2/201/BFD_nach_Alter_und_Geschlecht.pdf (Zugegriffen Juli 22, 2014).

Bake, Julika, und Berthold Meyer. 2012. The German Bundeswehr soldier between constitutional settings and current tasks. In *Democratic Civil-Military Relations Soldiering in 21st Century Europe*, Hrsg. Sabine Mannitz, 67–84. Oxon und New York: Routledge.

Bald, Detlef. 2009. Bedingt einsatzbereit. „Realistische Ausbildung" der Bundeswehr oder mit der Wehrmacht in den Hindukusch. In *Bundeswehr im Krieg – wie kann die Innere Führung überleben?*, Hrsg. Detlef Bald, Hans-Günter Fröhling, und Jürgen Groß, 7–16. Hamburg: Institut für Friedensforschung und Sicherheitspolitik an der Universität Hamburg.

Bald, Detlef, Hans-Günter Fröhling, und Jürgen Groß, Hrsg. 2009. *Bundeswehr im Krieg - wie kann die Innere Führung überleben?*. Hamburg: Institut für Friedensforschung und Sicherheitspolitik an der Universität Hamburg. www.ifsh.de/pdf/publikationen/hb/hb153.pdf (Zugegriffen Juni 12, 2014).

Bartels, Koen P. R., Guido Cozzi, und Noemi Mantovan. 2013. „The Big Society," Public Expenditure, and Volunteering. *Public Administration Review* 73: 340–351.

Battistelli, Fabrizio. 1997. Peacekeeping and the Postmodern Soldier. *Armed Forces & Society* 23: 467–484.

Baudissin, Wolf Graf von. 1969. *Soldat für den Frieden*. Hrsg. Peter von Schubert. München: R. Piper & Co.

Bauer, Ulf. 2011. Sicherheitspolitik kommunizieren - über die Bedeutung von Multiplikatoren für Kommunikation am Beispiel von Mars & Merkur. In *Den Krieg erklären*, Hrsg. Natascha Zowislo-Grünwald, Detlef Buch, und Jürgen Schulz. Frankfurt am Main: Peter Lang.

Bayer, Stefan, und Matthias Gillner, Hrsg. 2011. *Soldaten im Einsatz: Sozialwissenschaftliche und ethische Reflexionen*. Berlin: Duncker & Humblot.

Becker, Carsten et al. 2011. *Abschlussbericht des Forschungsprojektes „Zivildienst als Sozialisationsinstanz für junge Männer"*. Berlin: BMFSFJ.

Beck, Klaus. 2011. Stellungnahme des Deutschen Gewerkschaftsbundes (DGB) zum Entwurf eines Gesetzes zur Änderung wehrrechtlicher Vorschriften 2011 (Wehrrechtsänderungsgesetz 2011) Bundestagsdrucksache 17/4821 Hrsg. Deutscher Gewerkschaftsbund.

Beller, Annelie, und Rabea Haß. 2013. Experiment Altersöffnung: Politische Ziele und nicht-intendierte Folgen - empirische Befunde aus der Pionierphase des Bundesfreiwilligendienstes. *Voluntaris. Zeitschrift für Freiwilligendienste* 1: 51–72.

Biedermann, Christiane. 2012. Freiwilligen-Management: Die Zusammenarbeit mit Freiwilligen organisieren. In *Freiwilligenarbeit. Einführung in das Management von Ehrenamtlichen in der Sozialen Arbeit.*, Hrsg. Doris Rosenkranz und Angelika Weber, 57–66. Weinheim & Basel: Beltz Juventa.

Biehl, Heiko. 2011. Belastungen, Angebote und Ansprüche. Die Bundeswehr als „Armee im Einsatz" und die Neuverhandlung der zivil-militärischen Beziehungen. In *Soldaten im Einsatz. Sozialwissenschaftliche und ethische Reflexionen, Sozialwissenschaftliche Schriften*, Hrsg. Stefan Bayer und Matthias Gillner, 66–94. Berlin: Duncker & Humblot.

Biehl, Heiko. 2012. United We Stand, Divided We Fall? Die Haltungen europäischer Bevölkerungen zum ISAF-Einsatz. In *Der Einsatz der Bundeswehr in Afghanistan*, Hrsg. Anja Seiffert, Phil C. Langer, und Carsten Pietsch, 169–186. Wiesbaden: VS Verlag für Sozialwissenschaften.

Birckenbach, Hanne-Margret. 1985. *Mit schlechtem Gewissen - Wehrdienstbereitschaft von Jugendlichen zur Empirie der psychosozialen Vermittlung von Militär und Gesellschaft*. Baden-Baden: Nomos.

Blechschmidt, Peter. 2011. Zukunft der Bundeswehr - Soldaten verzweifelt gesucht. *Süddeutsche Zeitung*, Februar 1. www.sueddeutsche.de/politik/zukunft-der-bundeswehr-soldaten-ver zweifelt-gesucht-1.1054097 (Zugegriffen Februar 19, 2012).

BMFSFJ. 2013a. *14. Kinder- und Jugendbericht. Bericht über die Lebenssituation junger Menschen und die Leistungen der Kinder- und Jugendhilfe in Deutschland*. Berlin: Bundesministerium für Familie, Senioren, Frauen und Jugend.

BMFSFJ. 2012. *Die neue Kultur der Freiwilligkeit - Perspektiven der Freiwilligendienste in Deutschland*. Berlin: Bundesministerium für Familie, Senioren, Frauen und Jugend. www.bmfsfj.de/RedaktionBMFSFJ/Freiwilligendienste/Pdf-Anlagen/dokumentation__ fachtagung__freiwilligendienste__november__2012,property=pdf,bereich=bmfsfj,sprache =de,rwb=true.pdf (Zugegriffen März 19, 2014).

BMFSFJ, Hrsg. 2013b. Fachtagung „Freiwillig gestalten – erste Evaluationsergebnisse und aktuelle Entwicklungen der Freiwilligendienste". Tagungsdokumentation.

BMFSFJ. 2002. *Zivildienst und Arbeitsmarkt*. Berlin: Bundesministerium für Familie, Senioren, Frauen und Jugend.

BMVg. 2013a. *Bericht zum Stand der Neuausrichtung der Bundeswehr*. Bonn und Berlin: Bundesministerium der Verteidigung.

BMVg, Hrsg. 2011a. Freiwillig dienen. Ein Wegweiser für den Freiwilligen Wehrdienst. www.bun deswehr.de/portal/a/bwde/!ut/p/c4/FckxDoAgDADAt_iBdnfzF-piChRoIEhKI99Xc-

PhiZ9GjyQyuRtV3PHwsroJbgaGYcpiRYmjMUzO2mMVnw3iF1NqlcR6_RGE2zDsZVt ex7NXXA!!/ (Zugegriffen November 17, 2011).

BMVg. 2013b. *Gesetz über die Rechtsstellung der Soldaten (Soldatengesetz - SG).* www.gesetze-im-internet.de/sg/BJNR001140956.html#BJNR001140956BJNG002500311 (Zugegriffen Februar 17, 2014).

BMVg. 2011b. *Sachstand zur Neuausrichtung der Bundeswehr. Nationale Interessen wahren - Internationale Verantwortung übernehmen - Sicherheit gemeinsam gestalten.* Berlin: Bundesministerium der Verteidigung. www.bmvg.de/portal/a/bmvg/!ut/p/c4/RYwxD4Iw EEb_0RVcbNwkDJo4uQAupNBLuVhacr3C4o8XBuP3kre85FMvtRPMSs4IxWC8alU30 mXYYJhXB4nGCXlCkrRET0JvGHKwmDacGAJmh0mMlxxcb5H7f1TNcW0RxhhQDg sGod2OjUSGJbL4o2TmvQBZ1RVlXRVl8Vv50Y9G69tZn-p79VTLPF-_dxp2VA!!/ (Zugegriffen Dezember 19, 2011).

BMVg. 2013c. Über uns - Arbeitgeber Bundeswehr. *Zivilie Karriere Bundeswehr.* https://ziv.bundeswehrkarriere.de/portal/a/zivkarriere/!ut/p/c4/04_SB8K8xLLM9MSSzPy 8xBz9CP3I5EyrpHK9qsyy7MSioszUolS9xKKk1MyS9NSk1KL4pNK8lNTi8tSMIv2CbE dFAJ2aNhA!/ (Zugegriffen Dezember 7, 2013).

BMVg. 2011c. *Verteidigungspolitische Richtlinien. Nationale Interessen wahren - Internationale Verantwortung übernehmen - Sicherheit gemeinsam gestalten.* Bonn: Bundesministerium der Verteidigung.

BMVg. 2008. *Wehrpflicht. Wehrform mit Zukunft.* Berlin: Bundesamt für Wehrverwaltung, ZA 9.

Bolte, Karl Martin, und Erhard Treutner, Hrsg. 1983. *Subjektorientierte Arbeits- und Berufssoziologie.* Frankfurt am Main und New York: Campus.

Bötel, Frank. 2014. bundeswehr.de: Grundlagen der Inneren Führung. *Innere Führung und Staatsbürger in Uniform.* www.bundeswehr.de/portal/a/bwde/!ut/p/c4/DcgxDoAgDADAt _iBdnfzF-piipTaQKrBlt-X3Ha442D0qZDrbVRwxe3UOXQIPTK8Xlk9V- LkDFKbxULCBmrGlY_U-Bop-ORl-gGxyMb-/ (Zugegriffen Juli 21, 2014).

Bötel, Frank. 2013. bundeswehr.de: Wehrpflicht und Wehrdienst. *Bundeswehr: Wehrpflicht und Wehrdienst.* www.bundeswehr.de/portal/a/bwde/!ut/p/c4/04_SB8K8xLLM9MSSzPy8xBz 9CP3I5EyrpHK9pPKUVL3ikqLUzJLsosTUtJJUvflUjKKCtJzM5IwS_YJsR0UApA3igw !!/ (Zugegriffen Juni 22, 2014).

Von Bredow, Wilfried. 2008a. *Militär und Demokratie in Deutschland. Eine Einführung.* Wiesbaden: VS Verlag für Sozialwissenschaften.

Von Bredow, Wilfried. 2008b. Wozu morgen noch Streitkräfte? In *Wozu Armeen? - Europas Streitkräfte vor neuen Aufgaben.* Baden-Baden: Nomos.

Bröckling, Ulrich. 1997. *Disziplin: Soziologie und Geschichte militärischer Gehorsamsproduktion.* München: Fink.

Brüsemeister, Thomas. 2008. *Qualitative Forschung ein Überblick.* 2., überarbeitete Auflage. Wiesbaden: VS Verlag für Sozialwissenschaften.

Buch, Detlef. 2011. *Bundeswehr 2.0. Von der Wehrpflicht bis Afghanistan - Reduziert, ignoriert, egalisiert?.* Frankfurt am Main: Peter Lang.

Buch, Detlef. 2009. *Wohin mit der Wehrpflicht? Weisen die Partner wirklich den richtigen Weg?.* Frankfurt am Main: Peter Lang.

Bulmahn, Thomas. 2011. Die Bundeswehr - ein attraktiver Arbeitgeber? *if - Zeitschrift für Innere Führung.* www.if-zeitschrift.de/portal/a/ifz/!ut/p/c4/LYzBCoMwEET_aNdED6U3g5f22 Iu1lxCTaBc0kSVVKP34JrQzMDPwYPCB2cHsNJtEMZgF7zhYOo8HJlfxzmqY3GLZP2o Em_V-yEgGkLoV9OXAebAw-lUw-JMo5s0mRYYuclkJezJkAORwq0SlRC1n9JD6na6 NUK5u6u6gbbuvafgFMMchM/ (Zugegriffen November 22, 2013).

Bulmahn, Thomas, Rüdiger Fiebig, und Carolin Hilpert. 2011. *Sicherheits- und verteidigungspolitisches Meinungsklima in der Bundesrepublik Deutschland. Ergebnisse der Bevölkerungsbefragung 2010 des Sozialwissenschaftlichen Instituts der Bundeswehr.* Strausberg: Sozialwissenschaftliches Institut der Bundeswehr.

Bulmahn, Thomas, und Robert Kramer. 2013. German Armed Forces: Ready for the War on Talents? (unveröffentlichter Konferenzbeitrag der ERGOMAS-Konferenz im Juni 2013). Madrid.

Bulmahn, Thomas, Robert Kramer, und Claudia Saalbach. 2013. *Sozialwissenschaftliche Begleitstudie zur Evaluation des Freiwilligen Wehrdienstes. Ergebnisse der Erstbefragung der Freiwilligen Wehrdienst Leistenden mit Diensteintritt im Zeitraum von Juli 2011 bis April 2012.* Potsdam: Zentrum für Militärgeschichte und Sozialwissenschaften der Bundeswehr.

Bulmahn, Thomas, und Meike Wanner. 2013. *Ergebnisse der Bevölkerungsumfrage 2013 zum Image der Bundeswehr sowie zur Wahrnehmung und Bewertung des Claims „Wir. Dienen. Deutschland."* Potsdam: Zentrum für Militärgeschichte und Sozialwissenschaften der Bundeswehr.

Bulmahn, Thomas, und Victoria Wieninger. 2010. The Process of Vocational Choice and Young Germans' Awareness of the Bundeswehr as a Potential Employer. In *Europe without soldiers? Recruitment and retention across the armed forces of Europe*, Hrsg. Tibor Szvircsev Tresch und Christian Leuprecht, 85–108. Montreal & Kingston: McGill-Queen's University Press.

Bundesamt für das Personalmanagement der Bundeswehr. 2014. Freiwilliger Wehrdienst FWD. *Karriere Bundeswehr.* https://mil.bundeswehr-karriere.de/portal/a/milkarriere/!ut/p/c4/04_SB8K8xLLM9MSSzPy8xBz9CP3I5EyrpHK93Myc7MSioszUolS9zIyiVDgnrTwlt0C_INtREQCyVcdK/ (Zugegriffen Juli 21, 2014).

Bundeswehr. 2014. bundeswehr.de: Aktuelle Einsätze der Bundeswehr. *Aktuelle Einsätze der Bundeswehr.* www.bundeswehr.de/portal/a/bwde/!ut/p/c4/04_SB8K8xLLM9MSSzPy8xBz9CP3I5EyrpHK9pPKUVL3UzLzixNSSqlS93MziYqCK1Dz9gmxHRQCQ45Pn/ (Zugegriffen Mai 6, 2014).

Bundeswehr, Hrsg. 2012. Programm für das feierliche Gelöbnis von Soldatinnen und Soldaten der Bundeswehr am 20. Juli 2012 auf dem Paradeplatz des Bundesministeriums der Verteidigung in Berlin.

Buzan, Barry, Ole Wæver, und Jaap de Wilde. 1998. *Security: A New Framework for Analysis.* Boulder and London: Lynne Rienner Publishers.

Caforio, Giuseppe. 2006a. *Handbook of the Sociology of the Military.* New York: Springer US.

Caforio, Giuseppe. 2006b. Some Historical Notes. In *Handbook of the Sociology of the Military, Handbooks of Sociology and Social Research*, Hrsg. Giuseppe Caforio, 7–26. New York: Springer US.

Calmbach, Marc. 2012. *Wie ticken Jugendliche? 2012: Lebenswelten von Jugendlichen im Alter von 14 bis 17 Jahren in Deutschland.* Düsseldorf: Haus Altenberg.

Carreiras, Helena, und Ana Alexandre. 2013. Research relations in military settings. How does gender matter? In *Qualitative Methods in Military Studies: Research Experiences and Challenges*, Hrsg. Helena Carreiras und Celso Castro. Oxon und New York: Routledge.

Carreiras, Helena, und Celso Castro, Hrsg. 2013. *Qualitative Methods in Military Studies: Research Experiences and Challenges.* Oxon und New York: Routledge.

CDU, CSU, FDP. 2009. Wachstum. Bildung. Zusammenhalt. Koalitionsvertrag zwischen CDU, CSU und FDP. www.bmi.bund.de/SharedDocs/Downloads/DE/Ministerium/koalitionsvertrag.pdf?__blob=publicationFile (Zugegriffen Dezember 7, 2013).

CDU, CSU, SDP. 2013. Deutschlands Zukunft gestalten. Koalitionsvertrag zwischen CDU, CSU und SPD.

Charmaz, Kathy C. 2011. Den Standpunkt verändern: Methoden der konstruktivistischen Grounded Theory. In *Grounded Theory Reader*, Hrsg. Günter Mey und Katja Mruck, 181–205. Wiesbaden: VS Verlag für Sozialwissenschaften.

Collmer, Sabine, und Gerhard Kümmel, Hrsg. 2005. *Ein Job wie jeder andere? Zum Selbst- und Berufsverständnis von Soldaten.* Baden-Baden: Nomos.

Conservative Party. 2010. *Building a Big Society.* London: Conservative Party. www.conservatives.com/~/media/Files/Downloadable%20Files/Building-a-Big-Society.ashx (Zugegriffen August 4, 2014).

Corbin Dwyer, Sonya, und Jennifer L. Buckle. 2009. The Space Between: On Being an Insider-Outsider in Qualitative Research. *International Journal of Qualitative Methods* 8: 54–63.

Corbin, Juliet M, und Anselm L Strauss. 2008. *Basics of qualitative research: techniques and proce-*

*dures for developing grounded theory.* Los Angeles: Sage Publications.

Coser, Lewis A. 1974. *Greedy institutions: Patterns of undivided commitment.* New York, NY [u.a.]: Collier Macmillan.

Cox, Richard. 2011. „The Effects of Military Experience on Civic Consciousness". Minneapolis, Minnesota: Walden University.

Cremer, Hendrik. 2013. *Schattenbericht Kindersoldaten 2013.* Rautenberg: Deutsches Bündnis Kindersoldaten.

Dausend, Peter. 2014. Die Ursula von McKinsey. *DIE ZEIT,* Mai 22, Nr. 22, 8.

Deutscher Bundestag. 2014. Drucksache 18/337. Antwort der Bundesregierung auf die Kleine Anfrage der Abgeordneten Katrin Kunert, Diana Golze, Christine Buchholz, weiterer Abgeordneter und der Fraktion DIE LINKE. – Drucksache 18/251 – Rekrutierung von Minderjährigen für die Bundeswehr.

Deutscher Bundestag. 2011. Plenarprotokoll 99/17 des Deutschen Bundestages.

Deutscher Bundestag. 2012. Unterrichtung durch den Wehrbeauftragten. Jahresbericht 2011. Drucksache 17/8400.

Dewitz, Christian. 2011. Stiller Abschied von der traditionsreichen Wehrpflicht. *bundeswehr journal. Unabhängiges Deutsches Militärmagazin* 7: 23–28.

DGS. 2014. DGS - Deutsche Gesellschaft für Soziologie: Sektionen. www.soziologie.de/de/sektionen/sektionen.html (Zugegriffen Juni 30, 2014).

DGS, und BDS. 1992. Ethik-Kodex der Deutsche Gesellschaft für Soziologie (DGS) und des Berufsverbandes Deutscher Soziologinnen und Soziologen (BDS). www.soziologie.de/de/nc/die-dgs/ethik-kodex.html?sword_list[]=ethik (Zugegriffen Februar 18, 2014).

Van Dick, Rolf. 2004. *Commitment und Identifikation mit Organisationen.* Göttingen [u.a.]: Hogrefe.

Van Dick, Rolf. 2001. Identification in organizational contexts: linking theory and research from social and organizational psychology. *International Journal of Management Reviews* 3: 265–283.

Dörfler-Dierken, Angelika. 2012. Von „Krieg" und „Frieden": Zur Wahrnehmung des Afghanistaneinsatzes bei Soldatinnen und Soldaten, Politik und Kirchen. In *Der Einsatz der Bundeswehr in Afghanistan,* Hrsg. Anja Seiffert, Phil C. Langer, und Carsten Pietsch, 223–237. Wiesbaden: VS Verlag für Sozialwissenschaften.

Eisenbeiss, Kerstin K., und Sabine Otten. 2008. When Do Employees Identify? An Analysis of Cross-Sectional and Longitudinal Predictors of Training Group and Organizational Identification. *Journal of Applied Social Psychology* 38: 2132–2151.

Elbe, Martin, und Klaus Günter Lange. 2012. Ansätze des Change Managements zur Neuausrichtung der Bundeswehr. In *Neuausrichtung der Bundeswehr. Beiträge zur professionellen Führung und Steuerung,* Hrsg. Gregor Richter, 243–260. Wiesbaden: Springer VS.

Elbe, Martin, und Gregor Richter. 2012. Militär: Institution und Organisation. In *Militärsoziologie - Eine Einführung,* Hrsg. Nina Leonhard und Ines-Jacqueline Werkner, 244–263. Wiesbaden: VS Verlag für Sozialwissenschaften.

Endt, Christian. 2013. Uni-Protest: Studenten wollen keine Werbeauftritte von de Maizière. *DIE ZEIT,* April 11. www.zeit.de/studium/uni-leben/2013-04/de-maiziere-uni-proteste (Zugegriffen Februar 20, 2014).

Engels, Dietrich, Martina Leucht, und Gerhard Machalowski. 2008. *Evaluation des freiwilligen sozialen Jahrs und des freiwilligen ökologischen Jahrs.* Wiesbaden: VS Verlag für Sozialwissenschaften.

Enste, Dominik, Michael Neumann, Teresa Schare, und Lilian Schwalb. 2012. *Erster Engagementbericht 2012. Für eine Kultur der Mitverantwortung. Engagementmonitor 2012.* Berlin: Bundesministerium für Familie, Senioren, Frauen und Jugend.

Feltl, Michael. 2014. Statistische Daten zum Freiwilligen Wehrdienst (Antwort auf eine E-Mail Anfrage an das BMVg).

Fiebig, Rüdiger. 2012. Die Deutschen und ihr Einsatz – Einstellungen der Bevölkerung zum ISAF-Einsatz. In *Der Einsatz der Bundeswehr in Afghanistan,* Hrsg. Anja Seiffert, Phil C. Langer, und Carsten Pietsch, 187–204. Wiesbaden: VS Verlag für Sozialwissenschaften.

Fischer, Jörn. 2011. Freiwilligendienste und ihre Wirkung - vom Nutzen des Engagements. *Aus Politik und Zeitgeschichte* 54–62.

Flick, Uwe. 2011. *Triangulation. Eine Einführung.* 3., aktualisierte Auflage. Wiesbaden: VS Verlag für Sozialwissenschaften.

Focus Magazin, o. A. 2011. Nur für Dumme? *Focus*, November 7.

Foucault, Michel. 1976. *Überwachen und Strafen: Die Geburt des Gefängnisses.* Frankfurt am Main: Suhrkamp.

Fredland, J. Eric, Curtis L. Gilroy, und W. S. Sellman, Hrsg. 1996. *Professional on the Front Line: Two Decades of America's All-volunteer Force.* Dulles: Brassey's Inc.

Friese, Susanne. 2002. Konstruktion eines Kodierschemas in der softwaregestützten qualitativen Datenanalyse am Beispiel von ATLAS.ti. Working Paper. www.quarc.de/fileadmin/down loads/Konstruktions%20eines%20Kodierschemas%20am%20Beispiel%20von%20ATLAS. ti.pdf (Zugegriffen Februar 12, 2014).

Fritzson, Art, Howell W. Lloyd, und Dov S. Zakheim. 2007. Military of Millennials. *strategy+business* 49.

Gareis, Sven Bernhard, Karl Haltiner, und Paul Klein. 2006. Strukturprinzipien und Organisationsmerkmale von Streitkräften. In *Handbuch Militär und Sozialwissenschaft*, Hrsg. Sven Bernhard Gareis und Paul Klein. Wiesbaden: VS Verlag für Sozialwissenschaften.

Gareis, Sven Bernhard, und Paul Klein. 2006. Militär und Sozialwissenschaft – Anmerkungen zu einer ambivalenten Beziehung. In *Handbuch Militär und Sozialwissenschaft*, Hrsg. Sven Bernhard Gareis und Paul Klein, 9–12. Wiesbaden: VS Verlag für Sozialwissenschaften.

Geis, Anna, und Sabine Mannitz. 2011. Das postheroische Unbehagen am Soldatentod. *polar* 10. www.polar-zeitschrift.de/polar_10.php?id=476#476 (Zugegriffen August 25, 2014).

Gensicke, Thomas. 2010. Wertorientierung, Befinden und Problembewältigung. In *Shell Jugendstudie 2010*, vol. 16, Hrsg. Mathias Albert, Klaus Hurrelmann, und Gudrun Quenzel, 187–242. Frankfurt am Main: Fischer Verlag.

Gensicke, Thomas, und Sabine Geiss. 2013. *Hauptbericht des Freiwilligensurveys 2009. Ergebnisse der repräsentativen Trenderhebung zu Ehrenamt, Freiwilligenarbeit und Bürgerschaftliches Engagement.* München: BMFSFJ. www.bmfsfj.de/RedaktionBMFSFJ/Bro schuerenstelle/Pdf-Anlagen/3._20Freiwilligensur vey -Hauptbericht,property=pdf,bereich =bmfsfj,sprache=de,rwb=true.pdf (Zugegriffen Dezember 6, 2013).

Gerring, John. 2010. Case selection for case-study analysis: Qualitative and quantitative techniques. In *The Oxford Handbook of Political Methodology*, Hrsg. Janet Box-Steffenmeier, Henry E. Brady, und David Collier, 645–684. New York: Oxford University Press.

Glaser, Barney G, und Anselm L Strauss. 2005. *Grounded Theory. Strategien qualitativer Forschung.* 2. Auflage. Bern: Verlag Hans Huber.

Glaser, Barney G, und Anselm L Strauss. 2012. *The discovery of grounded theory: strategies for qualitative research.* New Brunswick, N.J.: Aldine Transaction.

Goffman, Erving. 1972. *Asyle. Über die soziale Situation psychiatrischer Patienten und anderer Insassen.* Frankfurt am Main: Suhrkamp.

Hagen, Ulrich vom. 2006. Militär in Demokratien. In *Armee in der Demokratie*, Hrsg. Ulrich vom Hagen, 9–27. Wiesbaden: VS Verlag für Sozialwissenschaften.

Vom Hagen, Ulrich, und Maren Tomforde. 2005. Militärische Organisationskultur. In *Militärsoziologie - Eine Einführung*, 180–197. Wiesbaden: VS Verlag für Sozialwissenschaften.

Haltiner, Karl W., und Gerhard Kümmel. 2008. Die Hybridisierung des Soldaten: Soldatisches Subjekt und Identitätswandel. In *Streitkräfte im Einsatz: Zur Soziologie militärischer Interventionen, Militär und Sozialwissenschaften*, Hrsg. Gerhard Kümmel. Baden-Baden: Nomos.

Haltiner, Karl W, und Gerhard Kümmel. 2008. *Wozu Armeen? - Europas Streitkräfte vor neuen Aufgaben.* Baden-Baden: Nomos.

Handler, Nils. 2011. Nach dem Ende der Wehrpflicht: Bangen vor dem Ossi-Ansturm. *stern.de*, September 2. www.stern.de/politik/deutschland/nach-dem-ende-der-wehrpflicht-bangen-vor-dem-ossi-ansturm-1723284.html (Zugegriffen Dezember 7, 2011).

Haß, Rabea. 2012. Exposé zur Annahme als Doktorandin an der Johann Wolfgang Goethe-Universität am Fachbereich Gesellschaftswissenschaften zum Thema „Wer dient Deutschland? Eine qualitative Untersuchung des Freiwilligen Wehrdiensts in Deutschland."

Haß, Rabea. 2013. Wer dient Deutschland? Motive und Erwartungen der ersten Freiwillig Wehrdienstleistenden. *Aus Politik und Zeitgeschichte* 63: 35–41.

Haumann, Wilhelm. 2014. *Motive des bürgerschaftlichen Engagements. Kernergebnisse einer bevölkerungsrepräsentativen Befragung durch das Institut für Demoskopie Allensbach im August 2013.* Berlin: BMFSFJ.

Heidenkamp, Henrik. 2010. *Der Entwicklungsprozess der Bundeswehr zu Beginn des 21. Jahrhunderts: Wandel im Spannungsfeld globaler, nationaler und bündnispolitischer Bestimmungsfaktoren.* Frankfurt am Main: Peter Lang.

Hennig, Jana. 2013. *Attraktivität der Mannschaftslaufbahn der Bundeswehr.* Potsdam: Zentrum für Militärgeschichte und Sozialwissenschaften der Bundeswehr.

Hentschel, Katrin. 2011. *Ergebnisse der Jugendstudie 2011. Berufswahl Jugendlicher und Einstellungen zum Arbeitgeber Bundeswehr.* Potsdam: Zentrum für Militärgeschichte und Sozialwissenschaften der Bundeswehr.

Herz, Christian. 2003. *Kein Frieden mit der Wehrpflicht. Entstehungsgeschichte, Auswirkungen und Abschaffung der allgemeinen Wehrpflicht.* Münster: agenda Verlag.

Hettling, Manfred, und Jörg Echternkamp, Hrsg. 2008. *Bedingt erinnerungsbereit: Soldatengedenken in der Bundesrepublik.* Göttingen: Vandenhoeck & Ruprecht.

Hoffmann, Oskar. 2005. Der Mensch in der Transformation der Bundeswehr. In *Ein Job wie jeder andere? Zum Selbst- und Berufsverständnis von Soldaten,* Hrsg. Sabine Collmer und Gerhard Kümmel, 47–57. Baden-Baden: Nomos.

Hogg, Michael A., und Dominic Abrams. 1988. *Social identifications. A social psychology of intergroup relations and group processes.* London [u.a.]: Routledge.

HSFK. 2010. Das Bild vom demokratischen Soldaten: Spannungen zwischen der Streitkräfteorganisation und den Grundsätzen der Demokratie im europäischen Vergleich. http://www.hsfk.de/Das-Bild-vom-demokratischen-Soldaten-Spannungen-z.75.0.html (Zugegriffen März 25, 2012).

Hurrelmann, Klaus, und Gudrun Quenzel. 2012. *Lebensphase Jugend: Eine Einführung in die sozialwissenschaftliche Jugendforschung.* 11., vollständig überarbeitete Auflage. Weinheim: Beltz Juventa.

Hüther, Michael, und Sebastian Braun. 2012. *Erster Engagementbericht – Für eine Kultur der Mitverantwortung. Bericht der Sachverständigenkommission und Stellungnahme der Bundesregierung.* Berlin: Deutsche Bundesregierung.

Jakob, Gisela. 2011. Freiwilligendienste. In *Handbuch bürgerschaftliches Engagement,* Hrsg. Thomas Olk und Birger Hartnuß, 185–201. Weinheim: Juventa-Verlag.

Jakob, Gisela. 2013. Freiwilligendienste zwischen Staat und Zivilgesellschaft. *Soziale Arbeit* 60: 34.

Janowitz, Morris, und Charles C. Moskos. 1979. Five Years of the All-Volunteer Force: 1973-1978. *Armed Forces & Society* 5: 171–218.

Jonsson, Emma. 2013. Outcome of soldier recruitment to the Swedish Armed Forces 2012 - The second year with an all-volunteer force (unveröffentlichter Konferenzbeitrag der ERGOMAS Konferenz im Juni 2013). Madrid.

Kelle, Udo. 2008. *Die Integration qualitativer und quantitativer Methoden in der empirischen Sozialforschung. Theoretische Grundlagen und methodologische Konzepte.* 2. Auflage. Wiesbaden: VS Verlag für Sozialwissenschaften.

Kelle, Udo. 2011. „Emergence" oder „Forcing"? Einige methodologische Überlegungen zu einem zentralen Problem der Grounded-Theory. In *Grounded Theory Reader,* Hrsg. Günter Mey und Katja Mruck, 235–260. Wiesbaden: VS Verlag für Sozialwissenschaften.

Kelle, Udo, und Susann Kluge. 2010a. Konstruktion empirisch begründeter Typologien. In *Vom Einzelfall zum Typus,* 83–107. Wiesbaden: VS Verlag für Sozialwissenschaften.

Kelle, Udo, und Susann Kluge. 2010b. *Vom Einzelfall zum Typus: Fallvergleich und Fallkontrastierung in der qualitativen Sozialforschung.* 2., überarbeitete Auflage. Wiesbaden: VS Verlag für Sozialwissenschaften.

Keupp, Heinrich et al. 2008. *Identitätskonstruktionen. Das Patchwork der Identitäten in der Spätmoderne*. 4. Auflage. Reinbek bei Hamburg: Rowohlt.

Klein, Ansgar, Rainer Sprengel, und Jana Börsdamm. 2014. BBE: Newsletter Nr. 4 vom 6.3.2014. Schwerpunkt Welfare-Mix. www.b-b-e.de/newsletter/newsletter-nr-4-vom-632014/#21 300 (Zugegriffen März 11, 2014).

Van Knippenberg, Daan. 2000. Work Motivation and Performance: A Social Identity Perspective. *Applied Psychology* 49: 357–371.

Van Knippenberg, Daan, und Els C. M. van Schie. 2000. Foci and correlates of organizational identification. *Journal of Occupational and Organizational Psychology* 73: 137–147.

Köcher, Renate, Klaus Hurrelmann, und Michael Sommer. 2013. *Pragmatisch glücklich: Azubis zwischen Couch und Karriere. Eine Repräsentativbefragung junger Menschen im Alter von 15 bis unter 25 Jahren.* Düsseldorf: McDonald's und Institut für Demoskopie Allensbach.

Köhler, Horst. 2005. Einsatz für Freiheit und Sicherheit. Rede von Bundespräsident Horst Köhler bei der Kommandeurtagung der Bundeswehr am 10. Oktober 2005 in Bonn. Herausgegeben vom Bundespräsidialamt. www.bundespraesident.de/SharedDocs/Reden/DE/Horst-Koehler/Reden/2005/10/20051010_Rede.html (Zugegriffen Juni 14, 2014).

Kuckartz, Udo. 2006. Zwischen Singularität und Allgemeingültigkeit: Typenbildung als qualitative Strategie der Verallgemeinerung. In *Soziale Ungleichheit, kulturelle Unterschiede: Verhandlungen des 32. Kongresses der Deutschen Gesellschaft für Soziologie in München*, vol. Teilband 1 und 2, Hrsg. Karl-Siegbert Rehberg, 4047–4056. München: Campus.

Kujat, Harald. 2011. Das Ende der Wehrpflicht. *Aus Politik und Zeitgeschichte*. 61: 3–7.

Kümmel, Gerhard, und Heiko Biehl. 2015. Gradmesser der zivil-militärischen Beziehungen. Der Beitrag von Umfragen und Einstellungsforschung zur Militärsoziologie. In *Sicherheitspolitik und Streitkräfte im Urteil der Bürger, Schriftenreihe des Sozialwissenschaftlichen Instituts der Bundeswehr*, Hrsg. Heiko Biehl und Harald Schoen, 13–37. Wiesbaden: Springer Fachmedien.

Lamnek, Siegfried. 2005. *Qualitative Sozialforschung: Lehrbuch*. 4., vollständig überarbeitete Auflage. Weinheim & Basel: Beltz Psychologie Verlags Union.

Langer, Phil C. 2009. *Beschädigte Identität: Dynamiken des sexuellen Risikoverhaltens schwuler und bisexueller Männer.* Wiesbaden: VS Verlag für Sozialwissenschaften.

Langer, Phil C. 2013. Chancen einer interpretativen Repräsentation von Forschung: die Fallvignette als „Reflexive Account". In *Reflexive Wissensproduktion. Anregungen zu einem kritischen Methodenverständnis in qualitativer Forschung*, Hrsg. Phil C Langer, Angela Kühner, und Panja Schweder, 113–132. Wiesbaden: Springer VS.

Langer, Phil C, und Carsten Pietsch. 2013. Studying cross-cultural competence in the military. Methodological considerations of applied contract research for the German Armed Forces. In *Qualitative Methods in Military Studies: Research Experiences and Challenges*, Hrsg. Helena Carreiras und Celso Castro, 31–49. Oxon und New York: Routledge.

Langfeldt, Bettina. 2009a. Arbeitsbegriff und Subjektorientierung ausgewählter Klassiker der Soziologie. In *Subjektorientierung in der Arbeits- und Industriesoziologie*, 31–60. Wiesbaden: VS Verlag für Sozialwissenschaften.

Langfeldt, Bettina. 2009b. Neuere Ansätze einer subjektorientierten Arbeits- und Industriesoziologie. In *Subjektorientierung in der Arbeits- und Industriesoziologie*, 223–343. Wiesbaden: VS Verlag für Sozialwissenschaften.

Langfeldt, Bettina. 2009c. Subjektorientierung als Forschungsperspektive in der Industriesoziologie. In *Subjektorientierung in der Arbeits- und Industriesoziologie*, 23–30. Wiesbaden: VS Verlag für Sozialwissenschaften.

Legewie, Heiner. 2004. Qualitative Forschung und der Ansatz der Grounded Theory. www.ztg.tu-berlin.de/download/legewie/Dokumente/downloads.htm (Zugegriffen Februar 10, 2014).

Lempp, Theresa. 2013. Freiwilligendienste und Zivildienst als Übergänge. In *Handbuch Übergänge*, Hrsg. Wolfgang Schröer, Barbara Stauber, Andreas Walther, Lothar Böhnisch, und Karl

Lenz, 614–631. Weinheim: Beltz Juventa.

Leonhard, Nina. 2011. Die zivil-militärischen Beziehungen in Deutschland zwischen Vergangenheit und Zukunft: Das „Ehrenmal" der Bundeswehr. In *Soldaten im Einsatz. Sozialwissenschaftliche und ethische Reflexionen, Sozialwissenschaftliche Schriften*, Hrsg. Stefan Bayer und Matthias Gillner, 127–146. Berlin: Duncker & Humblot.

Leonhard, Nina. 2010. Zwischen Vergangenheit und Zukunft: Soldatische Berufsbilder heute. In *Unsichere Zeiten. Herausforderungen gesellschaftlicher Transformation. Verhandlungen des 34. Kongresses der Deutschen Gesellschaft für Soziologie in Jena 2008.*, Hrsg. Hans-Georg Soeffner. Wiesbaden: VS Verlag für Sozialwissenschaften.

Leonhard, Nina, und Heiko Biehl. 2012. Beruf: Soldat. In *Militärsoziologie – Eine Einführung*, Hrsg. Nina Leonhard und Ines-Jacqueline Werkner, 393–427. Wiesbaden: VS Verlag für Sozialwissenschaften.

Leonhard, Nina, und Ines-Jacqueline Werkner. 2012a. Einleitung: Militär als Gegenstand der Forschung. In *Militärsoziologie - Eine Einführung*, Hrsg. Nina Leonhard und Ines-Jacqueline Werkner, 19–35. Wiesbaden: VS Verlag für Sozialwissenschaften.

Leonhard, Nina, und Ines-Jacqueline Werkner. 2012b. *Militärsoziologie. Eine Einführung.* 2., aktualisierte und ergänzte Auflage. Wiesbaden: VS Verlag für Sozialwissenschaften.

Leuprecht, Christian. 2010. Socially Representative Armed Forces: A Demographic Imperative. In *Europe without soldiers? Recruitment and retention across the armed forces of Europe.*, Hrsg. Tibor Szvircsev Tresch und Christian Leuprecht, 35–54. Montreal & Kingston: McGill-Queen's University Press.

Von der Leyen, Ursula. 2014. Rede der Ministerin von der Leyen auf der Tagung der Informationsarbeit.www.bmvg.de/portal/a/bmvg/!ut/p/c4/NYuxDsIwDET_yE4WpLJRFS QQEwuELW2jyKiJK-OUhY8nGbiT3nBPh0-szX6j6JU4wUf6Cbajx8Y0xbhxUXqCokyv TUIlYT39pkDTJyDNmrISpVRvLLAyqJLM0WkGqAZnbFDb6z5x367y_V4crvODuf hmtKhx-6mBbX/ (Zugegriffen Mai 24, 2014).

Lohse, Eckart. 2011. Bundeswehrreform: Mit schlechten Noten zum Bund? *FAZ*, Mai 1. www.faz.net/aktuell/politik/inland/bundeswehrreform-mit-schlechten-noten-zum-bund-11062.html (Zugegriffen Dezember 7, 2011).

Mäder, Antje. 2012. Anfrage: Aktuelle Zahlen im Bundesfreiwilligendienst (Antwort auf eine E-Mail Anfrage an das BAFzA).

Magee, Marc, und Steven J. Nider. 2002. *Citizen Soldiers and the War on Terror*. Washington D.C.: Progressive Policy Institute.

Mangold, Roland. 2013. Statistische Daten zum Freiwilligen Wehrdienst (Antwort auf eine E-Mail Anfrage an das BMVg).

Mannitz, Sabine, Hrsg. 2012. *Democratic Civil-Military Relations: Soldiering in 21st Century Europe*. Oxon and New York: Routledge.

Mayring, Philipp. 2002. *Einführung in die qualitative Sozialforschung. Eine Anleitung zu qualitativem Denken*. 5. überarbeitete und neu ausgestattete Auflage. Weinheim [u.a.]: Beltz.

Merton, Robert King. 1995. *Soziologische Theorie und soziale Struktur*. Berlin [u.a.]: de Gruyter.

Meulen, Jan van der, und Philippe Manigart. 1998. Zero Draft in the Low Countries: The Final Shift to the Mil-volunteer Force. *Armed Forces & Society* 24: 315–332.

Meyer, Berthold. 2010. *Bundeswehr ohne Wehrpflichtige - was folgt daraus für die Parlamentsarmee im Einsatz?*. Frankfurt am Main: Hessische Stiftung Friedens- und Konfliktforschung.

Meyer, Berthold. 2007. *Von der Entgrenzung nationaler deutscher Interessen. Die politische Legitimation weltweiter Militäreinsätze*. Frankfurt am Main: Hessische Stiftung Friedens- und Konfliktforschung.

Meyer, John P., Natalie J. Allen, und Catherine A. Smith. 1993. Commitment to Organizations and Occupations: Extension and Test of a Three-Component Conceptualization. *Journal of Applied Psychology* 78: 538–551.

Meyer, John P., und Lynne Herscovitch. 2001. Commitment in the workplace. Toward a general model. *Human Resource Managment Review* 11: 299–326.

Mey, Günter, und Katja Mruck, Hrsg. 2011. *Grounded Theory Reader*. 2., aktualisierte und erweiterte Auflage. Wiesbaden: VS Verlag für Sozialwissenschaften.

Micewski, Edwin R. 2000. *Zur Frage eines Freiwilligenheeres. Sozialwissenschaftliche Überlegungen zu einer allfälligen Änderung des Wehrsystems.* Wien: Landesverteidigungsakademie.

Moskos, Charles C. 2010. The All-Volunteer Military: Calling, Profession, or Occupation? *Parameters* 23–31.

Moskos, Charles C. 1970. *The American enlisted Man. The rank and file in today's military.* New York: Russell Sage Found.

Müller, Harald. 2012. Transformation stress. Democratic soldiers between ideals and mission impossible. In *Democratic Civil-Military Relations Soldiering in 21st Century Europe*, Hrsg. Sabine Mannitz, 271–291. Oxon und New York: Routledge.

Müller, Harald, Marco Fey, Sabine Mannitz, und Niklas Schörnig. 2010. *Demokratie, Streitkräfte und militärische Einsätze: Der „zweite Gesellschaftsvertrag" steht auf dem Spiel.* Frankfurt a. Main: Hessische Stiftung Friedens- und Konfliktforschung.

Münkler, Herfried. 2004. *Die neuen Kriege.* Reinbek bei Hamburg: Rowohlt.

Münkler, Herfried. 2008. Militärisches Totengedenken in der postheroischen Gesellschaft. In *Bedingt erinnerungsbereit. Soldatengedenken in der Bundesrepublik*, Hrsg. Manfred Hettling und Jörg Echternkamp, 22–30. Göttingen: Vandenhoeck & Ruprecht.

Naumann, Klaus. 2010. *Einsatz ohne Ziel? Die Politikbedürftigkeit des Militärischen.* Bonn: Bundeszentrale für politische Bildung.

Naumann, Klaus. 2012. Zwischen Auftragsforschung und Gesellschaftsdiagnostik. Zum gegenwärtigen Stand der Militärsoziologie. *WestEnd. Neue Zeitschrift für Sozialforschung* 9: 126–138.

Nohl, Arnd-Michael. 2013. *Relationale Typenbildung und Mehrebenenvergleich: Neue Wege der dokumentarischen Methode.* Wiesbaden: Springer VS.

Olk, Thomas, und Birger Hartnuß, Hrsg. 2011. *Handbuch Bürgerschaftliches Engagement.* Weinheim: Juventa.

Parin, Paul. 1978. *Der Widerspruch im Subjekt ethnopsychoanalytische Studien.* Frankfurt am Main: Syndikat.

Pelinka, Anton. 2013. Wehrpflicht: Rührt euch nicht! *DIE ZEIT*, Januar 24. www.zeit.de/2013/05/Oesterreich-Wehrpflicht-Volksbefragung-Kommentar/seite-1 (Zugegriffen August 22, 2013).

Perlot, Flooh, und Martina Zandonella. 2013. *Analyse Volksbefragung Wehrpflicht 2013.* Wien: Institute for Social Research and Consulting (SORA) und Institut für Strategieanalysen (ISA). www.strategieanalysen.at/bg/isa_sora_vb_2013.pdf (Zugegriffen August 22, 2014).

Pietsch, Carsten. 2012. Zur Motivation deutscher Soldatinnen und Soldaten für den Afghanistaneinsatz. In *Der Einsatz der Bundeswehr in Afghanistan*, Hrsg. Anja Seiffert, Phil C. Langer, und Carsten Pietsch, 101–121. Wiesbaden: VS Verlag für Sozialwissenschaften.

Pietsch, Elke. 2014. Universität Potsdam - Studierendenportal: Military Studies - Militärgeschichte/Militärsoziologie | Master. www.uni-potsdam.de/studium/studienangebot/masterstudium/master-a-z/military-studies-master.html (Zugegriffen September 1, 2014).

Portugall, Gerd. 2008. Ökonomische Modernisierung der Streitkräfte. Ein Motor im Prozess der Transformation. *Reader Sicherheitspolitik.* www.readersipo.de/portal/a/sipo/!ut/p/c4/JY3BDoIwEES_qC1ITNAbRIIe9OBB8WJausAmpSXbRS5-vIAzyVzeS0a91FyvP9hqxuC1U09V1bg3kzSThXfEIUgm7WMTqF8duRU9OmQNhLHuQHTaWzf6NjbgLJAM1GqPcZWFASYEI2iEyLOkHsujBVkHD7wsg2ectyXNgeQQiN1CRqKZSLSqStDmWZplvyTfvPieL6X-WZ3uZ5uauj74gflsgvb/ (Zugegriffen Februar 19, 2014).

Projektteam WDD. 2013. bundeswehr.de: „Wir. Dienen. Deutschland." – die Kampagne. *Bundeswehr: Wir.Dienen.Deutschland.* www.bundeswehr.de/portal/a/bwde/!ut/p/c4/DcnDYAgDEDRWVyA3r25hXJrpZqGphjawPqSf3r5kGFlOOTFkGaocMJ1y04z0SycPDpL1I78xBIreQzuHshWTDzp2iRamqkYw1eP7QfZBKJ7/ (Zugegriffen August 2, 2014).

Putnam, David Robert. 2001. *Bowling alone: the collapse and revival of American community.* London: Simon & Schuster.

Putnam, Robert D. 2002. *Democracies in flux: the evolution of social capital in contemporary society*. Oxford; New York: Oxford University Press.

Reemtsma, Jan Philipp. 2008. *Vertrauen und Gewalt. Versuch über eine besondere Konstellation der Moderne*. Hamburg: Hamburger Edition.

Reichertz, Jo. 2003. *Die Abduktion in der qualitativen Sozialforschung*. Opladen: VS Verlag für Sozialwissenschaften.

Reuters, AFP, dpa, ff. 2013. Messerangriff: Unbekannter verletzt Soldat in Paris. *DIE ZEIT (online)*, Mai 26. www.zeit.de/gesellschaft/zeitgeschehen/2013-05/soldat-paris-messer-attacke (Zugegriffen Februar 20, 2014).

Richter, Gregor. 2012. *Neuausrichtung der Bundeswehr: Beiträge zur professionellen Führung und Steuerung*. Wiesbaden: VS Verlag für Sozialwissenschaften.

Rogge, Benedikt. 2013. *Wie uns Arbeitslosigkeit unter die Haut geht. Identitätsprozess und psychische Gesundheit bei Statuswechseln*. Konstanz [u.a.]: UVK.

Roose, Jochen. 2010. Bürgerschaftliches Engagement in Europa. Ein Vergleich. *Forschungsjournal Neue Soziale Bewegungen* 23: 19–30.

Rowley, Elisabeth, Fabian Weitz, und Ines-Jacqueline Werkner. 2012. Militärsoziologische Forschung in den USA und in Deutschland: Eine Literaturanalyse über fünf Jahrzehnte. In *Militärsoziologie – Eine Einführung*, Hrsg. Nina Leonhard und Ines-Jacqueline Werkner, 495–519. Wiesbaden: VS Verlag für Sozialwissenschaften.

Royl, Wolfgang. 2005. Soldat-Sein mit Leib und Seele. Der Kämpfer als existentielles Leitbild einer Berufsarmee. In *Ein Job wie jeder andere? Zum Selbst- und Berufsverständnis von Soldaten, Militär und Sozialwissenschaften*, Hrsg. Sabine Collmer und Gerhard Kümmel, 9–21. Baden-Baden: Nomos.

Sandelowski, Margarete. 2011. Reembodying Qualitative Inquiry. In *SAGE Qualitative Research Methods*, Hrsg. Paul Atkinson und Sara Delamont, 93–106. London: Sage Publications.

Schoch, Bruno, Andreas Heinemann-Grüder, Jochen Hippler, Markus Weingardt, und Reinhard Mutz, Hrsg. 2007. *Friedensgutachten 2007*. Münster: LIT Verlag.

Schröer, Wolfgang, Barbara Stauber, Andreas Walther, Lothar Böhnisch, und Karl Lenz, Hrsg. 2013. *Handbuch Übergänge*. Weinheim: Beltz Juventa.

Schweder, Panja, Phil C Langer, und Angela Kühner. 2013. Reflexion als Verführung? Fünf Thesen zu den Ambivalenzen des Reflexivitätsanspruchs in qualitativer Forschung und Methodenausbildung. In *Reflexive Wissensproduktion. Anregungen zu einem kritischen Methodenverständnis in qualitativer Forschung*, Hrsg. Phil C Langer, Angela Kühner, und Panja Schweder, 201–210. Wiesbaden: Springer Fachmedien.

Schwegmann, Christoph. 2011. *Bewährungsproben einer Nation: Die Entsendung der Bundeswehr ins Ausland. Mit einem Vorwort von Volker Rühe*. Berlin: Duncker & Humblot.

Seifert, Ruth. 1992. *Soldatische Subjektivität, gesellschaftlicher Wandel und Führungsanforderungen: Plädoyer für eine Subjektperspektive in der Militärsoziologie*. Strausberg: Sozialwissenschaftliches Institut der Bundeswehr.

Seiffert, Anja. 2012. „Generation Einsatz" – Einsatzrealitäten, Selbstverständnis und Organisation. In *Der Einsatz der Bundeswehr in Afghanistan*, Hrsg. Anja Seiffert, Phil C. Langer, und Carsten Pietsch, 79–99. Wiesbaden: VS Verlag für Sozialwissenschaften.

Seiffert, Anja. 2005. *Soldat der Zukunft Wirkungen und Folgen von Auslandseinsätzen auf das soldatische Selbstverständnis*. Berlin: Köster.

Seiffert, Anja, Phil C Langer, und Carsten Pietsch. 2012. *Der Einsatz der Bundeswehr in Afghanistan: Sozial- und politikwissenschaftliche Perspektiven*. Wiesbaden: VS Verlag für Sozialwissenschaften.

Simon, Curtis J., und John T. Warner. 2007. Managing the all-volunteer force in a time of war. *The Economic of Peace and Security Journal* 2: 20–29.

Sinczuch, Marcin. 2010. Professionalization and the Shift from Obligatory to Voluntary Military Service in Poland: Challenges, Tasks, and Social Context. In *Europe without soldiers? Recruitment and retention across the armed forces of Europe.*, Hrsg. Tibor Szvircsev Tresch und Christian Leuprecht, 195–207. Montreal & Kingston: McGill-Queen's University Press.

Sozialwissenschaftliches Institut der Bundeswehr, Hrsg. 2012. Publikationsverzeichnis des Sozialwissenschaftlichen Instituts der Bundeswehr.

Spreen, Dierk. 2010. Die Konstitutionsfunktion des Krieges. Konstitutionstheoretische Zugänge zum Krieg in der deutschen Gegenwartssoziologie. In *Forschungsthema Militär: militärische Organisationen im Spannungsfeld von Krieg, Gesellschaft und soldatischen Subjekten*, Hrsg. Maja Apelt, 49–86. Wiesbaden: VS Verlag für Sozialwissenschaften.

Steffen, Tilman. 2013. Bundeswehr-Einsatz: Deutscher Soldat bei Gefecht in Afghanistan getötet. *DIE ZEIT*, Mai 5. www.zeit.de/politik/2013-05/afghanistan-bundeswehr-soldat-getoetet (Zugegriffen Februar 20, 2014).

Steinbach, Peter. 2011. Zur Geschichte der Wehrpflicht. *Aus Politik und Zeitgeschichte*. 61: 8–15.

Strauss, Anselm L. 1987. *Qualitative Analysis for Social Scientists*. Cambridge und New York: Cambridge University Press.

Strübing, Jörg. 2008. *Grounded Theory. Zur sozialtheoretischen und epistemologischen Fundierung des Verfahrens der empirisch begründeten Theoriebildung*. 2., überarbeitete und erweiterte Auflage. Wiesbaden: VS Verlag für Sozialwissenschaften.

Suchman, Mark C. 1995. Managing Legitimacy: Strategic and Institutional Approaches. *The Academy of Management Review* 20: 571–610.

Tocqueville. 1999. *Democracy In America*. Project Gutenberg http://search.ebscohost.com/login.aspx?direct (Zugegriffen Juni 12, 2014).

Tomforde, Maren. 2010. Neue Militärkultur(en). In *Forschungsthema Militär: militärische Organisationen im Spannungsfeld von Krieg, Gesellschaft und soldatischen Subjekten*, Hrsg. Maja Apelt, 193–219. Wiesbaden: VS Verlag für Sozialwissenschaften.

Treiber, Hubert. 1973. *Wie man Soldaten macht. Sozialisation in kasernierter Vergesellschaftung*. Düsseldorf: Bertelsmann Universitäts-Verlag.

Tresch, Tibor Szvircsev, und Christian Leuprecht. 2011a. *Europe without Soldiers? Recruitment and Retention Across the Armed Forces of Europe*. Montreal & Kingston: McGill-Queen's University Press.

Tresch, Tibor Szvircsev, und Christian Leuprecht. 2011b. Introduction. Whom shall we send: the best of the brightest or the worst of the desperate? In *Europe without soldiers? Recruitment and retention across the armed forces of Europe*, 1–17. Montreal & Kingston: McGill-Queen's University Press.

Tuckermann, Harald, und Johannes Rüegg-Stürm. 2010. Researching Practice and Practicing Research Reflexively. Conceptualizing the Relationship Between Research Partners and Researchers in Longitudinal Studies. *Forum: Qualitative Social Research (FQS)* 11.

U.S. President's Commission on an all-volunteer armed force. 1970. *The Report of the President's Commission on an All-Volunteer Armed Force*. Washington D.C.: Government Printing Office www.mcrmc.gov/public/docs/library/allportfolios/1970_Report_of_the_Presidents_Commission.pdf (Zugegriffen Juni 12, 2014).

Wæver, Ole. 1995. Securitization and Desecuritization. In *On Security*, Hrsg. Ronnie D. Lipschutz. New York: Columbia University Press.

Wagriwska, Maria. 2012. The Polish soldier between national traditions and international projection. In *Democratic Civil-Military Relations Soldiering in 21st Century Europe*, Hrsg. Sabine Mannitz, 188–206. Oxon und New York: Routledge.

Weber, Max. 2010. *Wirtschaft und Gesellschaft. Grundriss der verstehenden Soziologie. Zwei Teile in einem Band*. Frankfurt am Main: Zweitausendeins.

Weise, Frank-Jürgen et al. 2010. *Bericht der Strukturkommission der Bundeswehr Oktober 2010. Vom Einsatz her Denken. Konzentration, Flexibilität, Effizienz*. Berlin: Strukturkommission der Bundeswehr.

Werkner, Ines-Jacqueline. 2012. Wehrsysteme. In *Militärsoziologie - Eine Einführung*, Hrsg. Nina Leonhard und Ines-Jacqueline Werkner, 176–199. Wiesbaden: VS Verlag für Sozialwissenschaften.

Wolffsohn, Michael. 2011. Die neue Bundeswehr, eine Unterschichten-Armee? www.dradio.de/dkul

tur/sendungen/politischesfeuilleton/1363619/ (Zugegriffen Dezember 7, 2011).

Wolff, Stephan. 2006. Textanalyse. In *Qualitative Methoden der Medienforschung*, Hrsg. Ruth Ayass
und Jörg R. Bergmann, 245–273. Reinbek: Rowohlt Taschenbuch.

Würich, Sabine, und Ulrike Scheffer, Hrsg. 2014. *Operation Heimkehr. Bundeswehrsoldaten über ihr
Leben nach dem Auslandseinsatz*. Bonn: Bundeszentrale für politische Bildung.

ZEIT online, o. A. 2011. Bundeswehr startet mit 13.000 Freiwilligen in neue Ära. *DIE ZEIT (online)*,
Juni 30 Meltwater Datenbank (Zugegriffen Februar 20, 2012).

Zowislo-Grünwald, Natascha, Detlef Buch, und Jürgen Schulz, Hrsg. 2011. *Den Krieg erklären:
Sicherheitspolitik als Problem der Kommunikation*. Frankfurt: Peter Lang.

The manufacturer's authorised representative in the EU is Springer
Nature Customer Service Centre GmbH, Europaplatz 3, 69115 Heidelberg,
Germany. If you have any concerns regarding our products, please
contact ProductSafety@springernature.com

Printed and bound by CPI Group (UK) Ltd, Croydon, CR0 4YY
23/04/2026
02095641-0002